Für die antiken Völker führte der Weg nach Süden ins Unbekannte. Selbst wagemutige Seefahrer gaben ihre Reisepläne immer wieder auf, weil ihnen das Meer unendlich schien. Für die Römer war der Süden eine Gegend lebensfeindlicher Extreme: Die Glut der Sonne versenge die Menschen und lasse sie fast wie verkohlt aussehen. In der christlichen Tradition ist es der mißratene Sohn Noahs, dessen Nachkommen den südlichen Teil der Erde bevölkern. Auf ihnen lastete der Fluch der Knechtschaft, womit man die angebliche Minderwertigkeit der Afrikaner bis heute – nicht nur im christlichen Kulturkreis – begründet.

Der Süden kann eiskalt sein (am Südpol), dann wieder sehr exotisch, und zuweilen ist er eine dekadente Region der Lüste und Laster: Dieter Richter eröffnet eine Fülle höchst ungewöhnlicher Perspektiven. Aber natürlich reisen wir mit ihm auch über die Alpen in den sonnigen Süden der Italiensehnsucht. Und manch einer findet den Süden an Stränden und unter Palmen in der Karibik.

Dieter Richter
Der Süden

Geschichte einer Himmelsrichtung

Verlag Klaus Wagenbach   Berlin

Inhalt

Der Osten: Licht, Erlösung, Geheimnis und Barbarei – Der Norden: Dunkelheit und Kälte – Der Westen: Leere, Jenseits und Verheißung – Und der Süden?

Eine Entdeckung, die keine war. Ein phönizisches Schiff umrundet den Südkontinent – Blick zum Ursprung der Dinge. Auf der Suche nach der heiligen Richtung – Lob der Mittellage. Römischer Pragmatismus – Wie groß ist die bewohnte Erde? Die Diskussion um die Ökumene und das Problem der Antipoden – Böse und gute Winde. Die Himmelsrichtungen als Körpererfahrung – Geilheit und Vermischung. Der Süden der Transgressionen – Pygmäen, die Fäustlinge

Die Kinder des lüsternen Ham – Schwarz, die Farbe des Bösen – Schwarzer Heiliger, schwarze Gottesmutter – Gescheckt wie eine Elster. Feirefiz, der schwarz-weiße Gralsritter – Die Mohren und das Mohrenland – Monster an den Grenzen der Erde – Meridies mystica. Der spirituelle Süden – Makro-mikrotopographische Spiegelungen – Die Theologie der Himmelsrichtungen bei Hildegard von Bingen – Christliches Bestiarium. Die Tiere der südlichen Hemisphäre

Traum vom Glück und Last der Geschichte
Der allgegenwärtige Süden

O sonniger Süden! – Armer Süden, reicher Norden – Abschied vom klimakulturellen Denken? – Temperaturen und Temperamente – Zivilisation und Klima oder Ging der Weg der Kultur von Süden nach Norden? – Wandeln sich mit dem Klimawandel auch die Charaktere? – Nord oder Süd! Wenn nur ...?

Vorwort

Ich bin wohl und vergnügt und wäre ganz glücklich, wenn mich nicht das Schicksal zwischen Norden und Süden schwebend erhielte. Doch! schwebt nicht unser ganzes Leben?

(Goethe, Brief an Philipp Seidel, Rom, 8.12.1787)

Himmels-Richtungen nennen wir die vier Enden der Erde, der Blick zum Himmel geht dem auf die Erde voraus. Norden, Süden, Osten und Westen sind nicht nur vier abstrakte Fixpunkte in einem viermal zu je 90 Grad geteilten Kreisfeld. Sie sind immer auch geistige Raumkonstruktionen, Weiser auf der Windrose der Zivilisation, Koordinaten einer mentalen Geographie. Nordlicht und Südweh, Westernheld und Ostpolitik, Morgenland und Abendland: Schon in der Sprache nimmt die Emblematik der Himmelsrichtungen Gestalt an. Orientierung, wörtlich die Blickrichtung zum Orient, ist der Versuch, dem Lauf der Sonne mit den Augen folgend, den eigenen Standort zwischen den vier Enden der Erde zu bestimmen: im Wechsel von Morgen, Mittag, Abend und Mitternacht, wie die vier Himmelsrichtungen früher einmal genannt wurden.

Um eine von ihnen geht es in diesem Buch: um den Süden. Die Geschichte dieser Himmelsrichtung ist die Geschichte der allmählichen Entdeckung fremder Welten, auf den geographischen Karten ebenso wie auf den Landkarten der Seele. Nach antikem Weltbild bestand die Erde aus drei großen, um das »Meer der Mitte« gruppierten Landmassen. Die im Süden gelegene war lange Zeit *terra incognita*, Region im Dunkel einer lebensfeindlichen Hemisphäre. Nach und nach werden Wege in dieses Dunkel gebahnt, von Gottsuchern, Abenteurern und Entdeckern. Wenn aus dem Osten das Licht kam, dann aus dem Süden die Wärme. Hier lagen die Lust-Inseln der Schönheit, der Sinnlichkeit und des freien Lebens. Und der Nord-Süd-Gegensatz wird über Jahrhunderte zu einer Leitidee der europäischen Geschichte.

Es ist gewiß kein Zufall, daß dieses Buch von einem Deutschen geschrieben wurde: Die Deutschen haben ihren Blick immer besonders gern nach Süden gerichtet. Diese Perspektive – der Blick von Mitteleuropa aus über die Alpen – ist selbstverständlich in das Buch eingegangen. Allerdings rückt es sie in einen historischen Zusammenhang: Es trägt den Untertitel »Geschichte einer Himmelsrichtung«, denn es versucht, ausgehend vom antiken Mittelmeerraum, jenen verschiedenen und widersprüchlichen Wahrnehmungsweisen des Südens nachzugehen, welche die Entwicklung der europäischen Kulturen seit dem Altertum geprägt haben. Methodischer Ausgangspunkt ist dabei ein Begriff von Kulturgeschichte, in dem Betrachtungsweisen der Religions-, der Literatur- und Kunstgeschichte, der Ethnologie und der materiellen Geschichtsforschung verschmelzen.

Dabei handelt eine dergestalt integrative Kulturgeschichte notwendigerweise von zweierlei: von einer geistigen und von einer realen Topographie. Der Süden ist eine Idee, wir tragen ihn in uns (jeder werde »mit seinem Süden gleich geboren«, hat Jean Paul einmal geschrieben). Der Süden ist aber auch eine Realität, wir können uns zu ihm hin auf den Weg machen. Imaginärer und realer Süden stehen in beständiger Wechselwirkung, Traum und Eroberung sind die beiden Seiten ein und derselben Medaille.

Um beides geht es auch in diesem Buch: um die Suche nach dem Süden – von den Antipoden über den afrikanischen Kontinent, die Terra Australis, die Südsee und den Südpol bis zum sonnigen Süden der Reiseprospekte. Und um die Visionen von diesem Süden, die Schreckens-, die Lust- und die Sehnsuchtsbilder, die sich mit ihm verbinden. Die Kunst, das eine mit dem anderen in Beziehung zu setzen, war leitende Idee des Buches.

Norden und Süden sind heute stärker als je polare Gegensätze der realen und der imaginären Windrosen. Auf den Landkarten liegt der Norden oben, der Süden unten. Wir sprechen vom »hohen« Norden und vom »tiefen« Süden. Unsere Orientierung ist nach Norden ausgerichtet, unsere Sehnsucht aber geht in den Süden. Dorthin weist die Kompaßnadel des Glücks. Und es gibt nur einen einzigen Punkt auf der Erde, von dem aus man nicht nach Süden schauen kann: den Südpol.

Norden, Süden, Osten, Westen
Die Mythologie der Himmelsrichtungen

Die Zahl Vier bestimmt seit alters die Vorstellungen von der irdischen Welt. Die antike Philosophie kannte vier Elemente, die alte Medizin vier Körpersäfte, die Anthropologie vier Lebensalter, die Zeitrechnung vier Jahreszeiten, die Meteorologie vier Winde. Geblieben ist die Vorstellung von den vier Himmelsrichtungen: Norden, Süden, Osten, Westen. Die menschliche Orientierung im Raum scheint dieser Vorstellung zu entsprechen. Wir blicken nach vorne, wir wenden den Kopf zurück, und unsere Arme signalisieren uns die Idee von Rechts und Links. Makrokosmos und Mikrokosmos korrespondieren hier noch immer.

So naheliegend diese Vorstellung auch ist, zwingend ist sie nicht. Im Hinduismus und im Buddhismus zählt man acht oder zehn Richtungskoordinaten, nicht »in alle vier Winde« zerstreuen sich dort Gedanken und Gefühle, sondern »in alle zehn Richtungen«, und zehn Gottheiten fungieren als »Hüter der Richtungen«.[1] Europäisches Denken ist demgegenüber minimalistisch, vier Himmelslinien genügen, um einen Punkt auf dem Planeten exakt zu bestimmen. Bereits die Ägypter des Alten Reiches hatten sich auf die Vierzahl festgelegt, die Mythologie ordnete ihnen die vier Söhne des Horus als Gottheiten zu, der Bau der Pyramiden orientierte sich an der geographischen Nord-Süd-Achse. »Heil euch, ihr vier Winde des Himmels!« lautete ein verbreiteter ägyptischer Sargtext.[2] Vielleicht war es neben der Beobachtung des Sonnenlaufs in ost-westlicher Richtung die frühe Kenntnis des unbewegten Polarsterns, die bei den Völkern des »Fruchtbaren Halbmonds« die Vorstellung von der »Vierung« der Welt begünstigte. Auch die Juden kannten sie, sprachen von den vier »Zipfeln« oder »Säumen« der Erde.[3] Die Idee von den vier Himmelsrichtungen ist jedenfalls eine Grundidee der europäischen Kultur geworden. Und abgelesen werden diese vier Richtungen vom Himmel – in allen Sprachen knüpft sich die Terminologie für Norden, Süden, Osten und Westen an Himmelserscheinungen, vor allem die solare und stellare Metaphorik.[4]

Ähnlich wie mit »Vorwärts« und »Rückwärts«, mit »Rechts« und »Links« verbinden sich auch mit den vier Himmelsrichtungen über die rein topographische Orientierung hinaus kulturelle und spirituelle Vorstellungen, die sich zu einer Art Mythologie der Himmelsrichtungen zusammenfügen. Sie hat, ausgehend von einem gedachten Zentrum der Erde im Mittelmeerraum, ihre Wurzeln in der Antike, pflanzt sich durch das Mittelalter fort und lebt in wechselnden Ideen zum Teil bis heute weiter.

Der Osten: Licht, Erlösung, Geheimnis und Barbarei

Ex oriente lux, das Licht kommt aus dem Osten, »Aufgang« und »Morgen« waren frühe Bezeichnungen für die östliche Himmelsrichtung, und der Aufgang der Sonne stand auch für den Aufgang des Lebens. Für die meisten alten Kulturen und Sprachen ist die Richtung des Sonnenaufgangs die Haupt-Himmelsrichtung,[5] der Osten ist »vorn«, der Westen »hinten«, das gilt für das Hebräische, das Arabische und das Altindische, und auch unser Wort »Norden« ist vermutlich von einer sprachlichen Wurzel abgeleitet, die »links« bedeutet. Denn zum *Orient* geht die *Orientierung*. Erst die Verbreitung des Kompasses im späten Mittelalter hat diese Sehweise verdrängt, hat die polare Ausrichtung nach Norden durchgesetzt.

Im Osten lag das Paradies, der Garten Eden, »von Gott gepflanzt gegen Morgen«, wie es das Buch Genesis im zweiten Kapitel erzählt. Dort entsprangen die vier Flüsse, »zu wässern den Garten« und die *Oikumene*, die gesamte bewohnte Welt. Aber das Paradies ging durch menschliche Schuld verloren, vor dem schönen Garten lagern die Cherubim »mit dem bloßen, hauenden Schwert«, der Zugang ist für immer versperrt. Die Suche nach diesem Paradies stimulierte seither die Energien. Schon Adam – so erzählt es die mittelalterliche »Legende vom Kreuzesholz« – schickt kurz vor seinem Tod seinen Sohn Seth nach Osten, um aus dem Irdischen Paradies einen Zweig vom Baum des Lebens zu holen: Es sollte das Holz werden, aus dem Jahrhunderte später das Kreuz Christi gezimmert wurde.

Denn aus dem Osten kommt die Erlösung. Die drei großen monotheistischen Weltreligionen sind in den Wüstenregionen des Vorderen Orients entstanden, und nach Osten weisen, von Europa aus gesehen, die Altäre der meisten christlichen Kirchen, die jüdischen Grabstätten und die *Qibla*, die muslimische Gebetsrichtung. Dabei hat das frühe Christentum, anders als Judentum und Islam (die mit *Jerusalem* und *Mekka* im Grunde den heiligen *Ort* fixiert haben), die kultische Orientierung zur heiligen *Richtung* aus alten vorchristlichen Traditionen übernommen: Christus, so die Kirchenväter, sei selber die »Sonne der Gerechtigkeit«, von der die Propheten gesprochen hätten, und als der »Blitz aus dem Osten« (Matthäus 24,27) werde er am Jüngsten Tage erscheinen, von wo ihn, mit dem Blick nach Osten, die Verstorbenen in ihren Gräbern erwarten.[6]

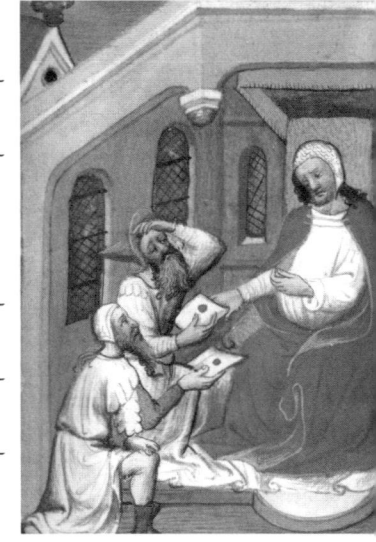

Priester Johannes empfängt Boten des Dschingis Khan. Illustration aus dem *Livre des merveilles du monde*, um 1350 (Detail).

Im paradiesischen Osten liegt auch die *fontana vitae*, der »Lebensquell«, der den, der aus ihm trinkt, unsterblich macht. Im antiken *Alexanderroman* gelten die Eroberungszüge des mazedonischen Helden nach Indien diesem Ziel. Alexander verfehlt es zwar, aber der in ganz Europa populäre Roman hielt die Erinnerung daran und an die anderen Wunder und Geheimnisse des Ostens fest, von denen schon frühe griechische Autoren wie Herodot in den *Historien* (5. Jh. v. Chr.) oder Ktesias von Knidos in den *Indika* (um 400 v. Chr.) berichtet hatten, dabei »Wirkliches« und »Phantastisches« in unauflösbarer Weise mischend. Auch in der arabischen Tradition lag das Paradies im Osten, auch der Orient hatte seinen »Orient«.[7] Im 12. Jahrhundert kam dann aus dem Osten die Kunde vom herrlichen Reich des sagenhaften »Priesterkönigs Johannes«: eine der frühesten ethnologischen Fiktionen, die allerdings über drei Jahrhunderte hinweg die Suche nach diesem geheimnisvollen Königreich beflügelte; mehrere Expeditionen wurden ausgeschickt, um es zu suchen.[8] Der Osten war über anderthalb Jahrtausende hinweg das große lockende Reise-Ziel, und Reisen nach Osten führten stets in geheimnisumwitterte Regionen des märchenhaften Überflusses, erzählten, wie Marco Polos *Il Milione*, von den *meraviglie del mondo*, den »Wundern der Welt«.

Unser Land fließt über von Milch und Honig
Aus dem Brief des Priesterkönigs Johannes an Kaiser Manuel von Byzanz (um 1170)

Zweiundsiebzig Provinzen dienen mir, von denen sind nur wenige christlich, und eine jede von ihnen hat einen König über sich, sie alle sind Uns tributpflichtig. In Unserem Land werden geboren und leben Elefanten, Dromedare, Kamele, Flußpferde, Krokodile, Panther, Wildesel, weiße und rote Löwen, weiße Bären, weiße Amseln, stumme Baumgrillen, Greifen, Tiger, Vampire, Hyänen, wilde Rinder, Bogenschützen, wilde Menschen, gehörnte Menschen, Faune, Satyrn und Frauen der gleichen Art, Pygmäen, Hundsköpfige, Giganten, deren Höhe vierzig Ellen beträgt, Einäugige, Kyklopen und der Vogel, den man Phönix nennt, und Tiere von fast jeder Art, die es unter dem Himmel gibt. Unser Land fließt über von Milch und Honig. In einem Land schaden keine Gifte und quakt kein schwatzhafter Frosch, kein Skorpion ist dort, keine Schlange kriecht durchs Gras. Giftige Tiere können an diesem Ort nicht wohnen und nicht jemanden verletzen. Bei den Heiden fließt durch eine Unserer Provinzen ein Fluß mit Namen Ydonus. Dieser Fluß kommt aus dem Paradies hervor und breitet seinen Lauf durch jene ganze Provinz in diversen Krümmungen aus. Dort findet man Edelsteine, Saphire, Karfunkel, Topase, Chrysolithe, Onyxe, Berylle, Amethyste, Sardione und viele wertvolle Steine. Ebendort wächst ein Kraut, das Assidios heißt, wenn einer von dessen Wurzel über sich trägt, entflieht er dem unreinen Geist und zwingt ihn, zu sagen, wer er sei und woher und wie sein Name. Daher wagen es die unreinen Geister nicht, in jenem Land jemanden anzufallen.

Ulrich Knefelkamp: Die Suche nach dem Reich des Priesterkönigs Johannes. Gelsenkirchen 1986, 180–181 (Übersetzung Ulrich Knefelkamp).

Aber aus dem Osten kam auch tatsächlich das, was in Europa der Inbegriff des wundersamen Lebens war – auf der seit dem Altertum bekannten Handelsroute, die von China über Indien, Persien und die Länder des Vorderen Orients in die lateinische Welt führte. Bereits in römischer Zeit erreichten auf diesem Weg Seide, Gewürze, Drogen, Kosmetika, Parfums und kostbare Steine den Westen;[9] im Mittelalter folgten durch arabisch-islamische Vermittlung technologische Innovationen wie der Kompaß, das Papier, die Keramik oder die Kunst der Terrassierung, ferner mathematische Neuerungen wie der Gebrauch der Zahl Null sowie die Einführung gastronomischer Exotika wie des Zuckers oder des Sorbets und die Verbreitung von »Ostfrüchten« wie der Zitrone, der Orange, des Pfirsichs, der Aprikose und der Aubergine.[10] Der Orient war im Bewußtsein der Europäer die Himmelsrichtung des Luxus und des angenehmen Lebens. In der in ost-westlicher Richtung sich verbreitenden Garten-Kultur (von den hellenistischen Palastgärten über die römischen Villen bis zu den Gartenarchitekturen der Renaissance und des Barock) lebt die Erinnerung an den *paradeisos*, den Paradies-Garten im Osten, weiter.

Aus dem Osten kamen schließlich der Rausch, die Ekstase, die Bedrohung durch das Irrationale. Von Osten nach Westen führte der Siegeszug des Dionysos auf dem Panther mit seinen trunkenen Begleitern, den lüsternen Satyrn und den rasenden Mänaden. In Euripides' *Bakchen* (um 400 v. Chr.) hat dieser Kulturkonflikt seine klassische literarische Form gefunden: Vor den Toren Thebens, der wohlgeordneten, auf Vernunft und Ehrung der Götter gegründeten griechischen Polis, erscheint, »aus Asiens Fluren/vom heiligen Tmolos/herstürmend«[11] ein neuer, der »lärmende Gott« und fordert Verehrung. Mit Recht verweigert sich der König diesem auf nichts gegründeten Ansinnen, aber Dionysos bleibt Sieger. Er verblendet die Männer, entzieht die Frauen ihren häuslichen Geschäften, zerstört die sozialen Bande, hebt die Ordnung des Staatswesens aus den Angeln.

Weniger gewalttätig, aber die Kräfte des Irrationalen nicht minder mobilisierend, trat Dionysos, mit den dunklen Geheimnissen der Initiationserfahrung lockend, als Gott der Mysterien in Erscheinung: in einem von zahlreichen antiken Geheimkulten, die wie der Isis-, der Orpheus- oder der Mithraskult aus dem Osten in die lateinische Welt gekommen waren.[12] Mit dem Ausgreifen des Römischen Reiches nach Osten verbreitete sich, nicht zuletzt seit der Eroberung Ägyptens durch Caesar, die Faszination dieser auf individuelle Erlösung und himmlische Seligkeit gerichteten Kulte, verdrängte allmählich das, wofür der Osten seit den frühen griechischen Polis-Kulturen ebenfalls stand: die Idee der Barbarei.

Denn für die Griechen waren die Völker im Osten zunächst *barbaroi*, »Krächzer«, Menschen, die nicht einmal richtig sprechen konnten, bar jeder Zivilisation, ungebildet, wild und grausam. Auch die spätere kosmopolitische Kultur des Römischen Imperiums definierte sich durch Grenzziehung gegenüber der *barbaria*, der »Barbarei« jenseits der Grenzen des Reiches im Osten.[13] Der Osten stand immer auch für die Bedrohung des Eigenen durch das Fremde, der Zivilisation durch die Barbarei, der Ordnung durch das Chaos, der Freiheit durch die Unfreiheit. Seit den Perserkriegen (500–478 v. Chr.) ist dies das Muster der Wahrnehmung eines wiederkehrenden Konflikts, dessen siegreiche Stationen in den Geschichtsbüchern Marathon (490 v. Chr.) und Salamis (480 v. Chr.) heißen, später die Schlacht auf den Katalaunischen Feldern (451), die Schlacht auf dem Lechfeld (955) oder die Schlacht am Kahlenberge (1683). Seit dem Einfall der Hunnen ins Römische Reich unter Attila heißen die asiatischen Reitervölker Innerasiens in Europa Tartaren, griechisch *tartaroi*: die Bewohner des »Tartaros«, der Hölle. Teufel also, die aus den unendlichen Weiten eines Kontinents kamen, der sich jenseits der Grenzen der eigenen Vorstellung ausbreitete. Nicht nur das Paradies, auch die Hölle lag im Osten.

Die Propaganda der Nationalsozialisten konnte an dieses ambivalente Bild des Ostens anknüpfen: Auf der einen Seite drohte aus dieser Himmelsrichtung »der Ansturm der Steppe« (so Goebbels in seiner »Sportpalastrede«), auf der anderen Seite lockte »Lebensraum im Osten«, das Gaukelbild der »Ostkolonisation«. *Nach Ostland wollen wir reiten/Nach Ostland geht unser Ritt ...*:[14] So stand es in den Liederbüchern der Soldaten.

Nach dem Zweiten Weltkrieg lebten die einschlägigen Geostereotype im »Ost-West-Konflikt« wieder auf. Die Berliner Mauer, aus östlicher Perspektive antifaschistischer Schutzwall gegen den »kapitalistischen Westen«, markierte aus umgekehrter Richtung die Grenze zu dem, was sich in westlicher Wahrnehmung zum »Ostblock« verfestigt hatte. Osten und Westen waren zu »politischen Himmelsrichtungen«[15] geworden. Warschau und Prag lagen nach dieser Ideo-Geographie im »Osten«, Wien hingegen – zwei Längengrade weiter östlich gelegen – gehörte zum Westen.

Der Norden: Dunkelheit und Kälte

Die älteste Erzählung über die Grauen des Nordens stammt aus Homers *Odyssee*. Auf seiner Reise in die Unterwelt, die Odysseus auf Geheiß der klugen Zauberin Kirke unternehmen muß, erreicht sein steuerlos vom Wind getriebenes Schiff die

> ... Stadt der kimmerischen Männer; dunstige Nebel
> Hüllen sie völlig ein, das Volk und die Stadt. Denn niemals
> Dringen des Helios leuchtende Blicke herunter zu ihnen,
> Nicht, wenn zum Himmel mit allen Gestirnen hinauf er den Weg
> nimmt,
> Nicht, wenn vom Himmel zur Erde er wieder sich wendet zur
> Rückkehr:
> Allzeit traurige Nacht überwölbt jene elenden Menschen.[16]

Auch wenn Odysseus' Fahrt zum Reich der Toten über den Okeanos, also in die westliche Richtung führt, fügt die Beschreibung der Stadt der Kimmerier unverkennbar eine Szenerie des Nordens in den Text ein, wie sie sich vermutlich älteren Berichten von Reisenden verdankt, die die Polarnacht kannten oder zumindest von ihr gehört hatten. In geographisch nördlicher Richtung verorteten daher antike Autoren auch das historisch tatsächlich bezeugte Volk der Kimmerier. Für Herodot liegt es im Norden des Schwarzen Meeres, einer als besonders unwirtlich geltenden Gegend, in die später die Skythen eingewandert waren.[17] In römischer Zeit wurde der germanische Stamm der Kimbern mit den Kimmeriern gleichgesetzt.

Ein Land, das von Nebel und ewiger Nacht verdunkelt und nie von den Strahlen der Sonne erhellt wird, mußte für die Bewohner der Mittelmeer-Gegenden der Inbegriff des Lebensfeindlichen sein: ein Reich der Schatten, der Toten. Kimmerien wird in fortwirkender Tradition zum Gegenbild Arkadiens, der idealen Landschaft der Heiterkeit, der Schönheit und der Liebe, und dies auch im übertragenen Sinn:

... du aus Norden,
Im Nebelalter jung geworden,
Im Wust von Rittertum und Pfafferei,
Wo wäre da dein Auge frei![18]

Nicht nur der Arkadier Goethe suchte unter dem »himmelblauen Gewölbe« Italiens sich den »kimmerischen Vorstellungen und Denkweisen des Nordens zu entziehen«.[19] Der Norden war Dunkelheit und Kälte, Obskurantismus und Tristesse.

Im Norden hauste auch das mythische Volk der Hyperboräer, der »jenseits des Boreas, des Nordwinds Wohnenden«. Und im äußersten Norden lag die Insel Thule, die sprichwörtlich gewordene Ultima Thule. Der griechische Seefahrer Pytheas (um 300 v. Chr.) will sie sechs Tagereisen nördlich von Irland entdeckt haben, wo es keinen Sonnenschein gebe, so daß man dort sogar das Getreide in Häusern dreschen müsse.[20] Und der römische Naturforscher Plinius der Ältere weiß, daß es dort zur Zeit der Wintersonnenwende sechs Monate lang nicht Tag werde.[21]

Anders als mit dem ins Unendliche des Wunderbaren sich öffnenden Osten verband sich also mit dem Norden die Vorstellung vom Ende der Welt, den fines terrae. Das Nordmeer (Germanicum mare), so berichtet Tacitus, sei »träge und beinahe unbewegt«[22] – in der mittelalterlichen Sage vom »Lebermeer«, in dem die Schiffe steckenbleiben, lebt die Vorstellung weiter – und schließe den Erdkreis ab. »Bis dahin nur – und die Kunde ist zuverlässig – reicht die Schöpfung (natura).«[23] Der Norden ist also die Nicht-, die Unnatur, und nichts konnte Ansporn sein, diese Weltgegend zu bereisen. Das einzige Luxusgut, das aus diesem düsteren und lebensfeindlichen Himmelsstrich kam, war der Bernstein.

Die *Germania* des Tacitus (um 100 n. Chr.), die früheste »Ethnographie des Nordens«, zeichnet daher das Bild einer insgesamt wenig einladenden Weltgegend. Zwar war es die Absicht des Autors gewesen, seinen in Luxus und Überfeinerung lebenden römischen Landsleuten die germanischen Völker als Beispiel einer natürlichen, unverbildeten, durch Redlichkeit, Keuschheit und Anstand geprägten Lebensführung vor Augen zu stellen; allein die äußeren Umstände dieses Lebens in einem Land, »in welchem die meiste Zeit Winter herrscht«,[24] mußten doch alles andere als einladend erscheinen. Zur Unwirtlichkeit des Klimas und der Ärmlichkeit in Wohnung und Kleidung kam etwas, das einen Bewohner von Rom, Syrakus oder Alexandria mit besonderem Graus erfüllen mußte: die gastronomische Unkultur dieser Nordvölker.

Publius Cornelius Tacitus
Ohne raffinierte Zubereitung

Als Getränk dient ihnen eine Flüssigkeit, die aus Gerste oder Weizen gewonnen und ähnlich wie Wein vergoren ist; die Nachbarn der Ufergegenden [von Rhein und Donau] erhandeln auch Wein. Die Speisen sind einfach: wildwachsende Früchte, frisches Wildpret oder geronnene Milch; ohne feineren Aufwand, ohne raffinierte Zubereitung vertreiben sie den Hunger.

Germania 23.

Die germanischen Eroberer, die während der Jahrhunderte der Völkerwanderung in das Römische Imperium einfielen, schienen dieses düstere Bild nur zu bestätigen: Es waren die *septentrionis lupi*, wie sie der Kirchenvater Hieronymus nennt, die »Wölfe aus dem Norden«, die mit Rauben und Morden über die Zivilisation herfielen.[25]

Es verwundert nicht, daß der lebensfeindliche Norden auch in der allegorischen Deutung der vier Himmelsrichtungen durch die mittelalterliche Theologie das Allerschlimmste meinte: *Septentrionalis autem pars mundi [...] per figuram ostendit diabolum vel frigus infidelitatis*, schreibt Hrabanus Maurus in seinem Werk über das Universum, »der nördliche Teil der Welt aber bedeutet im Bilde den Teufel oder die Kälte der Gottlosigkeit.«[26]

Auch die Juden hatten vom Norden keine hohe Meinung. »Der Nordwind bringt Ungewitter«, heißt es in den Sprüchen Salomos (25,23) – im gesamten Mittelmeerraum ist der »Boreas«, die »Tramontana« als

Kälte- und Sturmbringer gefürchtet. Und die Propheten drohten, wie Jeremia, dem gottlosen Volk mit den Worten: »Von Mitternacht [= Norden] wird das Unglück ausbrechen über alle, die im Lande wohnen« (Jeremia 1,14). Das läßt zum einen daran denken, daß für das im Westen vom Meer und im Osten von der Wüste begrenzte Palästina der Norden diejenige Richtung war, aus der am ehesten feindliche Angriffe drohten. Aber tiefer als solche realpolitischen Befürchtungen saß, auch in Friedenszeiten, eine mythische Angst vor den »Nordvölkern«, vor einer »von Norden hereinbrechenden, mysteriösen Macht, die den Erdkreis mit Schrecken und Tod erfüllt und das Gericht über diese ganze Weltzeit bringt« – möglicherweise ein Weiterwirken des Traumas, das die »Ägäische Wanderung«, der Einfall der sogenannten »Seevölker« (um 1200 v. Chr.) im gesamten östlichen Mittelmeerraum hinterlassen hat.[27] »Hebet eure Augen auf und sehet, wie sie von Mitternacht daherkommen ...« (Jeremia 13,20).

Es hat lange gedauert, bis sich in der europäischen Kultur dieses negative Bild des Nordens ändern, bis der »Nordmann« nicht mehr (wie noch in einem Roman von Jean Paul) der Inbegriff des gefühllosen, eisigen Charakters sein sollte.[28] Die Wende kam erst um die Mitte des 18. Jahrhunderts und ging von der englischen Empfindsamkeit und ihrer Schwärmerei für die schottischen *Highlands* aus, die auch eine neue touristische Orientierung einleitete.[29] Zum literarischen Kristallisationskern der neuen, positiven Besetzung des Nordens wurden James MacPhersons angeblich aus dem Gälischen übersetzte *Ossian-Lieder* (1760). Fingals sturmumbrauste Höhle, die menschenleere Nebel-Landschaft und die Ödnis der schottischen Heide wurden jetzt zu Schauplätzen »echter«, unverstellter Naturerfahrung. In Deutschland war es vor allem Johann Gottfried Herder, aus Ostpreußen gebürtig und von der Erfahrung der Ostsee geprägt, der diese neue Bewertung des Nordens populär machte. In seinem *Briefwechsel über Ossian und die Lieder alter Völker* (1773) erkennt er das »lebendige Poetische« in der Poesie der »alten und wilden Völker« vorzugsweise des Nordens.[30] Nach jahrhundertelanger Orientierung Europas am antikischen Süden erscheint plötzlich der Norden als Offenbarung, steht für das Ungekünstelte und Lebendige. In den *Ideen zur Philosophie der Geschichte der Menschheit* (1784/91) entwickelt Herder eine Anthropologie der verschiedenen Völkerschaften, mit deutlicher Sympathie für die Völker des Nordens, ja »den« Norden schlechthin.

Hier sind die Wunderdinge unserer Erdschöpfung zu sehen, die kein Anwohner des Äquators glauben würde, jene ungeheuren Massen schöngefärbter Eisklumpen, jene prächtigen Nordlichter, wunderbare Täuschungen des Auges durch die Luft, und bei der großen Kälte von oben die oft warmen Erdklüfte. In steilen, zerfallenen Felsen scheint sich der hervorgehende Granit viel weiter hinauf zu erstrecken als er's beim Südpol tun konnte, so wie überhaupt dem größten Teil nach die bewohnbare Erde auf dem nördlichen Hemisphär ruht. Und da das Meer der erste Wohnplatz der Lebendigen war, so kann man das nördliche Meer mit der großen Fülle seiner Bewohner noch jetzt als eine Gebärmutter des Lebens und die Ufer desselben als den Rand betrachten, auf dem sich in Moosen, Insekten und Würmern die Organisation der Erdgeschöpfe anfängt.

Johann Gottfried Herder: Ideen zur Philosophie der Geschichte der Menschheit [1784/91], VI, 1 (nach Werke, hrsg. v. H. Düntzer, Bd. X. Berlin 1879, 6).

Zur Verkörperung der Poesie des Nordens wurde im 18. Jahrhundert der Dichter Ossian. Jean-Auguste-Dominique Ingres: *Ossians Traum*, 1813.

Das Nordmeer, einst der Inbegriff des Unbewegten, Toten, ist nunmehr zur »Gebärmutter des Lebens« geworden.

Die Aufwertung des Nordens wirkt in der Folgezeit weiter in der Popularisierung beziehungsweise Neuerfindung einer *Mythologie des Nordens* (so das 1808 erschienene Werk des dänischen Dichters Grundtvig), wie sie in der Edda und den germanischen Heldensagen angelegt war. Während des 19. Jahrhunderts tritt dieses »Nordische« in ideologische Opposition zum »Welschen« (dies sozusagen eine künstliche Himmelsrichtung, eine Verschmelzung aus »Süden« und »Westen«, aus Italienischem und Französischem): eine Opposition, die über die völkische Verherrlichung des arischen »Nordismus« und die Jugendbewegung bis in die Zeit des Nationalsozialismus hinein virulent ist. Diffuse Begriffe wie »Nordland«, »Nordleute«, »nordisch« – früher lexikalisch nur spärlich belegt – wurden zu inflationär gebrauchten Vokabeln einer populären Nationalmythologie, deren Kern die angebliche Überlegenheit der »nordischen« Rasse, der »nordischen« Charaktereigenschaften, der »nordischen« Lebensweise war.

Vom Süden Europas aus gesehen mußte sich diese Begeisterung für das Nordische allerdings recht seltsam ausnehmen. Für Italiener (und vor allem Süditaliener) war der Norden, waren die Länder jenseits der Alpen immer kalte, unwirtliche und wenig einladende Landstriche, erschienen auch deren Bewohner als eher frostig und unterkühlt. »Der Neapolitaner«, bemerkt schon Goethe in der *Italienischen Reise*, »hat von den nördlichen Ländern einen sehr traurigen Begriff: ›Sempre neve, case di legno, gran ignoranza, ma danari assai‹. Solch ein Bild machen sie sich von unserm Zustande.«[31] In ähnlich stereotyper Ambivalenz werden »Norden« und »Süden« in Italien auch heute noch gern gesehen.

Der Westen: Leere, Jenseits und Verheißung

Die westliche Himmelsrichtung, der »Niedergang« der Sonne, war für die griechisch-römische Antike begrenzt durch die »Säulen des Herkules«, die Meerenge von Gibraltar. Wie ein riesiges Tor ins Nichts mußte sie einem Reisenden erscheinen, der aus den vertrauten Gestaden des »Mittleren Meeres« kam, schwer zu passieren zudem durch die permanente starke Gegenströmung aus dem Atlantik. Eine Himmelsrichtung also, die ins Leere mündete, in die unermeßlichen Weiten des Okeanos, Projektionsfläche allenfalls für Wunsch- und Traumwelten. Platon läßt hier, jenseits der Säulen des Herkules, sein »Atlantis« blühen und in den Fluten versinken,[32] und Herakles findet im Westen die Goldenen Äpfel in den Gärten der Hesperiden, deren Genuß ewige Jugend verleiht.[33] Anders als Wunschorte im Osten oder Schreckensorte im Norden entzogen sich solche Lokalitäten im Westen jeder näheren topographischen Bestimmung, verloren sich im Irgendwo auf dem Weg zur sinkenden Sonne. *Obstitit Oceanus inquiri*, »der Ozean hat sich dagegen gewehrt, erforscht zu werden«, heißt es bildkräftig bei Tacitus.[34] Der Westen war die diffuseste aller vier Himmelsrichtungen.

Denn die sinkende Sonne signalisierte auch das Ende des Lichts, den Einbruch der Nacht. »Gehst du unter im Westhorizont,/so ist die Welt in Finsternis,/in der Verfassung des Todes«, heißt es in Echnatons Anrufung der Sonne.[35] Für die Ägypter war der Westen die Himmelsrichtung der Toten, die Hieroglyphe für »Westen« bedeutete gleichzeitig »Totenreich«, die Toten wurden verhüllend »die Westlichen« genannt.[36] Die Begräbnisstätten für Menschen und Tiere lagen am westlichen Ufer des Nil. Dort begann die große Wüste, in ihrer Unermeßlichkeit und Unerforschlichkeit der Wasserwüste des griechisch-römischen Okeanos vergleichbar. »Mögest du nicht auf jenen westlichen Bahnen dahingehen, denn die dort hingehen, die kommen nicht wieder«, heißt es warnend in einem der Pyramidentexte.[37] Mit der Barke wurden die Toten über den Nil in diesen Westen gefahren, ins Reich des schakalköpfigen Totengottes Anubis. Und mit den Toten verschwand im Westen, jenseits der unendlichen Leere, auch allabendlich die Barke des Sonnengottes, um, bewegt durch die Gebete der Priester, am nächsten Morgen im Osten wieder aufzutauchen.

Auch das babylonische Gilgamesch-Epos lokalisiert die Region des Todes im Westen: Dem Lauf der Sonne folgend kommt Gilgamesch, auf der Suche nach dem Rätsel des Todes, an das große Meer, das noch keiner vor ihm überschritten hat. Auch in der griechisch-römischen Mythologie liegt das Totenreich im Lande der untergehenden Sonne. »Am Rand von Okeanos' Tiefstrom« findet Odysseus den Hades,[38] »jenseits der Säulen des Herkules« landet ein Reisender in Lukians *Wahren Geschichten* auf der »Insel der Seligen«.[39] Die Mythologie folgt dem Weg der Sonne: Das Leben kommt aus dem Osten und es verschwindet im Westen.

Nicht nur als törichtes, sondern als frevelhaftes Unterfangen mußte es in furchtsameren Zeiten der Menschheit daher erscheinen, in diese leere Wüste weiter vordringen zu wollen, über die Säulen des Herkules hinaus, die doch – so Dante – »gesetzt,/damit der Mensch umkehr' an dieser Stelle«. In der *Göttlichen Komödie* begegnet Dantes Jenseitswanderer im achten Kreis der Hölle einem, der diesen Versuch gewagt hatte und dabei gescheitert war: Odysseus, der, so erzählt es Dante, getrieben vom vermessenen Wunsch nach Erkenntnis der ganzen Welt, gegen Ende seines Lebens noch einmal die Segel gesetzt hatte und gegen Westen gefahren war, in die unbekannteste aller Himmelsrichtungen.

Wo Hercules den Grenzstein hat gesetzt
Dantes Odysseus fährt gen Westen

Ins offne Meer ohn' anderes Geleit
Fuhr ich allein mit jener kleinen Bande,
Die niemals mich verlassen all die Zeit.

Ich sah die Küsten bis zu Spaniens Strande,
Bis nach Marocco, was dies Meer benetzt,
Sardinien und die andern Insellande.

Wir waren alt und müd, als wir zuletzt
 Den schmalen Sund erreichten und die Schwelle,
 Wo Hercules den Grenzstein hat gesetzt,

Damit der Mensch umkehr' an dieser Stelle.
 Dort, wo Sevilla man zur Rechten läßt
 Und links im Rücken liegen Settas Wälle,

Sprach ich: »O Brüder, die ihr bis zum West
 Durch hunderttausend Nöte seid gefahren,
 Versagt nicht eurem letzten Lebensrest

Und kurzem Wachdienst eins noch zu erfahren,
 Ob es, der Sonne folgend, uns gelingt,
 Den menschenlosen Weltteil zu gewahren.

Bedenket, welchem Samen ihr entspringt.
 Nicht, daß ihr wie das Vieh lebt, habt ihr Leben,
 Vielmehr, daß ihr nach Ruhm und Wissen ringt.«

So braucht ich nur die Stimme zu erheben,
 Da war ihr Eifer für die Fahrt entbrannt,
 Daß unaufhaltsam ward ihr eignes Streben.

Und so, das Schiffscastell ostwärts gewandt,
 Ließ ich zum tollen Flug die Ruder fliegen,
 Beständig steuernd nach der linken Hand.

Die Sterne jenes andren Poles stiegen
 Des Nachts herauf und unsrer senkte sich
 Und blieb zuletzt am Meeresboden liegen.

Fünfmal aufleuchtete, fünfmal verblich
 Das Licht des untren Teils der Mondessphäre,
 Seit unser Schiff die hohe Bahn durchstrich:

Da sahn wir einen hohen Berg im Meere,
 Blau von der Ferne, hoch – so deuchte mir –
 Als ob kein andrer seines gleichen wäre.

Wir waren froh, bald aber klagten wir,
 Denn von dem neuen Land kam Wirbelwehen
 Und traf des Schiffes erste Plank' und Spier.

Dreimal mit aller See ließ es uns drehen,
Dann fuhr das Heck empor, der Schnabel schoß
Bergab, – ein Andrer ließ es so geschehen –

Bis über uns das Meer sich wieder schloß.

Dante: Göttliche Komödie, Inferno XXVI, 100–142 (Übersetzung Otto Gildemeister, 1888).

Als Dante dies schrieb, hatten sich irische und norwegische Seefahrer
längst weit in die feindliche Salzflut hinaus vorgewagt, um die *nova terra*
(Dante), das »neue Land« im Westen, auch über fünf Tagereisen hinaus
aufzuspüren. Konnte der geheimnisvolle, blau schimmernde Berg im
fernen Meer nicht das Paradies sein? In Nordeuropa erregt der unbekannte Westen bereits seit dem hohen Mittelalter nachhaltige Neugier.
Sie knüpft sich an die weitverbreitete Erzählung von der *Navigatio Sancti
Brendani abbatis*, der Seefahrt des Heiligen Abtes Brendan (oder Brandan)
auf der Suche nach der *Terra promissionis*, dem Land der Verheißung. Nach
einer acht Jahre dauernden Fahrt über das Westmeer – so berichtet die
Legende – erreichen der Abt und seine Brüder ein Land, »herrlich in solcher Fülle, daß man darin alles fand, was eines Menschen Herz begehren
könnte; da war Korn, Wein und alles, was man an Früchten bedarf, ohne
menschliche Arbeit«.[40]

Es ist eine Art Irdisches Paradies, das Brandan im Westen, fern der
bekannten Welt, gefunden hat, und die Suche danach wird in den kommenden Jahrhunderten nicht mehr abreißen. »Weit im Meer westlich
von Spanien/Liegt ein Land genannt Cokanien/Es ist kein Land unterm
Himmelreich/An Wonne und Reichtum Cokanien gleich«, heißt es in einem irischen Lied des 14. Jahrhunderts,[41] das ein Land besingt, in dem
Ströme von Milch und Honig fließen, Gold und Edelsteine auf der Straße
liegen und die Menschen der freien Liebe pflegen: Cokanien, Cokaygne,
Cuccagna, das »Schlaraffenland«, wo alle ohne Arbeit herrlich und in
Freuden leben.[42]

Zum wirklichen Land der Verheißung wird der Westen dann mit der
Entdeckung und Eroberung Amerikas, der »Neuen Welt«. Die Suche nach
Schlaraffenland war dabei immer mit im Spiel. »Eine solche Reise führt
zu mächtigen Königreichen, berühmten Städten und Provinzen, die alles
im Überfluß besitzen, was wir benötigen und alle Arten von Gewürzen in
reicher Menge wie auch Edelsteine in großer Fülle aufweisen.« So heißt
es in einem Brief, mit dem der Florentiner Geograph Paolo Toscanelli
den Seefahrer Kolumbus zur Westpassage nach Indien ermutigte.[43] Daß

Kolumbus dann im Westen die fruchtbarsten Landstriche, goldhaltige Flüsse, die schönsten und friedlichsten Menschen aufspürte, dort sogar, in der Gegend der Orinoko-Mündung, das wahre Irdische Paradies entdeckt zu haben glaubte,[44] verwundert nicht. Die alten Bilder von den Wunderländern im Osten (den Kolumbus ja anzusteuern meinte) realisierten sich jetzt im tatsächlich gefundenen Westen, einer Himmelsrichtung, die in den Jahrhunderten der frühen Neuzeit dann zur geographischen Utopie *par excellence* wird.

Zur wichtigsten Chiffre dieses Westens wird das Gold. Die Idee von »El Dorado«, dem Land des »Vergoldeten« (eine indianische Legende, die den Spaniern im 16. Jahrhundert zu Ohren kam[45]), beflügelte Phantasie und Habgier der Europäer. Der Westen wird – von den Eroberungszügen der Konquistadoren im 16. Jahrhundert bis zum kalifornischen *Gold Rush* in der Zeit nach 1848 – die Himmelsrichtung der Schatzsucher. Auch die alte Idee vom Lebensquell (ehedem im Osten lokalisiert) nimmt im Westen neue Gestalt an: Der spanische Seefahrer Juan Ponce de Léon vermutet ihn in einem Landstrich, der später Florida, »die Blühende«, heißen wird.[46] Was dann an gastronomischen Exotica aus der Neuen Welt nach Europa kam, war schon im Namen mit der Aura des Wunderbaren umgeben: »Goldfrüchte« (*pomi d'oro*, Tomaten) und »Äpfel« oder »Birnen« aus der Erde selber.

Zur *Terra promissionis* wird der Westen aber auch im politischen Sinn. Über Jahrhunderte hinweg wird Amerika Ziel zahlloser Auswanderer, die, aus engen und bedrückenden europäischen Verhältnissen kommend, im »Goldenen Westen« individuelle Freiheit, Unabhängigkeit, Glück und Reichtum suchten oder – wie die Pilgerväter, die Quäker und zahlreiche andere Gruppierungen – dort in der Gründung neuer Kommunitäten die Realisierung einer idealen Gesellschaftsordnung verwirklichen wollten. Wie sehr dabei uralte utopische Hoffnungen auf den *Mundus Novus* im Spiel waren, zeigt ein berühmtes Gemälde des Malers und Quäkers Edward Hicks (1780–1849), der die Landnahme von William Penn in Pennsylvania und seinen Vertrag mit den dortigen Indianern in seinem Bild »The Peaceable Kingdom« in Szene setzt und dabei die Botschaft des Propheten Jesaja vom kommenden Friedensreich (Jes. 11,6–9) lebendig werden läßt[47]:

The wolf did with the lambkin dwell in peace,
His grim carnivrous nature there did cease,

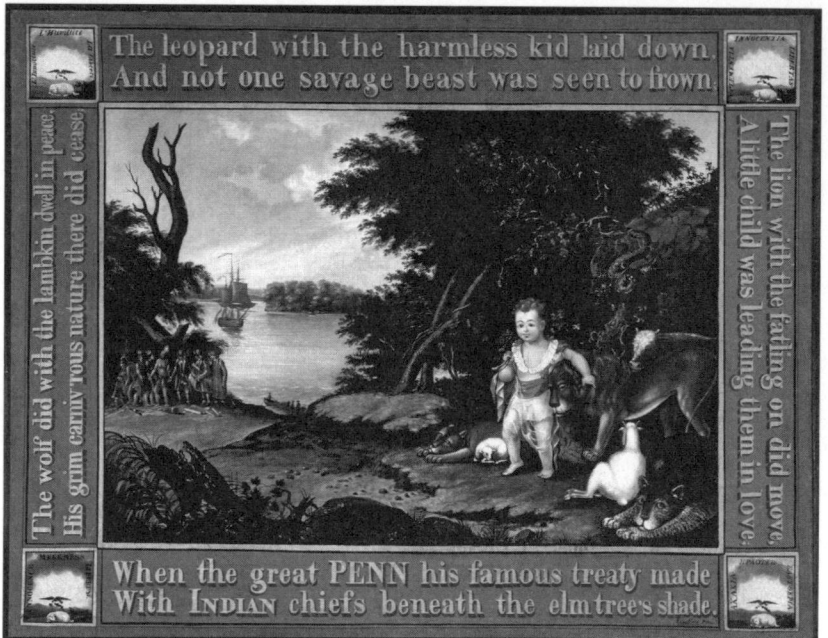

The leopard with the harmless kid laid down,
And not one savage beast was seen to frown,
The lion with the fatling on did move,
A little child was leading them in love
When the great PENN his famous treaty made
With indian chiefs beneath the elm tree's shade.

Der Westen der großen
Utopien. Edward Hicks:
The Peaceable Kingdom,
um 1834.

The leopard with the harmless kid laid down,
And not one savage beast was seen to frown,
The lion with the fatling on did move,
A little child was leading them in love
When the great PENN his famous treaty made
With indian chiefs beneath the elm tree's shade.

Im alten Europa selber wurde die Begeisterung für den Goldenen Westen
oft nur mit großer Zurückhaltung aufgenommen, wurde das Utopia jenseits des Meeres eher als »Wilder Westen« gefürchtet oder verspottet. Bereits seit dem 19. Jahrhundert artikulieren sich hier Mißtrauen und Vorurteile gegenüber dem West-Kontinent und seinen neuen Bewohnern.
»O Herz und schaue nicht nach Westen unverwandt,/Im Sonnenunter-
gang liegt nicht der Freiheit Land«, kritisierte schon Emanuel Geibel in
seinem Gedicht *Das Negerweib* (1841) die verbreiteten Sehnsüchte nach
dem Westen.[48] Speziell in Deutschland wird nach 1871 die Antipathie gegenüber dem »dekadenten«, »demokratischen«, »kosmopolitischen« Westen auch politisch zum Programm einer nationalistischen Ideologie, die
in Frankreich den Erbfeind und in der Geschichte »die uralte Auflehnung
Deutschlands gegen den westlichen Geist« (Thomas Mann)[49] am Werke

sieht. Im »Westwall« wird später in Stein gebaut, was zuvor gegen diesen Westen gedacht wurde. Und noch lang sollte der »Weg nach Westen« (Heinrich August Winkler)[50] sein, den die Deutschen zurücklegen mußten, um eine demokratische Nation zu werden.

Und der Süden?

Davon soll im folgenden die Rede sein.

Ferne Himmelsbreiten
Der Süden in der antiken Welt

Eine Entdeckung, die keine war.
Ein phönizisches Schiff umrundet den Südkontinent

Die Geschichte des Südens beginnt mit einer Entdeckung, die keine war. Um das Jahr 600 v. Chr. fuhren phönizische Seefahrer im Auftrag des ägyptischen Pharaos Necho II. vom Roten Meer aus nach Süden, die afrikanische Küste entlang, und kehrten nach einer Reise von drei Jahren über die Meerenge von Gibraltar wieder nach Ägypten zurück. Der griechische Geschichtsschreiber Herodot, dem man diese Geschichte in Ägypten erzählte,[51] hatte daran gewisse Zweifel; er erwähnt allerdings ein Detail, das sie uns heute glaubwürdig erscheinen läßt: Die Seefahrer berichteten nämlich, daß sie die Sonne auf einmal nicht mehr zur Linken, sondern zur Rechten hätten aufgehen sehen. Sie hatten also tatsächlich die Südspitze des afrikanischen Kontinents umrundet und waren anschließend wieder nach Norden gefahren. Erst mehr als 2000 Jahre später, und dann in umgekehrter Richtung, gelang das Wagestück der Umrundung des Südkontinents: im Jahr 1488 durch den portugiesischen Seefahrer Bartolomeu Dias. Aber erst jetzt sollte die Entdeckung der südlichen Hemisphäre weltgeschichtliche Konsequenzen haben. Entdeckungen geschehen immer zum historisch richtigen Zeitpunkt, auch der Westkontinent wurde bekanntlich nicht durch die Wikinger, sondern erst durch Kolumbus entdeckt.

Was die Phönizier bewogen haben mochte, auf die lange, gefährliche Reise nach Süden zu gehen, wissen wir nicht. Für die Völker des östlichen Mittelmeerraums war der Süden die Himmelsrichtung, die ins Unbekannte führte. Wer sich nach Norden und Osten bewegte, passierte bewohntes Gelände, wer mit dem Schiff nach Westen fuhr, erreichte als Endpunkt der Welt die »Säulen des Herkules«. Was jedoch erwartete den Neugierigen im Süden? Vielleicht war es Suche nach Erkenntnis der Welt, gewiß war es Neugier auf das Unbekannte, welche die Suche nach dem

Süden und seinen Grenzen beflügelte. Neben der Fahrt auf dem Meer entlang der arabischen Halbinsel war es die Passage des Nil, stromaufwärts über die Katarakte von Assuan hinaus, die ins Reich der Mittagssonne lockte. Bereits in der Zeit des Mittleren Reiches (um 1200 v. Chr.) waren die Ägypter bis Äthiopien gekommen, in römischer Zeit erreichte eine von Kaiser Nero im Jahr 61 n. Chr. ausgesandte Expedition den südlichen Sudan. Es ging dabei um die Suche nach den unbekannten Quellen des Nil, des »berühmtesten aller Ströme« (Seneca):[52] ein Rätsel, das schon die Ägypter beschäftigte, die diese Quellen für abgrundtief hielten.[53] Der, wie wir heute wissen, fast 7000 Kilometer lange Strom schien, wie das Leben selber, ohne Anfang zu sein. *Caput Nili quaerere*, »die Quellen des Nil suchen«, wurde später ein geflügeltes Wort für eine nicht zu lösende Aufgabe, die doch immer wieder von neuem den Forscherdrang reizte. Im 19. Jahrhundert setzte diese Suche zahlreiche Expeditionen ins Innere Afrikas in Bewegung, erst 1893 aber wurden die Nilquellen tatsächlich entdeckt.

Nach den Ägyptern und den Phöniziern waren es die Karthager im nördlichen Afrika, die sich mit ihren Schiffen in den geheimnisvollen Süden vorwagten. Um 500 v. Chr. versuchte der Seefahrer Hanno von Cádiz aus, Afrika auf der Westroute zu umschiffen, gab seinen Plan jedoch südlich von Kap Verde, im Golf von Guinea, auf. Vielleicht gab es ja doch kein Ziel für denjenigen, der nach Süden fuhr, vielleicht war das Meer unendlich und mußte auch den Wagemutigsten abschrecken.

Ein steil aufsteigendes Feuer, das die Sterne in Brand setzte
Aus dem Bericht der karthagischen Expedition entlang der westafrikanischen Küste

Von dort [= der Bucht des heutigen Rio de Oro] segelten wir zwölf Tage nach Süden, immer unter der Küste, die in ihrer ganzen Länge Aithiopen bewohnten; diese nahmen vor uns Reißaus und blieben nicht da. Sie sprachen eine Sprache, die auch die Lixiten, die mit uns fuhren, nicht verstehen konnten. Am letzten Tag nun ankerten wir bei hohen, dicht bewaldeten Bergen. Das Holz der Bäume war wohlriechend und von verschiedenen Farben. Wir segelten um diese Berge herum, zwei Tage lang, und gelangten an eine unermeßlich weite Meeresfläche. Auf der einen Seite davon war zum Land hin eine Ebene, von der wir nachts überall Feuer aufsteigen sahen, bald in größeren, bald in engeren Abständen. Wir nahmen Wasser an Bord und segelten von da fünf Tage weiter an der Küste entlang, bis wir in eine große Bucht gelangten, von der die Dolmetscher sagten, sie heiße »Horn des Westens«. In dieser Bucht lag eine große Insel, und auf der Insel ein See mit Salzwasser; in ihm aber lag eine weitere Insel, bei der wir an Land gingen; wir sahen jedoch bei Tag nichts außer Wald, nachts aber zahlreiche Feuerbrände, und hörten den Klang von Flöten, das Gedröhne von Zimbeln und Trommeln sowie tausendfältiges Geschrei. Da ergriff uns Furcht, und die Seher hießen uns, die Insel zu verlassen.

Rasch fuhren wir ab und kamen an einem Land vorbei, das von Feuer durchglüht und voll von Rauch war. Riesige Feuerbäche stürzten aus ihm ins Meer. Den Boden aber konnte man vor Hitze nicht betreten. Voller Furcht segelten wir auch von da schnell wieder ab. Vier Tage lang dahinfahrend sahen wir nachts das Land von Flammen erfüllt. In der Mitte aber war ein steil aufsteigendes Feuer, größer als alle anderen, das – wie es schien – die Sterne in Brand setzte. Am Tage aber zeigte es sich als ein sehr hoher Berg, »Götterwagen« genannt. Drei Tage lang segelten wir von dort an feurigen Sturzbächen entlang und gelangten dann an eine Bucht, die »Horn des Südwinds« hieß.

Im Winkel lag eine Insel, die der ersten glich und ebenfalls einen See aufwies. Und in diesem See lag eine weitere Insel, voll von wilden Menschen. Es waren überwiegend Weiber, die am ganzen Körper dicht behaart waren: die Dolmetscher nannten sie gorillai. Wir verfolgten sie, konnten aber keine Männer fangen; sie entwischten alle, weil sie ausgezeichnete Kletterer waren und sich mit Felsbrocken zur Wehr setzten. Weiber aber fingen wir drei ein; sie bissen und kratzten und wollten denen, die sie führten, nicht folgen. Daher töteten wir sie, zogen ihnen die Haut ab und brachten die Bälge nach Karthago mit. Dann segelten wir von da aus nicht mehr weiter, da unsere Lebensmittelvorräte zur Neige gingen.

Nach Karl Bayer: »Periplus Hannonis«. In: Gaius Plinius Secundus d. Ä., Naturkunde, Buch V. Zürich/München 1993, 341–345.

Unklar bleibt, wie viel an Imaginärem, wie viel an Realem in diesen Bericht aus der Zeit um 400 v. Chr. eingeflossen ist. Bei den aufsteigenden Feuern, die sich in Strömen ins Meer ergießen, könnte es sich um vulkanische Erscheinungen handeln, entweder auf den Kanarischen Inseln oder, weiter südlich, um einen Ausbruch des ebenfalls vulkanischen »Kamerunbergs«. Oder sollten Hitze und Feuer, die den Karthagern zunehmend zu schaffen machten, dem Grauen vor der versengenden südlichen Sonne entsprungen sein?

Auch die Perser, ein weiteres See-Anrainervolk, waren auf der Suche nach den Grenzen im Süden, wie ebenfalls Herodot in einem Bericht aus der Zeit des Königs Xerxes mitteilt.[54] Danach hatte der König den zum Kreuzestod verurteilten Verbrecher Sataspes die Begnadigung in Aussicht gestellt, sofern es ihm gelänge, Afrika auf der Westroute zu umschiffen. Aber ebenso wie der Versuch der Karthager scheiterte auch derjenige des Sataspes. Von Furcht befallen, kehrte er nach monatelanger Fahrt wieder um und nahm eher den Kreuzestod auf sich als die Fortsetzung der schrecklichen Reise.

Blick zum Ursprung der Dinge.
Auf der Suche nach der heiligen Richtung

Vielleicht war auch noch anderes im Spiel bei der Erkundung des Südens: die Suche nach dem Anfang aller Dinge, dem heiligen Ursprung. Es war ja nicht gleichgültig, nach welcher Himmelsrichtung hin die Götter verehrt, die Opfer gespendet, die Gebete verrichtet wurden. Alle Religionen kennen die kultische Richtung,[55] sie ist in den meisten Kulturen durch den Aufgang der Sonne bestimmt, weist also nach Osten. Daneben findet sich bei einigen Völkern des Alten Orients die stellare Orientierung nach Süden, wie sie für nomadische Wüstenbewohner von Bedeutung war, die sich auch nachts zurechtfinden mußten, den überwältigenden Anblick des südlichen Sternenhimmels vor Augen.[56] Die Babylonier hatten als erste diesen Himmel samt den Sternbildern zwischen »Sirius« und »Großem Wagen« erkundet, ihre Haupthimmelsrichtung war der Süden, jener Linie folgend, die Euphrat und Tigris zum Persischen Golf hin vorzeichneten. Der Süden war also »vorn«, der Norden »hinten«. Auch ihre Kosmogonie lokalisierte das Urchaos, den Schöpfungsakt und den Ursprung der Zivilisation im Süden, in den Weiten des Persischen Golfs.[57] Für die Ägypter lag mit der markanten Nord-Süd-Achse des Nil die südliche Richtung gleichsam vor Augen: jener Süden, aus dem alljährlich die Fruchtbarkeit über das Land kam und das Wunder des Lebens sich erneuerte. Auch die kultische Orientierung der Ägypter war daher ursprünglich der Süden, ihr Blick war »gesüdet«: Im ägyptischen Sprachgebrauch bedeutete »Süden« auch die »Vorderseite« oder den »Anfang«, der Süden war also »vorn«, der Osten lag »links«, der Westen »rechts«.[58] Erst in späteren Zeiten wird die Astral-Orientierung bei den Völkern Mesopotamiens durch die Ausrichtung am Sonnenlauf verdrängt.

Lob der Mittellage. Römischer Pragmatismus

Anders als bei den Völkern im Osten spielte in der griechisch-römischen Antike der Süden eine geringere Rolle. Die Orientierung erfolgte im wesentlichen auf der Ost-West-Achse – nicht nur kultisch, sondern auch geographisch-politisch infolge der allmählichen Ausbreitung des Römischen Imperiums im Mittelmeer-Becken mit dem Zentrum Rom. Der Zusammenstoß der Römer mit den in Nordafrika ansässigen Karthagern und die Eroberung und Zerstörung Karthagos in den Punischen Kriegen wurden nicht als »Nord-Süd-Konflikt« begriffen; lediglich das Auftauchen der Elefanten in den afrikanischen Heeren gab den fremden Kriegern die Aura des Exotischen. Nordafrika wird anschließend römische Provinz, »romanisiert« wie alle anderen Provinzen rings um das Mittelmeer, *mare nostrum*. Wenn Konflikte drohten, dann kamen sie entweder aus dem Norden (von den Germanen) oder aus dem Osten (von den Parthern). Der Süden, die afrikanischen Provinzen *Mauretania* und *Africa proconsularis* waren vertrauter Teil des Reichs, von dem ein selbstbewußter Römer überzeugt war, daß es die gesamte bewohnte Welt umfaßte:[59] *noster hic populus cuius imperio iam orbis terrae tenetur*, wie Cicero sagt,[60] »dieses unser Volk, durch dessen Reich der Erdkreis umspannt wird«. Und dessen exotische Güter wie der kostbare numidische Marmor, der *giallo antico*, selbstverständlich dem Zentrum der Welt zur Zierde gereichten.[61] Zwei monumentale farbige Marmorfiguren im Nationalmuseum in Neapel zeigen kniende »Barbaren« mit Körben auf den Schultern: exotische Gesichter aus fernen Provinzen im Dienste des Imperiums.

Spätestens seit der Kaiserzeit war das politische Interesse Roms eher auf die Sicherung und den Ausbau der internen Infrastruktur gerichtet als auf Erkundung und Eroberung neuer Länder, in welcher Himmelsrichtung auch immer. Und wenn es einen geographischen Gegensatz gab, der in der römischen Mentalität präsent war, dann war es der zwischen Westen und Osten: Der Osten mit den hellenistischen Diadochen-Staaten in Ägypten und Kleinasien stand bei traditionsbewußten Römern im Rufe

Afrikanischer Kriegselefant. Statuette aus Pompeji.

Personifikation der *Africa* als elefantöses weibliches Monster. Bronzener Türbeschlag aus Pompeji.

von Luxus, Verweichlichung und Dekadenz – einer Lebensweise, die der *mos maiorum*, der alten westlich-italischen Vätersitte widersprach.

Insgesamt war das geographische Selbstbewußtsein der Römer geprägt durch die Vorstellung, Bewohner eines mittleren Erdkreises zu sein, der sich rings um das »Meer des Mittellandes« (*mare mediterraneum*) erstreckte. Im Süden und im Norden lagen hingegen die lebensfeindlichen Extreme. Im Süden – so führt es Plinius in seiner *Naturgeschichte* aus – versenge die Glut der Sonne die Menschen und ließe sie »fast wie verkohlt geboren werden«. In der nördlichen Zone bewirke statt dessen die Kälte, daß die Menschen »eine weiße, eisige Haut und blonde, herunterhängende Haare« hätten. Und mehr noch: Die günstige Lage des Mittellandes führe auch zu günstigen moralischen, sozialen und politischen Verhältnissen.

Die Sitten sind sanft, die Sinne scharf
Lob der mittleren Landstriche

Allein in der Mittellage der Erde findet eine wohltätige, in jeder Hinsicht fruchtbare Mischung aus beiden Zonen statt. Alles trägt hier das Gepräge der gehörigen Gleichmäßigkeit, auch in den Farben; der Körper hat eine mäßige Größe, die Sitten sind sanft, die Sinne scharf, der Geist ist fruchtbar und fähig, die ganze Natur zu erfassen. Hier gibt es auch Staatseinrichtungen, wie sie unter den Völkern der äußeren Zonen niemals existieren, so daß diese Völker [in der Mitte] jenen aufgrund ihrer Abgeschiedenheit und ihrer durch die Strenge des Klimas bedingten Lebensweise niemals untertan waren.[62]

Plinius: Naturalis historia II, 80, 190.

Der Süden, so ließe sich resümieren, ist ebenso wie der Norden ein Unglücksboden, Terrain mißglückter menschlicher Gesellungen.

Wie groß ist die bewohnte Erde? – Die Diskussion um die Ökumene und das Problem der Antipoden

Ins Ganze und abstrakt gedacht, stellte sich die Situation des Planeten als durchaus übersichtlich dar. Schon Parmenides aus Elea (um 500 v. Chr.) hatte die Welt als Kugel gedacht, durch die Arbeiten von Eratosthenes aus Kyrene (um 300 v. Chr.) und anderer Geographen waren auch Berechnungen der Breitengrade und des Erdumfangs erfolgt. Dabei teilte sich nach antiker Vorstellung die Erdkugel in fünf Zonen. Die beiden äußeren waren wegen der großen Kälte und der ewigen Finsternis, die mittlere wegen der großen Hitze unbewohnbar: *loca exusta solis ardoribus*, »Örtlichkeiten, von der Sonnenglut verbrannt«, nannte Sallust die letztere und lokalisierte sie südlich der Wohnstätten der Äthiopier.[63] Nur die beiden »wohltemperierten« Zonen (*zonae temperatae*) auf der nördlichen und auf der südlichen Hemisphäre boten die klimatischen Voraussetzungen für menschliches Leben. Die *Oikumene*, die bewohnte Welt, dachte man sich identisch mit der nördlichen dieser beiden Zonen. Nach dem griechischen Geographen Strabon, der um die Zeitenwende das geographische Wissen zusammenfaßte, wurde die Achse dieser einzig lebensfreundlichen Zone von einer Linie gebildet, die von den Säulen des Herkules im Westen über die sizilische Meerenge und die Insel Rhodos bis zum Taurusgebirge im Osten verlief. Ihre größte Breite hatte sie im östlichen Mittelmeer, gegen Osten und Westen hin wurde sie schmaler.[64] Umgeben war diese Zone ringsum, auch im Süden, vom Meer, so daß man sie sich »einer Insel ähnlich«[65] vorstellen konnte.

Mit dieser Idee der *Oikumene* stellte sich für die antike Welt ein Problem, das über anderthalb Jahrtausende hinweg die Spekulationen über den Süden beeinflussen sollte: Könnte es möglicherweise auch auf der *zona temperata* der Süd-Hemisphäre menschliches Leben geben? Könnte also jemand, dem es – rein theoretisch – gelänge, die verbrannte Äquatorialzone mit ihrem breiten Meeresgürtel zu passieren, auf der jenseitigen Erdhälfte *Antipoden*, die »Gegenfüßler«, antreffen? Ob eine solche »Antiökumene«[66] existierte, darüber war die Meinung gespalten. »Bei den Gelehrten und dem gemeinen Volke herrscht ein großer Streit darüber, ob die Erde allenthalben von Menschen bewohnt sei, die einander die Füße entge-

Die fünf Klimazonen der Erde. Menschliches Leben schien nur auf den beiden »temperierten« Zonen der nördlichen und der südlichen Hemisphäre möglich. Zonenkarte des Macrobius, 1485.

genkehren«, schreibt Plinius[67] und verteidigt die Möglichkeit eines solchen Lebens. Strabon urteilt zurückhaltender: »Sollte dies der Fall sein, so wird der Südgürtel doch nicht von den Menschen bewohnt, die bei uns sind, sondern man hat jene vielmehr als eine andere bewohnte Welt anzusehen, die allerdings wahrscheinlich ist. Wir aber haben nur von dem zu sprechen, was sich in dieser unsrigen befindet.«[68] Und dies war, auch unter geographischem Gesichtspunkt, sehr viel.

Böse und gute Winde.
Die Himmelsrichtungen als Körpererfahrung

Geographische Gegensätze und die Einschätzung dessen, was aus den verschiedenen Himmelsrichtungen zu erwarten ist, waren für die eher populäre Wahrnehmung in der Theorie der Winde präsent. Aus der Antike übernommen, spielt sie im Mittelmeerraum bis heute eine Rolle: Hier tragen die Winde Namen, sind damit eigene Individualitäten, können in der Popularkultur auch regelrecht personifiziert werden, etwa als Märchenhelden auftreten.[69] In der germanischen Welt konnte sich eine solche Personifizierung nicht durchsetzen, auch wenn Karl der Große, antikem Vorbild folgend, durch die Germanisierung der lateinischen Windrose einen entsprechenden Versuch unternahm.[70]

Bereits in den Kulturen des Zweistromlandes verband sich die Idee der Himmelsrichtungen mit derjenigen der Winde,[71] bezeichneten die Namen der vier Winde zugleich die vier Himmelsgegenden. Auch bei den Griechen gibt *boreas*, der »Nordwind«, seinen Namen dem Norden, *notos*, der »Südwind«, dem Süden. Und gewiß weht der Wind nicht, wie er will. Winde haben Eigenschaften und Wirkungen, die sich dem Menschen mitteilen; was sich auf diese Weise bei ihm fühlbar macht, ist mit dem Wind auch die Richtung, aus der er weht. Winde können gut oder böse sein, Linderung bringen, Fieber oder Krankheiten verursachen (wie in Süddeutschland noch immer dem *Föhn* zugeschrieben). Über die verschiedenen Winde haben die Menschen bereits sehr früh auch die verschiedenen Himmelsrichtungen physisch erfahren.

Spätestens seit der Einführung der Windrose durch Aristoteles unterschied man neben den vier Hauptrichtungen (wie sie auch die Bibel kennt[72]) acht weitere Nebenrichtungen der Winde, die man sich auf einem Rundhorizont mit dem Beobachter im Zentrum vorzustellen hatte. Den einzelnen Winden wurden dabei auch in der Theorie spezifische Ei-

genschaften zugewiesen, in denen gewisse meteorologische Besonderheiten standardisiert und mythologisch überhöht, gleichsam zum »Charakter« des jeweiligen Windes erklärt wurden. Dabei kamen die »bösen«,
der Natur und dem Menschen feindlichen Winde aus dem Norden und
aus dem Süden, beide auf je unterschiedliche Weise gefährlich. *Boreas*
oder *Septentrio* (heute im Italienischen die *Tramontana*) brachten eisige Kälte: *horrifer boreas*, den »schaurigen Nordwind«, nennt ihn Seneca in seinen
Naturwissenschaftlichen Untersuchungen.[73] *Notos* oder *Auster* (heute der *Scirocco*),
die heißen, feuchten Südwinde, ließen die Natur ermatten, förderten
Krankheiten und, wie die Gelehrten meinten,[74] sogar die Entstehung von
Erdbeben (die man sich durch Winde verursacht dachte). *Letifer auster*,
»todbringender Südwind«, heißt er bei Ovid,[75] und seine »blindwüten-
den Stöße« (Horaz[76]) sind nicht nur für den Reisenden zur See gefährlich.
»Feucht wird die Erde durch stetes Gewölk und dauernden Regen von
Süden«, schreibt Seneca.[77] Ein böser, unangenehmer Wind also! Auf dem
antiken »Turm der Winde« in Athen wird *Notos* als stürmender Mann mit
einem Wasserkrug dargestellt.

Auch im Alten Orient war der Südwind ein böser Wind: Es war
der heiße Glutwind aus der Wüste, der Trockenheit über das Land brachte und die Feldfrüchte verdorren ließ. Für den Propheten Jeremia (um
600 v. Chr.) gibt er das apokalyptische Bild für den Einfall der feindlichen
Heere, die das Land verwüsten werden.

> Zu der Zeit wird man diesem Volk
> und Jerusalem sagen:
> »Es kommt ein heißer Wind
> von den kahlen Höhen aus der Wüste,
> geraden Weges zu der Tochter meines Volks,
> nicht zum Worfeln noch zum Sichten«.
> Ja, ein Wind kommt auf mein Geheiß,
> der ihnen zu stark sein wird;
> da will ich denn mit ihnen rechten.
> Siehe, er fährt daher wie Wolken,
> und seine Wagen sind wie ein Sturmwind,
> seine Rosse sind schneller als Adler.
> Weh uns! Wir sind verloren!
>
> Jeremia 4,11–13 (Luthertext).

Die »guten« Winde hingegen kamen aus dem Westen, allen voran der lin-
de Zephyros. *Argestes*, der »Hellmacher«, ist sein stehendes Beiwort bei Ho-

mer, *Favonius* nannten ihn die Römer, den »fördernden«. Er war der Begleiter des Frühlings, mit dem der Lehre vom Landbau zufolge die Feldarbeiten beginnen sollten.[78] Auf dem »Turm der Winde« in Athen schüttet er als freundlicher Jüngling Blumen aus seinem Gewand. In dieser Gestalt wird der Zephyr von der Renaissance an in Malerei und arkadischer Dichtung Karriere machen und zum Lieblingswind der Poeten werden – berühmt geworden durch seine Darstellung in Botticellis Bild *Der Frühling*. Seinem ungeratenen Bruder *Notos* oder *Auster* ist ein ähnlicher Ruhm versagt geblieben – Richard Wagners »Südwind«-Arie aus dem *Fliegenden Holländer* (»Ach lieber Südwind, blas noch mehr …«) kann daran nichts ändern.

Nilotische Szene auf einem pompejanischen Mosaik.

Geilheit und Vermischung.
Der Süden der Transgressionen

Was einem gebildeten Römer der Kaiserzeit vor Augen gestanden haben mochte, wenn er an die Länder des äußersten Südens der *Oikumene* dachte, verdankte er naturkundlichen Werken wie der 37bändigen *Naturgeschichte* von Gaius Plinius Secundus oder geographischen Schriften wie denjenigen von Strabon oder Pomponius Mela. Es ist nicht viel. Während zum Beispiel der große Naturforscher Plinius, das Wissen seiner Zeit zusammenfassend, über die Kontinente *Europa* und *Asia* recht ausführlich berichtet, umfassen seine Mitteilungen über *Africa* und dessen Länder nur wenige Seiten.

Aber das Unbekannte füllt die Phantasie mit imaginären Bildern. Das Innere Afrikas sei voll von seltsamen, wilden Tieren, hatte bereits Herodot geschrieben,[79] auch der Prophet Jesaja kannte die »Tiere des Südlandes« (Jesaja 30,6), darunter die Seraphim – feurige, fliegende Drachen. Spätere Autoren fanden ein Vergnügen daran, dieses Bestiarium farben-

38

prächtig auszumalen. Da gab es neben anderen wun-
derlichen Gestalten die Sphingen mit braunen Haaren
und je zwei Brustwarzen, geflügelte und gehörnte Pferde oder ein Tier namens Mantichora, von dem Plinius
weiß, daß es »Gesicht und Ohren wie ein Mensch, grau-
grüne Augen, eine blutrote Farbe, den Körper eines Löwen hat und mit seinem Schwanze wie ein Skorpion
sticht«.[80] Wer mochte ausschließen, daß alles dieses
wahr sei, wo man doch aus dem Süden so seltsame Lebewesen wie das Krokodil, das Rhinozeros oder den Ibis
kannte: beliebte Motive der Wanddekorationen römischer Häuser. Kaiser Hadrian konnte im Park seiner

Virtueller Süden.
Nil-Landschaft in der
Nähe Roms
(Villa Adriana, Tivoli).

»Villa Adriana« sogar zwischen plastischen Nachbildungen solcher exotischen Tiere spazierengehen und sich dabei an die Ufer des Nils träumen.

Die Vermischung der Formen und Gestalten ist für all diese Tiere
charakteristisch, und Plinius gibt dafür eine Begründung, die für das
Bild des Südens folgenreich werden sollte: Im Süden seien die Lebewesen
besonders geil, sexuell aktiv, vermischten sich nach Lust und Laune nicht
nur so oft wie möglich mit ihresgleichen, sondern »entweder durch Gewalt oder aus Wollust« auch mit anderen Arten. »Daher das in Griechenland allgemein bekannte Sprichwort: Aus Afrika stets etwas Neues.«[81]

Da lag es nahe, auch Vermischungen zwischen Menschen und Tieren
anzunehmen; seltsame Wesen seien aus diesen Verbindungen entstanden, von denen Pomponius Mela sagt, sie seien *vix iam homines magisque
semiferi*, »kaum noch Menschen, sondern eher halbe Tiere«.[82] Mit teils ku-
riosen, teils furchteinflößenden Zügen werden diese Völkerschaften von
den antiken Autoren beschrieben, Wesen am Rande oder außerhalb jeder
menschlichen Gesittung, mit seltsamen Namen und noch seltsameren
Gebräuchen.

Über Troglodyten, Garamanten, Augyler und andere südliche Völkerschaften

Die Troglodyten graben sich Höhlen, welche ihnen als Wohnungen dienen, nähren sich vom Fleische der Schlangen, ihre Stimme ist nur ein
Schnarren, und deshalb können sie keine ordentliche Unterredung ab-
halten. Die Garamanten haben keine Ehen, sondern vermischen sich mit
den Frauen ohne Unterschied. Die Augyler verehren nur die Götter der

Unterwelt. Die Gamphasanter gehen nackt, verstehen nichts von Kriegs-
führung und haben keine Gemeinschaft mit anderen Völkern. Den
Blemmyern sollen die Köpfe fehlen, Mund und Augen aber auf der Brust

stehen. Die Satyrn haben außer ihrer Gestalt keine menschlichen Sitten. Die Aegipanen sind so gestaltet, wie man sie gewöhnlich abbildet [d. h. mit Bocksfüßen]. Die Himantopoden haben krumme Füße und können sich nur durch Kriechen fortbewegen.

Plinius: Naturalis historia V, 8, 45–46.

Pygmäen, die Fäustlinge

Eine besondere Rolle spielten in diesem menschlichen Kuriositäten-Kabinett die Pygmäen. *Pygmaioi*, »Fäustlinge«, hießen sie nach dem Längenmaß einer »Faust« (*pygmé*) – das waren etwa 35 Zentimeter –, und wie andere Völkerstämme in südlichen Breiten waren sie schwarz, von der Sonne verbrannt. Ihre Wohnsitze hatten sie zwischen den Sümpfen, aus denen der Nil kam, ihre Wohnungen bereiteten sie sich aus Lehm, Federn und Eierschalen.[83] Eine kuriose Geschichte über die Lebensweise der kleinen Leute erzählt Homer in der *Ilias*; er führt sie so beiläufig ein, als müßte jedermann sie kennen: Sie würden von den Kranichen verfolgt, die, wenn sie aus ihren Winterquartieren zurückkämen, sich über die kleinen Leute hermachten – »kleiner Pygmäen Geschlecht mit Mord und Verderben bedrohend«.[84] Die Erzählung vom Kampf der großen Vögel mit den kleinwüchsigen Menschen war zu bizarr, um nicht weitergesponnen zu werden. So lesen wir aus späterer Zeit, daß die Pygmäen, in ewiger Auseinandersetzung mit den Kranichen, im Frühjahr auf Widdern und Ziegen reitend in die Brutplätze der Kraniche einfielen, um deren Eier zu zerstören:[85] ein Motiv, das man als Travestie von Kriegszügen und Heldenschlachten belächeln konnte.

Daß das putzige Mini-Volk (*minutum genus*, wie es der Geograph Pomponius Mela nennt[86]) die Phantasie beflügelte, ist nicht verwunderlich. Pygmäen-Szenen waren als Wanddekorationen in den Häusern von Pompeji und Herculaneum beliebt – manche von ihnen wurden nach ihrer Auffindung im 18. und 19. Jahrhundert im »Erotischen Geheimkabinett« verschlossen, zeigen sie doch die Pygmäen besonders gern bei ausgefallenen sexuellen Aktivitäten. Sie paaren sich auf Nil-Kähnen, umgeben von Krokodilen, oder am Ufer des Flusses: im Unterschied zu »normalen« pompejanischen Aktdarstellungen also schamlos im Freien und wie selbstverständlich in Anwesenheit anderer Personen.[87] Vergnügen macht es ihnen auch, in aller Öffentlichkeit ihr Geschäft zu verrichten und dabei mit ihrem Kot auf Krokodile und andere Tiere zu zielen.[88] Mit den

Szene mit Pygmäen auf einem pompejanischen Wandgemälde.

übergroßen Köpfen, den rundlichen Körpern und den verspielten Posen, in denen sie agieren, erinnern sie an Kinder, und vielleicht klingen pädophile Phantasien in den Darstellungen mit an. In jedem Fall mobilisierte das Zwergenvolk exotistische Imaginationen: Bilder (vielleicht) eines »natürlichen« Lebens in Freiheit und Unschuld, gesehen im Zerrspiegel der Karikatur.

Noahs Fluch und der warme Wind der Gnade
Der christliche Süden

Die Kinder des lüsternen Ham

Bilder von der geographischen Ordnung der Welt gehören zu den Grundlagen menschlicher Orientierung, prägen unsere Meinung über uns
selbst und die anderen. Nach verbreiteter antiker Vorstellung[89] waren
die Landmassen der Erde dreigeteilt: Um ein Meer in der Mitte, das »Mittelmeer«, gruppierten sich im Norden *Europa*, im Osten *Asia*, im Süden
Africa. Die Grenze zwischen *Asia* und *Africa* bildete der Nil. Das Mittelalter
übernimmt diese Vorstellung. »Die Erde ist in drei Teile geteilt«, schreibt
der karolingische Gelehrte Hrabanus Maurus in seinem Werk *De universo*
(um 800), »und diese drei Teile samt den dazugehörigen Inseln umschlie-
ßen das gesamte Menschengeschlecht.«[90] Allerdings gibt das Mittelalter
dieser Vorstellung von der dreigeteilten Welt einen christlichen Sinn:
Die mittelalterlichen Weltkarten ordnen die drei Kontinente um ein von
Mittelmeer und Nil gebildetes »T« an: die Form des Kreuzes Christi.[91] In
der geographischen Ordnung der Welt spiegelte sich damit
ihre heilsgeschichtliche: Es ist die durch den Kreuzestod
Christi erlöste Welt. Ihren Mittelpunkt bildet auf den *map-
pae mundi* die heilige Stadt Jerusalem: irdische Lokalität der
vollbrachten Erlösung und zugleich Chiffre des himmli-
schen Gottesreiches.

Wer aber waren die Bewohner der drei Erdteile, woher
kamen sie? In jüdisch-christlicher Tradition waren es die
Nachkommen der drei Söhne Noahs, die in der Arche die
Sintflut überlebt hatten: zwei wohlgeratene und ein ungeratener Sohn. Eines der ersten Kapitel der Bibel (Genesis 9)
erzählt die Geschichte und ihre Folgen. Als Noah, der Er-
finder des Weinbaus, betrunken im Zelt liegt und seine
Scham entblößt hat, scheut sich sein Sohn Ham nicht, den
Vater in dieser unwürdigen Lage zu betrachten. Anders die

Die drei Teile der Erde,
umgeben vom Welt-
meer. Den Kontinenten
sind die Namen
der Söhne Noahs
zugeordnet. Aus Isidor
von Sevillas *Etymologiae*
(623) in einem Druck
von 1472.

Der trunkene Noah.
Holzschnitt zur Luther-
Bibel, 1534 (Detail).

beiden anderen Söhne: »Da nahmen Sem und Japhet ein Kleid und legten es auf ihrer beider Schultern und gingen rückwärts hinzu und deckten ihres Vaters Blöße zu; und ihr Angesicht war abgewandt, damit sie ihres Vaters Blöße nicht sähen.« Das Vergehen Hams, bei dem vielleicht noch inzestuöse oder homosexuelle Hintergründe anklingen, hatte Folgen für die drei Söhne: Noah segnet Sem und Japhet und verflucht Ham. Seine Nachkommen werden zu ewiger Knechtschaft der Sem- und der Japhet-Kinder verdammt (Genesis 9,24–25).

Auch wenn die Genesis die Geschlechterfolgen der drei Noah-Söhne nicht allzu präzise angibt, ordnet sie die spätere christliche Exegese den drei Weltteilen zu.[92] Der dem Vater gegenüber pietätlose und durch sein lüsternes Verhalten gebrandmarkte Ham (oder Cham), in dessen Etymologie die Gelehrten das hebräische Wort für »heiß sein« zu finden glaubten, wird zum Stammvater der Völker der heißen Zonen der Erde. Oder, wie Hrabanus Maurus weiter schreibt: »Cham bedeutet ›heiß‹. Und aus der Vorhersage des Kommenden wird er so genannt. Seine Nachkommenschaft nämlich hat jenen Teil der Erde inne, die durch die Nähe der Sonne heißer ist.«[93] Spätere legendäre Überlieferungen lasten Ham noch Schlimmeres an als das, was die Bibel mitteilt: Nach rabbinischer Auffassung habe er seinen Vater nicht nur gesehen, sondern mit ihm Unzucht getrieben oder ihn entmannt.[94] Auch die schwarzen Künste, also die Zauberei, soll er erfunden haben und im übrigen wegen seiner Bosheit schwarz geworden sein.[95] Wahrhaftig ein ungeratener Bruder im Trio der Völkerfamilie!

Die Geschichte von »Noahs Fluch« ist das früheste und zählebigste Mythologem zur Rechtfertigung eines gegen den Südkontinent gerichteten Affekts. Der Süden erscheint als die dem Norden beziehungsweise Westen (Japhet) und dem Osten (Sem) entgegengesetzte Region fluchbeladenen Ursprungs. Nicht nur in christlichen Kreisen hielt sich die ätiologische Begründung für die Minderwertigkeit der Afrikaner bis fast in die Gegenwart.

Die prophetischen Worte Noe's gingen treulich in Erfüllung
Aus dem Kirchenlexikon (1884)

Cham (d.h. Schwarzer), einer der drei Söhne Noe's, durch deren Nachkommen die verödete Erde nach der Flut wieder bevölkert wurde [...]. Durch die Nachkommen Chams ist [...] hauptsächlich der Süden des biblischen Erdgürtels bevölkert worden. Auf den Chamiten lastet der Fluch der Knechtschaft. Ihr Stammvater hatte sich schwer versündigt, als Noe vom Weine, dessen Kraft er nicht gekannt, berauscht war und entblößt in seiner Hütte lag (Genesis 9,21–22). Während seine beiden Brüder zum Lohn für die hierbei bewiesene Pietät und Züchtigkeit den Segen des Vaters empfingen, wurde über Cham der Fluch ausgesprochen (Genesis 9,25–27). Die prophetischen Worte Noe's über die Geschicke seiner Nachkommen gingen treulich in Erfüllung. Während die Semiten Träger der Verheißungen wurden und die Japhetiten nach weiter Ausbreitung in deren Rechte eingetreten sind, schmachten Chams Nachkommen in Sklaverei, sind am tiefsten in Barbarei versunken und sind der Wahrheit des Evangeliums am schwersten zugänglich.

Kirchenlexikon oder Encyklopädie der katholischen Theologie und ihrer Hülfswissenschaften, 2. Aufl., Bd. III. Freiburg 1884, 75–76. (Artikel »Cham«).

Schwarz, die Farbe des Bösen

Der Fluch, der über den Völkern des heißen Südens lastet, wurde sichtbar in ihrer schwarzen Hautfarbe: der Farbe des Teufels. Im Römischen Reich war dunkler Teint kein Grund für Diskriminierung oder Vorurteile gewesen,[96] schließlich tummelten sich, vor allem in den Jahrhunderten der Spätantike, Angehörige verschiedener Völkerschaften in Italien, auch Einwanderer und angesehene soziale Aufsteiger aus den afrikanischen Provinzen. Die pompejanischen Wandmalereien zeigen neben »okzidentalen« immer wieder auch dunkelhäutige, »afrikanische« Typen, und mit Septimius Severus aus Leptis Magna in Libyen kam 146 n. Chr. sogar ein dunkelhäutiger Kaiser auf den Thron.

Mit dem Zerfall des Römischen Reiches, der Partikularisierung der politischen und sozialen Systeme und der wachsenden Bedeutung »nördlicher« Länder im Heiligen Römischen Reich Deutscher Nation verschwand der mediterrane Kosmopolitismus. Dunkelhäutige oder gar schwarze Menschen waren nördlich der Alpen im Erscheinungsbild kaum präsent und wurden daher um so leichter zum Gegenstand phantastischer Projektionen.

Zwar begegnet man der negativen Konnotation der Farbe Schwarz bereits in der Farbsymbolik der griechisch-römischen Antike, aber erst in der von Hellhäutigen dominierten Kultur des Mittelalters wird Schwarz zur Farbe des Bösen schlechthin.[97] Schwarz ist der Teufel, der »Schwarze Mann«, und schwarz ist das Herz des sündigen Menschen. In der europäischen Volksliteratur, in Märchen, Sagen und Legenden, lebt diese Bedeutung der Farbe Schwarz bis heute weiter. Schwarze Hautfarbe – und sie wurde ohne Unterschied allen Bewohnern der südlichen Breiten zugeschrieben[98] – machte deren Träger sichtbar zu Repräsentanten des Bösen. »Si wâren swarz unt übel getân«, heißt es im mittelhochdeutschen Rolandslied von zwei Königen aus Afrika, die gegen den wackeren christlichen Helden Roland kämpfen.[99] »Schwarz und böse« gehören zusammen wie »jung und dumm« oder »alt und weise«. Umgekehrt bedient sich die Ikonographie des Teufels der Bilder von Schwarzen: Als *nigros homines tamquam Aethiopes*, »schwarze Menschen gleich Äthiopiern«, sieht eine von dem Kirchenlehrer Petrus Damiani (11. Jh.) erzählte Sage die Teufel durch die Nacht streifen.[100] Die Teufel sehen aus wie Afrikaner.

Mit den Kreuzzügen kommen die Nordeuropäer zum ersten Mal in näheren Kontakt zu dunkelhäutigen Orientalen: Feinden des Glaubens, wie bereits an ihrer Hautfarbe zu erkennen ist. Nun sehen nicht nur die Teufel aus wie Schwarze, sondern die Schwarzen selber erscheinen als Teufel. *Hellemôr*, der »Mohr aus der Hölle«, heißt der Teufel in einem Kreuzfahrtlied von Hartmann von Aue,[101] »der Höllenneger«, wie wir heute drastisch übersetzen könnten.

Schwarzer Heiliger, schwarze Gottesmutter

Der schwarze Heilige. Sankt Mauritius im Magdeburger Dom (Detail).

Mit den Kreuzfahrern kehrten im späten Mittelalter aber auch das schwarze Gesicht, die schwarze Gestalt in den Okzident zurück, allerdings vorerst nur in Bildkunst und Ikonographie. Und mit den Heiligen Gereon und Mauritius ziehen Mohren sogar in die Kirchen ein.

Mauritius war der Legende nach ein römischer Offizier der »Thebaischen Legion«, aus jener Wüstenregion Oberägyptens also stammend, in der sich mit Anachoreten und vagierenden Mönchen eine frühe Form christlicher Spiritualität entwickelt hatte. Da er sich weigert, den heidnischen Göttern zu opfern, wird Mauritius unter Kaiser Maximian (um 300) enthauptet und zum Märtyrer. Während ihn die ältere Ikonographie als weißen Offizier darstellt, vergleichbar dem ritterlichen heiligen Georg,[102] wird seine Figur im späten Mittelalter »eingeschwärzt«: Mauritius wird zum schwarzen Heiligen. Eine der frühesten und eindrucksvollsten Darstellungen findet sich im Magdeburger Dom, entstanden um 1250; der Ritter trägt dort deutlich afrikanische Gesichtszüge.

Als schwarzen Mann hat auch Mathias Grünewald den heiligen Mauritius dargestellt: auf einem Tafelbild (1521/23), das die Begegnung des

46

Ritters mit dem – weißen – heiligen Erasmus im Bischofsornat zeigt.[103] Erasmus war der »Hausheilige« der Hohenzollern, die Figur trägt die Züge von Kardinal Albrecht von Brandenburg (1490–1545), dem Erzbischof von Magdeburg und Erzkanzler des Heiligen Römischen Reiches. Grünewalds Altartafel gibt Rätsel auf, denn eine Begegnung zwischen den beiden dargestellten Heiligen ist in der hagiographischen Literatur nicht überliefert. In jedem Fall thematisiert das Bild Gegensätze: Mit Bischof und Ritter konfrontiert es weltliche und geistliche Herrschaft, mit der weißen und der schwarzen Figur den Norden und den Süden. Vielleicht dürfen wir in der kommunikativen Gestik, die Grünewald diesen Figuren gegeben hat, auch die Idee einer Versöhnung zwischen den beiden Extremen ahnen.

Mathias Grünewald: *Die Begegnung der Heiligen Erasmus und Mauritius*, um 1520.

Schwarz wird seit etwa 1400 immer häufiger auch einer der Heiligen Drei Könige dargestellt. Im Grunde wären sie, im Matthäus-Evangelium als »Magier aus dem Morgenland« mit Gold, Weihrauch und Myrrhe, den Kostbarkeiten des Orients, nach Jerusalem kommend, ohnehin dunkelhäutig zu denken. Aber erst am Ausgang des Mittelalters darf einer von ihnen in der Farbe des Südens erscheinen. Aus der bildenden Kunst stammend, pflanzt sich das Motiv des »schwarzen Königs« in der Popularkultur fort, in den Krippenfiguren, bei den Dreikönigsfesten und – bis heute – im »Dreikönigslaufen« der Kinder am 6. Januar. Bei letzterem scheint sich allerdings in jüngster Zeit eine Veränderung anzukündigen: Immer seltener präsentiert sich eines der drei Kinder mit schwarz gefärbtem Gesicht (was möglicherweise in einem falsch verstandenen »Anti-Rassismus« seine Ursache hat).

Schwarz kann im ausgehenden Mittelalter sogar die Muttergottes dargestellt werden. Theologisch gestützt durch die marianische Deutung des Verses *Nigra sum, sed formosa*, »Ich bin schwarz, aber schön«, aus dem Hohelied Salomos (1,5) erscheint in der bildenden Kunst in Deutschland, Frankreich und anderen mitteleuropäischen Ländern der Typ der »Schwarzen Madonna« und erfreut sich in der Volksfrömmigkeit und an

Wallfahrtsorten (Einsiedeln, Altötting, Tschenstochau) großer Beliebtheit.[104] Religionsgeschichtlich kann man darin ein Wiederauftauchen der »schwarzen Göttin« sehen, wie sie in der Antike aus dem Demeter- oder dem Artemis-Kult bekannt war. Aber natürlich ist dieses Wiederauftauchen im späten Mittelalter nicht zufällig, es ist Ausdruck einer zaghaften Öffnung des Nordens gegenüber dem Süden nach dem Zeitalter der Kreuzzüge.

Ins Mittelalter zurück führen auch »Mohren«-Embleme, die in der Alltagskultur bis heute vertraut sind. Das mittelalterliche Hauszeichen »Zum Mohren« lebt als Wirtshaus- und Apotheken-Name weiter, daneben taucht der Mohr im Wappen verschiedener Städte auf (»Freisinger Mohr«). Die Farbe des Südens, so ließe sich resümieren, tritt im Norden seit dem späten Mittelalter allmählich wieder in Erscheinung. Dennoch galt »Ich bin schwarz, aber schön« im Okzident zunächst nur in der Ikonographie, nicht in der Realität. Und auch die freundlich-respektvolle Begegnung zwischen einem Weißen und einem Schwarzen, wie sie Mathias Grünewald auf seiner Altartafel dargestellt hat, blieb der Kunst vorbehalten. Nur in Unteritalien, am Hof des Stauferkaisers Friedrich II., hatten sich Norden und Süden erneut intensiv verbunden: in einer kosmopolitischen, christlich-islamischen Kultur. Vermutlich war auch das Auftauchen schwarzer Bilder in Kirchen und Städten von der Kultur dieses Kaisers beeinflußt. Als Friedrich 1235 durch Deutschland zog, konnte man in seinem Gefolge nicht nur Elefanten, Leoparden, Kamele und andere exotische Tiere sehen, sondern auch leibhaftige Schwarze. Daß dem Kaiser selbst nicht nur die kulturellen, sondern auch die geographischen Extreme seines Reiches bewußt waren, zeigt eine kleine Episode aus dem diplomatischen Zeremoniell: Als ihm Sultan Al-Kamil von Ägypten einmal einen Elefanten zum Geschenk machte, revanchierte sich Friedrich mit einem Eisbären.[105]

Gescheckt wie eine Elster.
Feirefiz, der schwarz-weiße Gralsritter

Daß »schwarz« nicht nur »häßlich« und »böse« bedeuten mußte, daß der Norden eine Idee von der Versöhnung mit dem Süden entwickeln konnte, zeigt auch eine Episode in Wolfram von Eschenbachs Ritterepos *Parzival* (um 1210). Sie steht so einzigartig in ihrem Umfeld und ist in ihrer ebenso anmutigen wie komischen Färbung so eindrucksvoll, daß sie immer wieder zu Rätseln Anlaß gegeben hat. Wollte Wolfram sein Publikum einfach zum Lachen bringen? Oder war der Dichter aus Franken vielleicht sogar ein heimlicher Ketzer?

Die Geschichte[106] erzählt von Gahmuret aus dem Hause Anjou, dem Vater Parzivals. Nach Ritterart hält es den jungen Mann nicht lange zu Hause, er zieht auf der Suche nach Abenteuern aus, sammelt zunächst Ruhm im Orient, in Marokko, Persien, Syrien und Arabien, und kommt anschließend in ein Land mit dem seltsamen Namen Zazamanc. Die geographische Zuordnung all dieser Länder bleibt dem Leser verborgen, er erfährt lediglich, daß er sich in der *heidenschaft*, den Heidenländern, befindet. Nur eine Besonderheit haben die Bewohner von Zazamanc: *liute vinster wie die naht/wârn alle die von Zazamanc.* Aber »finster wie die Nacht«: Das heißt hier weder häßlich noch böse, im Gegenteil. Die *môre und mörinne* stehen in Bildung und Gesittung den christlichen Ankömmlingen in nichts nach, sie verfügen über die gleichen aristokratischen Sitten, die galanten Umgangsformen und ehrenhaften Anschauungsweisen, wie sie im höfischen Roman des Mittelalters als Privileg der *cristenheit*, der christlichen Länder und ihrer Ritterkultur, galten. Und selbstverständlich spricht man in dem Land auch Französisch. Es ist ein Süden ohne Alterität, die Menschen gleichen denen im Norden, nur eben: *nach rabenes varwe was ir schîn*, »sie leuchteten schwarz wie die Raben«.

Gahmuret wird zur Königin des Landes geführt, der schönen Belakane. Aber kann eine schwarze Frau schön sein? Bernhard von Clairvaux hatte, rund 150 Jahre früher, einmal diese Frage gestellt, in einer seiner Predigten über die mystische Auslegung des Verses *Nigra sum, sed formosa* im Hohelied Salomos: »›Schwarz bin ich, doch schön.‹ Liegt nicht in diesen Worten ein Widerspruch?« fragt der heilige Mönch. Und er führt dazu aus, daß die »Braut« die diese Worte von sich sage, zwar den »Makel der Schwärze« trage und »an der Oberfläche verunziert« sei, jedoch hinsichtlich ihrer Gesamterscheinung (wir würden heute sagen: mit ihren inneren Werten) durchaus als schön angesehen werden könne.[107] Anders Wolfram. Belakane ist in ihrer Schwärze auch äußerlich schön und begehrenswert. Und mehr noch:

Gahmuret erwog und sann:
Obwohl sie eine Heidin wär,
Weiblicher Anstand sei nie mehr
In Frauenherz gekommen:
Durch ihre Zucht war sie getauft.

49

Daß ihre »Zucht« (eines der Kernwörter des ritterlichen Tugendsystems), ihre Bildung also, die Qualität einer christlichen Taufe hatte – das konnte um 1200 wahrscheinlich nur ein Dichter von einer *mörinne* sagen, ohne sich dem Verdacht auszusetzen, ein Häretiker zu sein.

Der weiße Gahmuret und die schwarze Belakane lieben sich, und geboren wird ein Sohn, Feirefiz, von Kopf bis Fuß zweifarbig, schwarz-weiß gescheckt wie eine Elster. Im späteren Verlauf der Handlung wird er sich, ohne es zu wissen, mit seinem Halbbruder Parzival (dem Sohn der zweiten Frau Gahmurets) einen erbitterten Zweikampf liefern, in dessen Verlauf Parzivals Schwert zerbricht, Feirefiz den Gegner aber schont und nicht tötet. Und am Ende wird er, der Heide, zusammen mit Parzival, dem Christen, auf die Gralsburg kommen und die Hüterin des Grals heiraten. Dazu ist dann allerdings die Taufe nötig, aber, so äußert Feirefiz im Kreise der christlichen Gralsritter lässig: Wenn ich dafür das schöne Mädchen bekomme, warum soll ich mich dann nicht auch taufen lassen? Anmutiger haben Weiß und Schwarz, haben Norden und Süden im Mittelalter nie zusammengefunden.

Nachzutragen bleibt, daß Feirefiz und seine Frau in den Osten ziehen, dort missionieren und das Königreich des »Priesters Johannes« gründen. Vielleicht war das Wolframs Beitrag zur Rätselfrage nach dem »Reich des Priesters Johannes«. Wenn es ein solches Reich des Überflusses und des Friedens irgendwo im fernen Osten gibt, muß es dann nicht gegründet sein auf die Versöhnung von Christentum und Islam, von Norden und Süden?

Die Mohren und das Mohrenland

Bei alledem waren, von Mitteleuropa aus gesehen, die geographischen Kenntnisse über den Süden und seine Bewohner bis zum späten Mittelalter äußerst begrenzt. Der Süden war eher Idee als Realität. Das macht sich bereits in der Sprache bemerkbar. So bezeichnete der Begriff *môr*, »Mohr«, mit dem in der Antike noch der *Maurus*, also der Bewohner des nordafrikanischen Mauretaniens benannt wurde, jetzt auch den Schwarzafrikaner.[108] Als »Mohren« und »Möhrinnen« werden umstandslos dunkel- oder schwarzhäutige Bewohner südlicher oder orientalischer Länder bezeichnet, der Begriff ist zu einer vagen anthropologischen Opposition zum weißen, christlichen Mitteleuropäer geworden. Ähnlich verhält es sich mit *môrlant*, dem »Mohrenland«: Es umschreibt keine präzise geographische Lokalität, sondern ein unbestimmt weit entferntes, von »Mohren« bewohntes Land im Süden. Sogar *in môrlendischer zunge*, also »mohrenländisch« wird dort gesprochen.[109] »Der Wind trieb sie von dannen/in einen Hafen nach Mohrenland«, heißt es im mittelhochdeutschen Reiseroman von *Herzog Ernst*:[110] Da hat der Held, von einem anderen Sturm verschlagen, gerade die Länder der Platthufer, der Riesen und der Einäugigen bereist und den Pygmäen beim Kampf gegen die Kraniche geholfen. Von »Mohrenland« geht seine Reise dann weiter nach Alexandria und zum Heiligen Grab in Jerusalem: Reale und phantastische Topographie des Südens waren unauflösbar ineinander verschränkt.

Im Deutschen populär wurden »Mohr« und »Mohrenland« später durch Luthers Bibelübersetzung. Luther gibt damit die hebräischen und griechischen Äquivalente für »Äthiopier« und »Äthiopien« wieder. Seinen »Kämmerer aus dem Mohrenland« (Apostelgeschichte 8,27) muß man sich danach als schwarzen Äthiopier vorstellen. Luthers sprichwörtlicher Satz »Kann auch ein Mohr seine Haut wandeln oder ein Parder [= Panther] seine Flecken?« (Jeremia 13,23) hat die Redensart von der »Mohrenwäsche« populär gemacht.

Monster an den Grenzen der Erde

Noch jenseits des Mohrenlandes lebten jene ungestalten Fabelwesen, die schon die antike Literatur kannte. Die Ebstorfer Weltkarte (um 1300) zeigt sie an den Rändern der bewohnten Welt, vor allem in Indien und an der Südgrenze Afrikas, und die grotesken Gestalten tummeln sich auch in manchen Kirchen. Augustinus, der mit seinem Werk vom *Gottesstaat* die Brücke zwischen Antike und Mittelalter schlägt, kennt eine ganze Reihe jener *monstrosa hominum genera*, der »menschlichen Monsterwesen, von denen die heidnische Geschichtsüberlieferung berichtet«,[111] und beglaubigt durch die Autorität des berühmten Kirchenvaters bevölkern diese Mißgestalten die erdkundlichen Werke bis hin zu Hartmann Schedels *Weltchronik* von 1495.[112] Auch den Lesern von Reiseromanen sind sie bestens bekannt,[113] und ganze gelehrte Abhandlungen wie der *Liber monstrorum de diversis generibus* (»Über die verschiedenen Arten der Mißgestalten«) sind ihnen gewidmet.[114]

Augustinus legt allerdings dar, daß es ein Irrtum wäre zu meinen, diese Wesen seien außerhalb der göttlichen Schöpfungsordnung entstanden. Ähnlich wie die Tiere selbst auf den entlegensten Inseln ihre

Kopfloser Grenzbewohner. Aus dem *Livre des merveilles du monde*, um 1350.

51

Stammeltern in den durch die Arche Noah geretteten Paaren hätten,[115] so seien auch jene menschlichen Mißgestalten Nachkommen Noahs und seiner drei Söhne.

Menschliche Mißgestalten
Aurelius Augustinus

Kein Gläubiger möge zweifeln, daß, wer immer als Mensch, das heißt als vernünftiges und sterbliches Wesen, geboren wird, unter welchem Himmelsstrich es auch sei, seinen Ursprung nimmt von jenem Ersterschaffenen [= Adam], mag er im übrigen auch eine unserer Erfahrung noch so ungewohnte Körpergestalt oder Farbe oder Bewegung oder Stimme haben, gleichgültig auch, mit welcher Fähigkeit, nach welcher Seite hin, mit welchen Eigenschaften seine Natur besonders ausgestattet ist. Es tritt jedoch durch solche Erscheinungen klar in die Augen, was dem natürlichen Durchschnitt entspricht und was eben durch seine Seltenheit merkwürdig ist.

Derselbe Grund aber wie für menschliche Mißgeburten läßt sich auch für mißgestaltete Völker geltend machen. Gott ist der Schöpfer aller, und er weiß, wo und warum etwas zu schaffen ist oder war; denn er weiß, welche Teile er gleichartig und welche er abweichend zu gestalten hat, um in der Gesamtheit ein herrliches Gewebe zu wirken. Wer freilich das Ganze nicht zu überblicken vermag, der wird durch vermeintliche Mißgestalt eines Teiles verletzt, weil ihm der Zusammenhang des Teiles mit dem Ganzen und seine Beziehung nicht zum Bewußtsein kommt.

Augustinus: De civitate Dei XVI, 8 (Übersetzung Alfred Schröder, 1914).

52

Es ist der Versuch, die biblische Schöpfungslehre und Völkertafel mit den Erkenntnissen der überlieferten Naturkunde zusammenzubringen, sozusagen eine geistlich korrekte Geographie zu entwerfen. Auch Menschen und Tiere an den äußersten vier Enden der Erde seien Gottes Geschöpfe.

Auch die ebenfalls bereits aus dem Altertum bekannten Pygmäen erwähnt Augustinus in diesem Zusammenhang. Noch Jahrhunderte später wird sich Albertus Magnus mit ihnen beschäftigen, und auch ihn interessiert die anthropologische Frage: Sind sie »richtige« Menschen? In *De animalibus* definiert er sie als Menschen niederer Gattung. Sie könnten zwar sprechen, nicht aber *de universalibus rerum*, also »über die Universalien der Dinge«.[116] Abstraktes Denken sei ihnen also fremd.

Noch weiter in die Ferne gedacht, wurde es jedoch problematisch mit der Besiedlung der Welt. Sollte es auch auf dem entgegengesetzten Teil der Erde Menschen geben? Das Mittelalter übernimmt aus der Antike die Vorstellung von der Kugelgestalt der Erde und damit die Frage nach möglichen Antipoden auf der südlichen Hemisphäre. Allerdings hätten – nach dem biblischen Schöpfungsbericht – auch diese »Gegenfüßler« Nachkommen der drei Noah-Söhne sein müssen. Augustinus kann sich das nicht vorstellen: »Es wäre doch gar zu ungereimt zu behaupten, es hätte irgend jemand aus dem oberen in den unteren Teil über den unermeßlichen Ozean hin zu Schiff gelangen können, um auch dort das aus jenem einen, ersten Menschen hervorgegangene Menschengeschlecht einzubürgern.«[117] Dieser Süden war für die theologische Topographie unerreichbar. Noch im 13. Jahrhundert äußert der franziskanische Volksprediger Berthold von Regensburg, die Erde sei zwar eine Kugel, und sofern es möglich wäre, ein Loch hindurchzubohren, könnte man unten den Himmel sehen; aber – so fährt er fort – wenn einige Leute behaupteten, dort lebten auch Menschen, *die füeze gegen uns gekêret*, dann irrten sie sich gewaltig. »Das kann auf keine Weise möglich sein.«[118] Tatsächlich vertreten andere Autoren des späten Mittelalters bereits die gegenteilige Meinung.

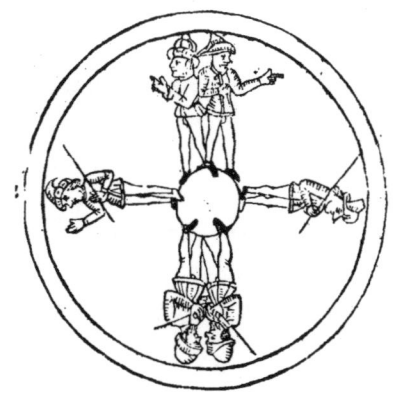

Schaubild oder Karikatur? Darstellung der Idee der Antipoden in einer mittelalterlichen Handschrift, 13. Jh.

Meridies mystica. Der spirituelle Süden

Omnis mundi creatura
quasi liber et pictura
nobis est et speculum –

so lauten die ersten Verse eines Gedichts des gelehrten Zisterzienser-
mönchs Alanus ab Insulis (12. Jh.).[119] Es besingt die Ordnung und die
Schönheit der Welt, indem es deren Elemente als *Zeichen* deutet, als etwas,
das seinen Sinn nicht aus sich selbst, sondern daraus zieht, daß es auf
Höheres deutet, vom Geschöpf auf seinen Schöpfer:

Ein jegliches Geschöpf der Welt
Wie Buch und Schrift
Für uns und Spiegel ist.

Mußte der *sensus mysticus*, der spirituelle Sinn aller Dinge, sich nicht schon
dort offenbaren, wo es um die Werke des zweiten Schöpfungstages, um
Himmel und Erde ging? In der Tat deutet die mittelalterliche Theologie
auch die vier Himmelsrichtungen im geistlichen Sinn. Und zwar bedeutet der *Osten*, die Richtung des Paradieses, das Reich Gottes. Als negative
Opposition entgegengesetzt wird ihm aber nicht der *Westen* (der meint
die »Heidenschaft«), sondern der *Norden*, die Zone der Finsternis und der
Kälte: *per figuram ostendit diabolum vel frigus infidelitatis*, heißt es in der Lehre
vom Universum des Hrabanus Maurus,[120] »er bezeichnet im Bild den
Teufel oder die Kälte des Unglaubens«.

Zwischen *Osten* und *Norden* verläuft also die Scheidelinie des Glaubens. Hildegard von Bingen, Benediktiner-Nonne und gelehrte Schrift-
stellerin (12. Jh.), sieht in einer ihrer kosmischen Visionen einen gewaltigen Berg zwischen diesen beiden Himmelssphären: »Nach Norden
bedeckt diesen tiefe Finsternis, nach Osten strahlt er in hellem Licht. Es
ist der Sündenfall des Menschen, der sich zwischen der Ruchlosigkeit des
Teufels und der Güte Gottes auftürmt.«[121] Ihren bösen Weg hatte die sün-
dige Menschheit also von Osten nach Norden genommen, aus dem Paradies Gottes im Osten in das Reich des Teufels im Norden. In die umge-
kehrte Richtung führte der Weg der Erlösung, wie er in der geographischen
Symbolik des Taufrituals und der Architektur verschiedener frühchristlicher Baptisterien[122] zum Ausdruck kam: Der Eingang lag im Norden;
von dort betrat der Täufling das Baptisterium und stieg in das Taufbek-

ken. Mit dem Gesicht nach Westen gewandt sprach er hier die Formel der *abnegatio diavoli*, der Absage an den Teufel, wandte sich anschließend zum Bekenntnis des neuen Glaubens nach Osten.[123] Die *conversio* war »Umkehr« im Zeichen der Spiritualität der Himmelsrichtungen.

Im Dualismus von *Osten* und *Norden*, von Gott und Teufel, vermittelt der *Süden*. »Südlich (*australis*) heißt diese Himmelsrichtung nach dem Südwind (*auster*), der durch seine Wärme die Kälte vertreibt und das Eis schmelzen läßt; und dieser bedeutet die Gnade des Heiligen Geistes, der durch die Wärme der Liebe die Kälte des Unglaubens vertreibt und die Verhärtung der Sünder löst.« (Hrabanus Maurus)[124] Knapper, aber im gleichen Sinne heißt es bei Thomas von Aquin: *Auster enim ventus calidus significat spiritum sanctum*, »Der Südwind ist ein warmer Wind und bezeichnet den Heiligen Geist.«[125] Auch zum Bild der Kirche, in der dieser warme Wind der Liebe weht, kann der Süden werden. Nach einem solchen »geotheologischen« Verständnis erfolgt dann die Exegese von Bibelstellen, in denen von den Winden und den Himmelsrichtungen die Rede ist.

Vom Norden kommt der Teufel, vom Süden Gott
Hugo von St. Viktor

»Erhebe dich, Nordwind, und komm, Südwind« (Hohelied 4,16). Der Nordwind weht sehr kalt, wie auch Jeremia sagt »Vom Norden kommt alles Unheil« (Jeremia 1,14). Dort ist der Sitz des Satans, der Ursprung alles Verderbens. Der Nordwind ist die böse Versuchung, das Wehen des Nordwinds sind die Einflüsterungen der Versuchung, und die Kälte ist das Erstarren der Güte. Der Nordwind kommt also, wenn die böse Versuchung den Geist des Menschen anfällt. Und der Nordwind erhebt sich, wenn die Versuchung seine Seele wieder verläßt [...]. Der Südwind ist ein sehr warmer Wind, weshalb geschrieben steht »Gott wird vom Süden herkommen« (Habakuk 3,3). Dort ist der Sitz des Allerhöchsten, dort die Glut der Liebe, von dort kommt die Reinheit der Wahrheit. Der Südwind entspringt in der heiteren Region, wie auch Gott in der Heiterkeit der Gesinnung ruht. Dort findet er seine Weide, sein Lager, dort ist die Ruhe des Geistes, die Erquickung der Kontemplation. Der Südwind bezeichnet die Gnade des Heiligen Geistes, sein Wehen die Güte des Heiligen Geistes, seine Wärme die Liebe. Der Südwind kommt also, wenn die Gnade des Heiligen Geistes in den Geist des Menschen eintritt, er erhebt sich, wenn sie ihn wieder verläßt. »Gott«, heißt es, »wird vom Süden kommen.« Vom Norden kommt der Teufel, vom Süden kommt Gott.

Hugo von St. Viktor: *De bestiis et aliis rebus*, I, 12, *Patrologia Latina*, vol. 177. Paris 1879, 20 (Übersetzung D. R.).

Der Süden und der Südwind haben also ihre Bedeutung gegenüber der Antike verändert, und in dieser Veränderung kommt auch eine geographische Verlagerung der intellektuellen Zentren vom Mittelmeerraum in den Norden zum Ausdruck. Für die Bewohner der warmen Zonen des *Mare Mediterraneum* war der Südwind einst der böse, heiße Wind. Für die in ihren Klosterzellen in Fulda, Bingen oder Paris frierenden Mönche und Nonnen war er der warme Hauch der Gnade Gottes.

Was auf diese Weise entstand, war eine Art Theo-Geographie, eine theologisch fundierte Geographie. Eine späte Erinnerung daran klingt noch in Goethes *Faust* an:

> Nordwestlich, Satan, ist dein Lustrevier,
> Südöstlich diesmal aber segeln wir.

Mit diesen Worten wird Mephistopheles in »seine« Himmelsrichtungen verwiesen.[126]

Makro-mikrotopographische Spiegelungen. Die Theologie der Himmelsrichtungen bei Hildegard von Bingen

Die mystische Theologie des Mittelalters hat die spirituell gedeuteten Himmelsrichtungen auch in ein Bild vom Kosmos eingefügt, in dem Weltall, Erde und Mensch als Elemente einer umfassenden Einheit erscheinen, Makro- und Mikrokosmos sich gegenseitig spiegeln. Besonders komplex – und im einzelnen nicht frei von Rätseln – erscheint diese Theologie im Werk Hildegards von Bingen.[127]

In mehreren ihrer Visionen sieht Hildegard eine menschliche Figur mit ausgebreiteten Armen in einer Art Weltenrad, dessen oberes Ende durch das Haupt Gottes gebildet wird, dessen Arme den Kosmos einschließen. Die Figur ist umgeben von vier (manchmal auch sechs) kosmischen Sphären, aus denen die vier Winde entspringen. Vier Tiere sind ihnen zugeordnet: der Leopard im Osten, der Löwe im Süden, der Wolf im Westen und der Bär im Norden. Aus dem äußersten Sphärenring, dem »hellen Feuer« (*ignis lucidus*), der den gesamten Kosmos umspannt und dem Göttlichen am nächsten ist, strömt – im Bild durch das Maul des Löwen – der Südwind, der die Macht Gottes bezeichnet. »Denn wie der Löwe stark ist und durch Stärke seine Macht ausübt, so ist auch der Süd-

Die Himmelsrichtungen
als Vision. Hildegard von
Bingen: *Das Weltenrad.*

wind im Feuer und aus dem Feuer stark und rasch.«[128] Aus dem darunter
befindlichen Sphärenring, dem »schwarzen Feuer« (*ignis niger*), entweicht
der Nordwind, »ungestüm wirbelnd aus teuflischer Wut, welche Gott
nicht fürchtet«.[129] Aus dem Sphärenkreis des »reinen Äthers« (*purus aether*),
dem dritten kosmischen Ring, strömt – durch den Leoparden symbolisiert – der Ostwind, bedeutend »die reine Buße der Sünder«. Und aus der

57

unteren Zone der »wässrigen Luft« (*aer aquosus*) bricht der feuchte, stürmische Westwind hervor; er steht für die reinigende Kraft des Wassers in der Taufe und die lauteren Werke der Gerechten.[130]

Über ihren heilsgeschichtlichen Sinn hinaus haben die Windkräfte jedoch auch Wirkungen auf den physischen und den moralischen Menschen – auf dem Weltenrad in Hildegards Vision strömen sie deutlich sichtbar aus dem Kosmos auf den Menschen ein.[131] Sie korrespondieren – nach ihrem jeweiligen Gehalt an Wärme oder Feuchtigkeit – mit den vier Körpersäften, mit bestimmten Organen oder Körperteilen und mit den geistigen Kräften des Menschen. Die Kraft des Südwinds bezeichnet dabei das klare Denken (*cogitatio*), vom Nordwind droht hingegen Gefahr.

Die Winde durchdringen den menschlichen Körper
Hildegard von Bingen

Alle diese Köpfe blasen durch das Weltenrad und auf die Gestalt des Menschen ein. Denn die beschriebenen Windkräfte halten mit ihrem Brausen den Umlauf des Weltalls zusammen. Sie halten auch den Menschen zu seinem Wohle an, darauf Rücksicht zu nehmen, weil er ihrer bedarf, um nicht dem Untergang zu verfallen. Wenn daher einer der Winde von obengenannter Qualität aus natürlichen Ursachen oder durch besondere Anordnung Gottes sein Wehen ausströmt, dann durchdringt er, ohne Widerstand zu finden, den Körper des Menschen. Die Seele nimmt ihn auf ins Innere, und so gelangt er auf natürliche Weise an die Organe des menschlichen Leibes, die seiner Natur entsprechen. Und so wird durch das Wehen der Winde der Mensch entweder gekräftigt [...] oder aber er wird hinfällig werden.

Hildegard von Bingen: Welt und Mensch, übersetzt von Heinrich Schipperges. Salzburg 1965, 53 (= De operatione Dei II, 29).

Im Kampf zwischen den feindlichen Mächten des *Ostens* und des *Nordens*, so läßt sich zusammenfassen, entscheidet sich also das Schicksal des Menschen, sein himmlisches ebenso wie sein irdisches. Und den Emanationen des *Südens* kommen dabei die Energien des Hellen, des Warmen, des Trockenen und des Geistigen zu, die dem Finsteren, dem Kalten, dem Feuchten und dem Materiellen opponieren. Zum ersten Mal ist der Süden positiv konnotiert, wenngleich nur in der intellektuellen Schau.

Christliches Bestiarium.
Die Tiere der südlichen Hemisphäre

Nicht nur in Hildegards visionären Texten spielen die Tiere und ihre symbolischen Kräfte eine wichtige Rolle. Tiere standen schon in der antiken Literatur zeichenhaft für bestimmte Himmelsgegenden, und gerade der Süden war die Region der Tiere: der wilden, seltsam geformten, rätselhaften Tiere. In der Theologie des Mittelalters gehören auch sie in das »Buch der Natur«, in dem der göttliche Schöpfer geheime Botschaften verborgen hatte; und je geringer die aus direkter Anschauung gewonnenen Kenntnisse inzwischen geworden waren, um so farbiger erstrahlten die Bilder der Deutung.

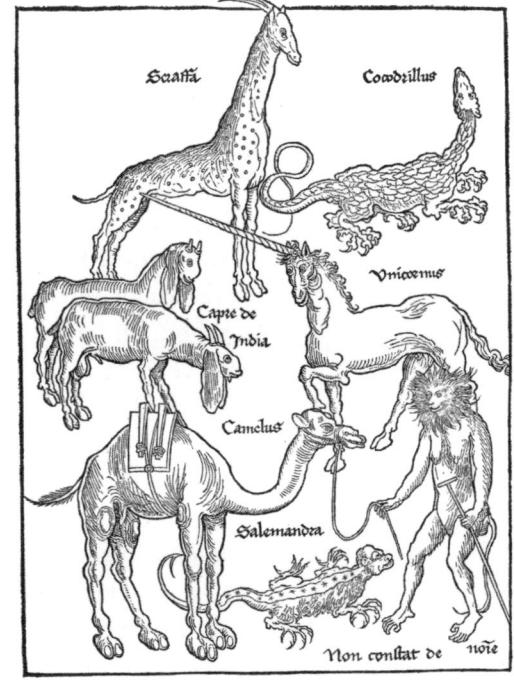

Wahrheitsgetreue Abbildung der Tiere, welche wir im Heiligen Lande sahen. Holzschnitt von Erhard Reuwich, 1486.

Eines der rätselhaftesten Tiere war seit alters der Elefant. Schon in der ägyptischen Symbolik der vier Himmelsrichtungen stand er für den »Süden«.[132] Bei den Römern galt er als intelligentes Tier, zeichnete sich durch geradezu menschliche Eigenschaften aus. »Sein Verstand kommt dem des Menschen am nächsten, denn er versteht die Sprache seines Landes«, schreibt Plinius, »er ist rechtschaffen, klug und gerecht und erweist den Gestirnen göttliche Ehre und hält Sonne und Mond heilig.«[133] Steht er damit in der Antike also gleichsam auf der vorgeschichtlichen Stufe der Naturreligion, so wird er im Mittelalter zum Träger der christlichen Botschaft selber. Der *Physiologus*, das verbreitete Buch der Tiere, Pflanzen und Steine, schildert ihn als das keusche Tier vor dem Sündenfall, das sich nur einmal im Leben zur Fortpflanzung paare, auf einer »Hochzeitsreise« in den Osten, wo es im Paradies die Ursünde gleichsam »nachspiele«.[134]

Von der Hochzeitsreise der Elefanten nach Osten
Aus dem »Physiologus«

Es gibt ein Tier, das heißt Elefant. In diesem Tier wohnt kein Geschlechtstrieb. Wenn es nun Kinder zeugen will, zieht es sich nach Osten zurück, in die Nähe des Paradieses. Dort wächst der sogenannte Mandragora-Baum. Dorthin gehen das Weibchen und das Männchen. Das

Weibchen nimmt zuerst die Frucht von dem Baum, bietet sie auch seinem Gatten an und spielt mit ihm, bis auch er nimmt, und wenn er gegessen hat, vereinigt er sich mit dem Weibchen von hinten, deswegen, weil sie keine Harmonie miteinander haben. Nur einmal hat er Verkehr, und sogleich wird sie trächtig. Wenn nun ihre Zeit zum Gebären kommt, geht sie an ein flaches Wasser und steigt hinein, bis ihr das Wasser bis zur Brust geht, und so bringt sie das Kind auf dem Wasser zur Welt [...] Deutung: Auf die Person Adams und Evas wird der Elefant und seine Frau gedeutet. Als sie noch vor ihrem Sündenfall im Genuß des Paradieses waren, kannten sie damals keine Geschlechtlichkeit und wußten noch nicht einmal etwas vom Verkehr. Aber als die Frau von dem Baume aß, das ist von den geistlichen Mandragora-Früchten, und auch ihrem Manne gab, da erkannte Adam sein Weib, und sie gebar den Kain auf den verruchten Wassern.

Physiologus, aus dem Griechischen übersetzt von Ursula Treu. Hanau 1998, Nr. 43.

Zu den Tieren, die aus dem Süden in die Arche Noah spaziert waren, gehörte neben Krokodil, Nashorn, Affe, Kamel, Pfau und manchem anderen Lebewesen auch der Löwe. Er sollte zum »klassischen« Tier des Südens werden. Als Symbol für Stärke und Herrschaft fungierte er schon im »Löwentor« von Mykene (13. Jh. v. Chr.); als »furchtloser Löwe« wird er die Geschichte der Kultur begleiten. Aber als ein wahrer Herrscher ist er auch großmütig. »Unter allen wilden Tieren ist allein er milde gegen Bedrängte, schont die, welche sich vor ihm niederwerfen, und [...] an Kindern vergreift er sich nur beim größten Hunger.« (Plinius)[135]

In der Theologie des Mittelalters wird der starke Löwe einerseits zum christologischen Symbol; aber als »brüllender, verschlingender Löwe« kann er auch zum Sinnbild des Teufels werden. Der *Physiologus* weiß von ihm, daß er mit dem Schwanz seine Spur verwischt, wenn die Jäger ihn verfolgen – ganz wie der Mensch gewordene Christus die Spuren seiner Gottheit auf Erden verwischt habe.[136]

Auch ein anderes seltsames Tier aus dem Süden geisterte durch die mittelalterlichen Bestiarien: der Catoblepas. Schon Herodot und Plinius hatten das niedrig gebaute, häßliche, einem kleinen Rhinozeros gleichende Tier gekannt, das seinen Kopf immer gesenkt hält und daher auch seinen fremden Namen (griech. *kata-blepein*, »herunterblicken«) trägt. Auch dem heiligen Antonius soll der »Herunterblicker« begegnet sein während seiner teuflischen Versuchungen in der ägyptischen Wüste. Konrad von Megenbergs *Buch der Natur* aus dem 14. Jahrhundert kennt ihn als Bestie, deren böser Blick den Menschen auf der Stelle töte. Und

deren Dasein natürlich ebenfalls dem sittlichen Menschen zur guten Lehre zu dienen habe.

Von den Cathapleben
Aus dem »Buch der Natur« von Konrad von Megenberg (14. Jh.)

Cathapleba ist ein Tier, das wohnt bei dem Wasser, das Nilus heißt, in Ägyptenland. Also sprechen die Meister Plinius und Solinus: Das ist so giftig mit seinem Blick, wenn einer ihm ins Auge sieht, so stirbt er auf der Stelle. Darunter verstehen wir die schamlosen Augen, die viele Menschen in der Seele töten. Die Augen sind die heimlichen Diebe der Seele.

Konrad von Megenberg: Das Buch der Natur, hrsg. v. Franz Pfeiffer. Stuttgart 1861, 131 (aus dem Mittelhochdeutschen modernisiert).

Genese der mediterranen Routen
Der Süden der Pilger

Pilger sind wir doch alle

Daß der Süden die Himmelsrichtung der göttlichen Gnade sei, diese theologische Überzeugung des Mittelalters fand auch in bestimmten Reiserouten ihren Ausdruck. Von den Ländern Mittel- und Westeuropas aus gesehen lagen die drei wichtigsten Pilgerziele im Süden. Es waren das Heilige Grab in Jerusalem, die Apostelgräber in Rom und die Gebeine des heiligen Jakobus in Santiago de Compostela. In den Pilgerberichten wird dabei, soweit zu erkennen, die Süd-Richtung nicht explizit mytho-geographisch gedeutet. Aber die Reisenden wußten natürlich, daß es nach Süden ging. Mit der *peregrinatio ad loca sancta* begann die bis heute anhaltende Geschichte der Reise in den Süden, und die Tatsache, daß dieser

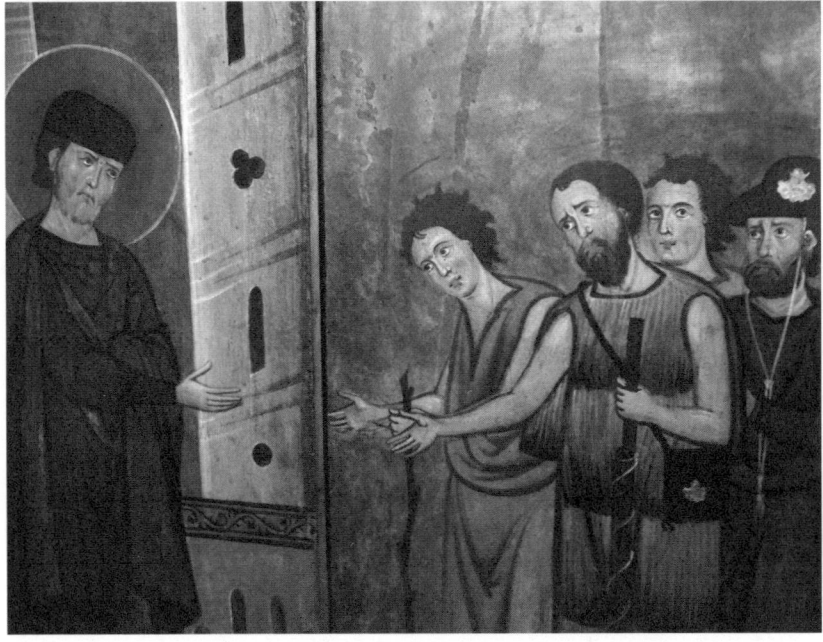

Die Pilger werden am Ziel ihrer Reise vom Heiligen persönlich begrüßt. Dietisalve di Speme, Siena, 13.Jh.

63

Süden gerade in Ländern wie England, Deutschland und Frankreich als Reiseziel der *Grand Tour* seit dem 17. Jahrhundert so beliebt werden sollte, hat ihre Wurzeln in dieser Geschichte. Die Pilgerreise hat die Spuren vorgezeichnet, die spätere Generationen mit anderen Absichten verfolgen sollten. »Pilger sind wir doch alle«: Dieser in der Geschichte der Reise gern zitierte Satz gibt die Verhältnisse durchaus zutreffend wieder. Der Tourismus lebt von der »Schaffung einer sakralen Topographie« (Eric J. Leed),[137] das heißt von der Markierung bestimmter Orte, die aufgrund von außerordentlichen Ereignissen sehenswürdig sind. Der touristische Ort ist der »authentische« Ort, dessen Bedeutung in der Überlieferung definiert und in Form von Bildern, Erzählungen, Souvenirs reproduziert und immer wieder neu tradiert wird.

Nach Jerusalem

Das älteste Pilgerziel ist das Heilige Grab in Jerusalem samt den durch das Leben Jesu geheiligten Stätten in seiner Umgebung: bis heute eine außerordentliche Landschaft des kulturellen Gedächtnisses.[138]

> Nu alrest lebe ich mit werde,
> sit min sündic ouge siht
> daz reine lant und ouch die erde
> den man vil der eren giht.
> Mirst geschehen des ich ie bat,
> ich bin komen an die stat,
> da got mennischlichen trat –

singt Walther von der Vogelweide (um 1200) begeistert in seinem Palästinalied.[139]

> Jetzt erst kann ich würdig leben,
> seit mein sündiges Auge
> das edle Land und die Erde sieht,
> von denen man so viel Ehrenvolles erzählt.
> Ein großer Wunsch ist mir erfüllt worden,
> Ich bin kommen an die Statt,
> Die Gott als ein Mensch betrat.

Denn auf den eigenen Augenschein kommt es bei der Pilgerschaft an, auf das Beschauen und Berühren des Heiligen.

Die heiligen Stätten in Jerusalem, an erster Stelle die Grabeskirche, waren bereits durch Kaiser Konstantin und seine Mutter Helena im 4. Jahrhundert zu Orten frommer Verehrung geworden: Ziel einer gefahrvollen Reise. Würde man je wieder nach Hause zurückkommen? Und würde man, sollte es gelingen, auch das wiederfinden, was man verlassen hatte? *In gotes namen fara wir/seyner genaden gara [= begehren] wir/Nu helff uns die gotes kraft/und das heylig grab,/da got selber ynne lag/Kyrieleis:*[140] Das alte Kreuzfahrerlied (12. Jh.) stellt die Ausfahrt unter den Segen Gottes. Dabei waren es keineswegs nur fromme Motive, die zu dieser Fahrt reizten. Man konnte nach einem schweren Vergehen zu einer Pilgerfahrt verurteilt worden sein, man konnte sie stellvertretend (und für gute Bezahlung) für einen anderen durchführen, und auch Neugier auf die Welt und Abenteuerlust konnten im Spiel sein – waren es wahrscheinlich viel häufiger, als wir es uns aufgrund der erhaltenen Texte heute vorstellen mögen.[141] In jedem Fall regelte, wer auf eine solche Reise ging, vorher seine Verhältnisse, machte sein Testament. Ein gereimter karolingischer Reisesegen (9. Jh.), *Pro itineris et navigii prosperitate*, also »Für Wohlfahrt bei Reise und Seefahrt«, beschwört die Gefahren:

> ... daß ich nicht in die Hände falle von
> Feinden und Räubern,
> von Schurken und Piraten aus der ganzen Welt.
> Daß mir nicht schaden die Wogen des Meeres,
> nicht Flüsse noch Wasserfluten.
> Daß ich durch günstige Segel-Winde
> geschützt sei vor den Gefahren der See.
> Christus sei mit mir und bezwinge
> die bösen, verderblichen Tiere
> auf dem Land und im Wasser.
> Er bezwinge die tödlichen Gefahren der Luft,
> er bezwinge den Blitz und den Donner,
> er bezwinge die giftigen Schlangen,
> er bezwinge die böse Giftmischerei.
> Nicht mir, nicht meinen Gefährten
> sei all dieses zum Schaden.
> Gesund möge ich,
> gesund mögen meine Gefährten,
> unverletzt und ohne Leid dahinziehen.
> Sicher möge mein Schiff sein

auf den Fluten des Meeres,
sicher die Pferde
auf den Wegen der Erde,
sicher möge auch unser Geldbeutel reisen ...[142]

Ermordung eines Pilgers
durch einen Straßen-
räuber. Der Teufel
steht hinter dem Mörder
und führt ihm das
Schwert. Aus dem
Heidelberger Blockbuch
Decalogus 15.Jh.

Die Gefahren der Reise waren vielfältiger Art, reale Ängste vermischten sich mit imaginären. Besonders gefürchtet war die Seefahrt – nicht ohne Grund pflegte man die Messe zu hören und die Kommunion zu nehmen, bevor man an Bord ging. In jedem Fall waren Krankheit und Tod ständige Begleiter. Bis heute erinnern Pilgerhospize (wie das auf dem Großen Sankt Bernhard) und Pilgerfriedhöfe (wie der im Katharinenkloster auf dem Sinai) daran. Und der unverhoffte Tod, der Tod *im ellende*, im Ausland, war ein schimpflicher Tod.

Natürlich war die Pilgerfahrt keine individuelle Tour, sondern, modern gesprochen, ein »Pauschalarrangement«, sie setzte ein hohes Maß an Organisation und eine hochentwickelte »touristische« Infrastruktur voraus. Wer ins Heilige Land fahren wollte, schiffte sich zumeist in Venedig ein, hatte dort so lange zu warten, bis der Schiffsherr ein bestimmtes Kontingent von Passagieren beisammen hatte. Man schloß einen Beförderungsvertrag,[143] der die Verköstigung an Bord, die Abgaben und Tribute, die Maßnahmen im Todesfall und vieles andere regelte und den Patron verpflichtete, die Reisenden bis zu den heiligen Stätten zu begleiten. Nach einer sechs- bis achtwöchigen Seefahrt in Jaffa angekommen, begab man sich in die Hände anderer Organisatoren, der Muselmanen, die auch als Reiseführer von der Küste bis nach Jerusalem fungierten, und die, wie alle anderen im Pilgergewerbe tätigen Personen, daran nicht schlecht verdienten.

Ankunft im Heiligen Land
Aus dem Bericht von Felix Fabri (1483)

Sobald wir nun aus der Barke auf die heilige Erde traten, da fielen wir nieder auf unsere Knie und Antlitz und küßten das heilige Erdreich mit

Ernst und Andacht. Da saßen die heidnischen Herren, alte tapfere Leute mit grauen, langen Bärten, auf der Erde auf Teppichen und ließen zu sich führen einen Pilgrim nach dem andern, und uns alle, einen jeglichen insonderheit, fragten sie, wie er heiße und wie sein Vater hätte geheißen, und schrieben beide Namen, seinen und seines Vaters, auf. Und danach zählte man uns alle in einem tiefen, alten Gewölbe, eben als man Schaf in einem Schafstall zählt. In dem Gewölbe lagen wir drei Tage mit großer Unruhe. Als wir uns nun hatten gesetzt in dem Gewölbe, da kamen die Heiden und brachten uns Brot und Wasser zu kaufen, und da wir also saßen und aßen, da kam ein grimmer Heide mit einem Kolben und zwang uns alle mit Gewalt, daß ihm ein jeglicher Pilgrim mußt' einen Venediger-Pfennig geben für die elende Herberg, die doch nicht sein war. Morgens frühe, als bald der Tag anbrach, da kam derselbe Schelm mit dem Kolben und stellte sich vor das Türlein, durch das man ein- und aus dem Gewölbe schlüpft, und wollte keinen Pilgrim hinauslassen, daß er die Werk der Natur könnte tun, Wasserlassen oder Bauchleeren, man gäb ihm denn einen Pfennig.

Die Pilgerfahrt des Bruders Felix Faber ins Heilige Land, anno 1483, hrsg. v. Helmut Roob. Berlin o. J. (um 1970), 27 (sprachlich modernisiert).

Am Ziel der Reise, in Jerusalem angekommen, betätigten sich die dort ansässigen Franziskaner als »lokale Agenten«. Sie schärften den Ankömmlingen ein, wie sie sich im fremden Land zu verhalten hätten:[144] Man

Sarazenen im Heiligen Land. Holzschnitt von Erhard Reuwich zu Bernhard von Breydenbachs *Reise in das Heilige Land*, 1486.

Abbildung des Heiligen
Grabes in Jerusalem.
Holzschnitt von Erhard
Reuwich, 1486.

möge die Gruppe nicht verlassen, keine einheimi-
sche Frau ansehen, keine Steine aus den heiligen
Stätten herausbrechen. Zahlreiche andere Regeln
waren zu beachten, nicht selten mußte bezahlt werden, um zu bestimmten Sehenswürdigkeiten zuge-
lassen zu werden.

In der Mitteilung ihrer Erlebnisse sind die frühen Pilgerberichte relativ sparsam, sie informieren
im wesentlichen über die einzelnen Stationen der
Besichtigungstour. *Dann sahen wir, dann sahen wir ...* Das
erinnert an das »Ablaufen« von Sehenswürdigkeiten,
wie sie aus dem modernen Reisebetrieb bekannt sind. Der religiöse Hintergrund für die Eile, mit der die Tour absolviert wurde, war, daß mit
dem Besuch der einzelnen Stationen ein Ablaß verbunden war; aber natürlich folgte der Pilger auch einem »Tourenplan«, den er aus Erzählungen, Reiseberichten oder seinem Pilgerführer kannte und dem er selber
gerecht werden wollte. Die wichtigste Station war die Grabeskirche, hinzu kamen jene Orte, die durch das Wirken und vor allem den Leidensweg
Jesu, wie er in den Evangelien niedergelegt war, geheiligt worden waren:
das Haus des Letzten Abendmahls, der Garten Gethsemane, das Haus des
Pontius Pilatus, der Teich Bethesda und manches andere. Die Erlebnis-
struktur des *Hier war es, wo ...* prägt den Stil der Berichte. Die einzelnen
Stationen waren dabei schon früh für den Reisenden »aufbereitet«, oft
auch, ähnlich wie moderne Erlebnisorte, legendär überformt worden.
Vom Selbstmord des Verräters Judas hieß es im Evangelium nur knapp:
»Und er ging hinaus und erhängte sich« (Matthäus 27,5). Pilgern zeigte
man den Baum, einen Feigenbaum, an dem das geschehen war.[145]

Erst im späten Mittelalter werden die Reiseberichte ausführlicher
und individueller, geben den tatsächlichen Erlebnissen mehr Raum, beschreiben die Unbilden der Seefahrt, Besonderheiten von Land und Leu-
ten, die fremde Religion. Und sie lassen erkennen, daß den Pilgern auch
»Unheiliges« als sehenswürdig aufgefallen ist, daß sie sich in einer fremden Kultur bewegten und sich dessen bewußt waren.

Hatte man am Heiligen Grab gebetet und den Leidensweg Christi,
die *Via dolorosa*, abgeschritten, besuchte man in der Regel noch verschiedene Orte in der Nachbarschaft, vor allem die Geburtskirche in Bethlehem, den Ort der Taufe Jesu am Jordan und einige andere, durch die Berichte aus den Evangelien bekannte Ziele.

Mutige konnten dann, statt sogleich zum Schiff nach Jaffa oder Akko zurückzukehren, die Reise noch weiter nach Süden ausdehnen, zum Berg Sinai, wo Moses die Gesetzestafeln empfangen hatte. Die Tour dorthin war eine Reise für sich, schwieriger und strapazenreicher als alles, was man bisher mitgemacht hatte. Der Mainzer Domherr Bernhard von Breydenbach, der sie im Jahr 1483 mit einer Gruppe von 17 Gefährten, darunter dem Maler Erhard Reuwich aus Utrecht, unternahm (und dessen Bericht wir hier folgen[146]), brauchte dafür zwei Monate. Erneut mußte man einen einheimischen Führer verpflichten und mit ihm einen Beförderungsvertrag schließen, der, in einer Kanzlei besiegelt, sicheres Geleit, die Übernahme von Wegegebühren zum Festpreis sowie die Bereitstellung von Lasttieren und Proviant garantierte. Gut, wenn man wenigstens einige Brocken Arabisch sprach, wie sie Breydenbachs kleines Wörterverzeichnis vermitteln wollte. Dann ritt man auf Eseln von Gaza aus nach Süden durch die Wüste: eine Landschaft, wie sie einem Reisenden aus Europa fremder nicht sein konnte. Es schien das Ende der bewohnten Welt zu sein.

> Am 16. Tag [= September] riten wir durch ein söliche weyte gegendt, die gegen orient kein end hat, also das einer zu ros wol geriten in zwaien monaten nit möchte kummen über dise hayde [= Einöde] reytende an eyn ende, da menschen wonen, als man unnß für war saget. Und noch dann, so man käme, da etlich menschen woneten, hat dise hayde kein ende, und vermainet etlich [= glaubt mancher], daz es sey ein tail des landes, da kein mensch mer wonet auf erden umb wegen überschwencklicher hitz, in latein torrida zona genant, das da weret biß zu dem irdischen paradeiß.[147]

Nach einem etwa zweiwöchigen Ritt erblickten die Pilger das Katharinenkloster auf dem Sinai – »das uns gar ein grosse freud gab, wann [= weil] wir in vil tagen kein hauß oder herberg hetten gesehen, und das leczt ennd unserer pilgerschaffte und langer raise lage uns vor unserm angesicht«.[148] Das Kloster war bereits im 6. Jahrhundert gegründet und später als Festung mit hohen, uneinnehmbaren Mauern bewehrt worden. Erinnerungslandschaft war auch der Sinai. Aber hier stand nicht Jesus, hier stand Moses im Mittelpunkt. Die Pilger sahen die Höhle, in der er als Hirte geschlafen, den brennenden Dornbusch, aus dem Gott zu

Sarrazenisch

Ras	haubt	barck	glantz	hamar	esel
Sahala	styrn	Rad	düner	baccara	kuw
Shar	har	barath	hagel	keßel	kalß
Ayn	aug	detß	schne	anse	geyß
Eden	oz	Sißltß	yß	ganeme	schaff
Onff	naß	chößiß	brodt	woßße	ganß
Fom	mundt	corßan	brodt	Ocke	ganser
Soffe	lefftzen	laßen	fleisch	Dic	han
Lesan	zung	yioßn	kese	tefese	henn
zenn	zan	someck	vische	kemame	tuß
Angk	halß	thayr	vogel	kepß	hundt
Mabla	kel	kellie	erweyß	kolpß	hundt
Sadar	brust	ful	bonn	est	lewe
Ralß	hertz	addes	lynsen	seßey	lewe
Rodet	leber	sayr	gerst	dußle	ker
Reßd	lung	chameße	getreyd	arneph	haß
Bathan	magen	doffaßa	apffell	dijß	wolff
Kreß	buch	engassa	pirn	katt	katz
zende	arm	thyne	fygen	fara	muß
yd	handt	batbich		maut	tod
zaketh	fynger	tabich	müß	meyet	todt
Daßer	ruck	keyde	ey	neffiz	seel
Jomß	syte	enep	truß	geßennem	kranck
Salck	keyn	nebyd	wyn	meyßa	kirchoff
Rocuße	kny	vgwee	vas	caper	graß
Raßßeel	waden	ayn	brun	cas	kelch
Reßle	fuß	moy	wasser	keteß	buch
Behym	zehe	kyr	cistern	buket	altar
Tatreßle	solen	naßar	fluß	ducat	ducat
Alla	gott	haff	essig	denar	pfennig
Melack	engel	medine	statt	medin	madyn
Caddis	heylig	dayan	dorff	trirem	schyff
Sagirßan	tuffel	carije	schloß	fluß	gelt
Meleck	konig	camiße	kyrch	syd	gut
Araß	herr	haykel	tempel	sarr	böß
Raße	frauw	bayt	huß	keßtit	fuß
Methesim	edell	huß	closter	mott	bitter
Dellaß	buwer	barßo	turn	cayeß	schon
Villaß	ackerman	tacka	fenster	aßyas	wyß

Hye volgen nach ettlich gemeyn wort von sarracenischer sprach yn teutsche zungen verwandelt. Arabisch-deutsches Wörterverzeichnis für Jerusalem-Pilger.

ihm gesprochen, den Felsen, von dem aus er dem Volk die Gesetzestafeln verkündet hatte. Zugleich war der Sinai Erinnerungslandschaft nicht nur für die Christen, sondern auch für die »Heiden«, die Moslems. Als Breydenbachs Gruppe sich dem Katharinenkloster nähert, bemerken die christlichen Pilger verwundert, daß eine Gruppe von Arabern das gleiche

Ziel verfolgt. Denn: »Im selben closter nympt man aller nacionen und secten [= Sekten, Glaubensgemeinschaften] person auff.«[149] Auch Mohammed war der Überlieferung zufolge hier mehrfach zu Gast gewesen, und voller Erstaunen konnten die Pilger wahrnehmen, daß innerhalb der Mauern des Klosters neben einem Kirchturm auch ein Minarett aufragte. Und daß auf der Spitze des Berges Hebron neben der Kapelle der Gesetzestafeln auch »ein haidnische kirch«, also eine Moschee, stand und die christlichen Wallfahrer sich plötzlich neben muslimischen sahen – »Moysi zu lob und ere, den sy auch in irem gesacz verjehen [= in ihrem Gesetz verehren]«.[150]

Der südlichste Punkt

Dort, auf der Spitze des Moses-Berges, auf 2200 Meter Höhe (einer Höhe, die bis ins 18. Jahrhundert kein europäischer Reisender freiwillig angesteuert hätte), in einer unwirtlichen, felsigen Wüstenregion unter sengender Sonne – dort hatte man den südlichsten Punkt erreicht, den man von Europa aus erreichen konnte. Und zugleich den fremdesten Ort. Von hier aus konnte es nur noch ein Zurück geben. Breydenbachs Bericht läßt erkennen, wie deutlich den Reisenden bewußt war, an einer geographischen und zivilisatorischen Grenze zu stehen.

Übersahen wir die Länder und Königreiche
Aus dem Reisebericht von Bernhard von Breydenbach

Auf diesem Berg wurden wir außer Maßen sehr erfreut, nit Wunder, da wir doch an dem letzten Ende unserer langen, schweren und kostbarlichen [= teuren] Pilgerschaft oder Reise waren. Und als wir aufstanden, wußten wir uns nichts anderes, denn daß wir unser Angesicht fürderhin wieder in unsere Heimat wendeten, was uns gar sehr begierlich war. Sodann, als wir auf diesem Berg unser Gebet und Andacht hatten vollbracht, saßen wir zusammen und taten eine fröhliche Collation [= Mahlzeit], aßen und tranken, was wir denn bei uns hatten, und sagten Gott und der heiligen Jungfrau Sankt Katharina groß Lob und Dank. Danach übersahen wir die Länder und Königreiche von dieser Höhe, und es deuchte uns, als wären wir ringsum von dem Roten Meere umgeben, ausgenommen allein die Wüste und der Weg, den wir gekommen waren. Man wähnt, so man auf diesem Berg ist, daß das Rote Meer kaum drei Meilen davon entfernt sei, so es doch in Wahrheit wohl zwei Tagereisen weit ist. Viel unfruchtbare Öde oder wüste Inseln sahen wir in dem Roten Meer liegen, dazu sahen wir fern über dem Meer die hohen Gebirge in dem Lande Thebaida [= Theben], da Sankt Paulus, der erste Einsiedler, und Sankt Antonius und Macharius und viele andere heilige Väter vorzeiten ein strenges, abgeschiedenes Leben geführt haben. Item und sahen wir den berühmten Hafen des Roten Meeres, Thor [= El Tur] geheißen, da alle Schiffe mit Gewürzen und Spezerei beladen aus Indien kommen zu landen, welche Güter von dort gen Alexandria und danach gen Venedig gebracht werden und in andere Länder geführet.

Bernhard von Breydenbach: Die fart oder reisz über mere zu dem heylige[n] grab. Augsburg 1488, 307-308 (sprachlich modernisiert).

Die Rückkehr in den Norden führte vom Katharinenkloster zum Ostufer des Roten Meers und von dort auf dem alten Handelsweg nach Kairo und weiter zur Einschiffung nach Alexandria. Und was dem Leser der mittelalterlichen Artus- oder der Abenteuerromane das imaginäre »Mohrenland« war, entpuppte sich in Wahrheit als volkreiche, fruchtbare Kulturlandschaft mit zivilisatorischen Standards, die denen in Mainz oder Utrecht weit überlegen waren.

In Kairo
Aus dem Reisebericht von Bernhard von Breydenbach

Großstadt
Am 13. Tag nach [dem] Essen teilten wir uns aus, je drei oder vier und nit mehr, in die Gassen, da man Kaufmannsgewerbe trieb, in welchen wir eine solche Menge und große Schar der Menschen funden, mit solchem Zulauf und Drücken [= Gedränge] als es pflegt zu sein zu Rom im Jubeljahr vor und in Sankt Peters Münster, also, daß es kaum glaublich ist, jedoch war. Ich mein auch, daß zu dieser Zeit unter dem Himmel nit sei ein solche große, reiche, mächtige und volksame [= volkreiche] Stadt als diese Stadt ist. Darnach kamen wir an einen Markt, da man die Menschen verkauft als [= wie] die unvernünftigen Tiere, da auch ein großer Zulauf war und viel der armen Menschen, die da feil waren, mit welchen wir ein groß Mitleiden hatten. Der Mameluck, unser Führer, ward auch gefraget, wie teuer wir Schlawi [= Sklaven] wären, wenn er uns feil vermalnet [= verkaufen würde]. Antwortete der Mameluck schimpfend und sprach: Diese Menschen sind auf diesem Markt nit köstlich [= wertvoll], aber sie werden bald kommen auf einen andern Markt, da sie gar teuer werden. Jedoch wollt derselbe Kaufmann je um unser einen zehn Dukaten geben, bis daß er zuletzt vernahm, daß wir nicht feil wären.

Garküchen

Von diesem Ende ritten wir wiederum in unser Herberg durch groß Ge-
dränge der Menschen, der Kameltier, der Roß und Esel, und wurden nit
wenig geschlagen und gezogen und verspottet. Und sahen durch
die Stadt gar viel Küchen auf den Gassen und Straßen, wann [= denn]
die Sarraceni selten kochen in ihren Häusern, sondern kochte Speis
kaufen. Und ward uns gesagt, daß bei zwölftausend Köch wären zu
Alkayr [= Kairo], und derselben viele tragen ihr Küchen auf ihren Häuptern durch die Stadt, das ist ein brennend Feuer, siedende Häfen und
Fleisch an Bratspießen, das wir auch mit unsern Augen sahen.

Bäder

Am selben Tag auch, als wir wieder heim kamen und gegessen hatten,
gingen etliche von uns in das Schweißbad, wann [= denn] die Sarraceni
viel geschickte Badstuben haben in ihren Städten und Landen, aus Mar-
melstein gepflastert oder besetzt, und beweisen gute Dienstbarkeit in
den Bädern, und haben eine seltsame Weise, die Glieder derer, die da
baden, zu richten oder zu reiben.

Bernhard von Breydenbach: Die fart oder reysz über mere zu dem heylige[n] grab. Augsburg 1488, 327, 334,
335 (sprachlich modernisiert).

Die Gegenrichtung: Jerusalem in den Norden tragen

Wer von einer Pilgerfahrt ins Heilige Land – nach einer Abwesenheit von
etwa einem dreiviertel Jahr – nach Europa zurückkehrte, tat das nicht,
ohne sich seiner Anwesenheit an den heiligen Stätten auch materiell versichert zu haben: mit geweihten Andenken. Das konnten Reliquien aus
dem Umfeld der Leidensgeschichte sein, Wasser aus dem Jordan, Nachbildungen der heiligen Stätten oder durch Berührung mit den heiligen
Gegenständen ihrerseits geheiligte Dinge.

Denn in ihrer Bedeutung war die *peregrinatio in terram sanctam* nicht nur
eine Bewegung von Norden nach Süden. Sie bezeichnete zugleich die ge-
gensätzliche Richtung. Die Pilger bewegten sich in einer historischen
Tradition, die für die Frömmigkeits-, die Architektur- und die Kunstgeschichte folgenreich werden sollte: Es geht um die magische Überfüh-
rung Jerusalems in den Norden.

Schon Kaiserin Helena hatte von ihrer Reise ins Heilige Land zusammen mit einigen Splittern vom Kreuz Christi auch eine Ladung Erde vom
Heiligen Grab mit nach Rom gebracht und in den Fundamenten der Kirche Santa Croce in Gerusalemme niedergelegt. *In Gerusalemme*, »in Jerusa-

Die Creütz Kirche.

Das Grab Christi.

Cap.

Drey Linden so die drey Creütz bedeuten.

Der zu Grabe getragene Heyland.

Die das Creütz allein tragen des Jesus.

Der ruhende vom Süden aber von seinem Hause fort getriebene Jesus.

Der die Weiber vermahnende Christi nicht über sich, sondern über ihre Sünden zu weinen.

Der Christi Creütz tragen gezwungene Simon v. Cyrene.

Abbildung
der Ausführung Christi zu seinem schmertz-
Leyden, nebst Vorstellung des so genannten
heiligen Grabes und der Creütz
Kirche in Görlitz.
a 1719.

Das »Lausitzer Jerusalem«
in Görlitz, Kupferstich,
1719. Die Stationen der
Passionsgeschichte sind in
den Norden übertragen.

lem« konnte nun auch wandeln, wer nie den Boden Palästinas betreten hatte. Der Import von *terra santa* aus der *Terrasanta*, heiliger Erde aus dem Heiligen Land, kam auf diese Weise in Mode, vor allem für die Anlage von Begräbnisplätzen. Zu den berühmtesten *campi santi* mit Jerusalem-Erde, die auf diese Weise entstanden sind, gehört die Begräbniskrypta der langobardischen Benediktinerabtei Cava dei Tirreni bei Salerno (12. Jh.), der Camposanto in Pisa (1203) und die Kapuziner-Kirche Santa Maria della Concezione (1626) in Rom.

Noch getreuer wurde die ferne heilige Stadt im Süden auf heimischen nördlichen Boden verpflanzt durch die Anlage von Jerusalem-Kirchen oder ganzen Jerusalem-Komplexen mit Nachbildungen nicht nur des Heiligen Grabes, sondern auch Nachempfindungen der anderen durch die Passionsgeschichte bekannten Lokalitäten. So entstand in Bologna um 1100 das »Santo Sepolcro« mit dem angrenzenden »Hof des Pilatus«, wo man das Marmorbecken bewundern konnte, in dem der römische Statthalter seine Hände in Unschuld gewaschen hatte, und den Hahn, der dreimal krähte, als Petrus seinen Herrn verriet (heute Kirche Santo Stefano). In Polen erfreut sich das »Kaschubische Jerusalem« in Wejherowo (Neustadt) bei Danzig bis heute als Wallfahrtsort großer Beliebtheit: ein barockes Kalvarien-Ensemble aus 26 Kapellen (eine jede ebenfalls auf Jerusalem-Erde gegründet) in einer Landschaft, in der man auch den »Ölberg«, den »Hügel Golgatha« und den »Sinai« besteigen kann.[151]

In Deutschland hat die Idee des *Hierosolyma trasportata* neben zahlreichen »Heiligen Bergen«, Kalvarienbergen und Ölberg-Ensembles wohl am vollkommensten im sogenannten »Lausitzer Jerusalem« Gestalt ange-

74

nommen.[152] Die Anlage stammt aus der zweiten Hälfte des 15. Jahrhunderts und wurde einer alten Überlieferung zufolge von dem Görlitzer Bürgermeister Georg Emmerich nach einer Pilgerfahrt ins Heilige Land im Jahr 1465 gestiftet.[153] Den Mittelpunkt bildet ein Nachbau des Heiligen Grabes, außerdem konnte der Pilger die Kreuzkapelle mit dem Adamgrab (der legendären Überlieferung zufolge unterhalb von Golgatha gelegen) und das »Salb-Häuschen« der drei Marien besichtigen. Drei Linden vor der Kreuzkapelle bezeichneten die drei Kreuze auf Golgatha. Für die fromme Aneignung des Geschehens wichtig war die zahlenmystische Korrespondenz zwischen den Entfernungen der einzelnen Leidensstationen der *Via dolorosa* in Jerusalem und den Görlitzer Pilgerstationen. Der Pilger konnte auf diese Weise versichert sein, sich in den räumlichen Dimensionen der Passionsgeschichte im Heiligen Land zu bewegen. Wie auf einem exterritorialen Gelände war ein Landstrich des fernen Südens im heimischen Norden präsent.

Beschreibung des Heiligen Grabes zu Görlitz (um 1670)

Im untersten Kirchlein stehet ein Altar, darbey ein Crucifix, im Altar aber findet man einen Kasten, in welchen Judas die 30 Silberlinge geworffen, welche er genommen, den Herrn Christum zu verrahten. Hinter dem selbigen in der Wand wird gesehen ein Riß, welcher vom Werckmeister mit Fleiß ist durchbrochen worden, hat die Bedeutung, wie des Tempels Vorhang zerrissen über dem Leyden Christi. Aus diesem Kirchlein gehet man gegen Mitternacht 8 Schritte zu einer Stiegen, 18 Staffel hoch hinauff in die oberste Kirche, da wird am Eingange zur lincken Hand gesehn ein steinern Tisch, wie zu Jerusalem stehen soll an dem Orte, nehmlich auff dem Berge Calvariae, da die Kriegsknechte umb des Herrn Christi Rock das Loß geworffen haben. Mehr werden darbey gesehn drey Löchjer ins Pflaster gesenckt, welche bedeuten, wie weit die drey Creutze voneinander gestanden haben, nehmlich 4 Ellen und 1 Viertel.

Eigendlicher Abris des heiligen Grabes zu Görlitz. Holzschnitt, um 1670. Nach: Ines Anders/Marius Winzeler (Hrsg.): Lausitzer Jerusalem. Görlitz 2005, Nr. III, 11.

Zu solchen räumlichen Vergegenwärtigungen der heiligen Orte (auch Bethlehem gehörte dazu[154]) kommen liturgische Repräsentationen und Festbräuche wie die Nachempfindungen der jerusalemitischen *Via dolorosa* in Form der Karfreitags-Prozessionen oder die bethlehemitischen Krippen-Inszenierungen, die die Tradition auf den heiligen Franz von Assisi zurückführt, der um 1220 das Heilige Land besucht hatte.

Nach Rom und mit Rom wieder zurück

Nach Süden führte auch die zweite (und insgesamt am häufigsten begangene) der drei großen Pilgerrouten: der Weg nach Rom. Die Pilgerkarten – so das um 1500 in Nürnberg gedruckte Blatt von Erhart Etzlaub[155] – brachten die Orientierung auf leicht erkennbare Weise zum Ausdruck: Sie waren »gesüdet«, Rom lag für den Wanderer also »oben«. Die Pilgerfahrt ging der Sonne entgegen, »hinauf« nach Rom. In diesem Fall war die heilige Richtung nicht *Aufgang*, sondern *Mittag*.

Das ist der Rom Weg, von meylen zu meylen mit puncten verzeychnet, von eyner stat zu der andern durch deutzsche lantt: Die Pilgerkarte markiert den »Rom-Weg« von Dänemark bis zur Ewigen Stadt (mit einem Ausblick auf *Neapolis* als südlichstem Ort) mit punktierten Linien, wobei, wie die Beischrift sagt, der Abstand zwischen zwei Punkten einer deutschen Meile (das heißt 7,4 Kilometern) entspricht. Der Reisende konnte also sein Tagespensum kalkulieren, konnte planen. Daß der Süden, in den sein Weg führte, nicht nur eine Himmelsrichtung war, sondern auch eine geographische Breite mit entsprechenden Konsequenzen, machte die Karte ebenfalls deutlich. *Das seyn stund des lengesten tages* liest man mit entsprechenden Zahlen am rechten Rand der Karte. Sie geben die Tageslängen an den jeweiligen Orten an, und der Reisende, der sich etwa in Bremen auf den Weg machte, konnte erstaunt feststellen, daß zur Sommersonnenwende der Tag hier fast 17 Stunden hatte, in Augsburg hingegen nur 16 und in Rom selber gar nur noch gut 15 Stunden maß.

Nach Süden, der Sonne entgegen ging der Weg, und die Karte konnte auch mit einem Kompaß benutzt werden: Die Beischrift gibt genaue Anweisungen zum »Einsüden« (*so ligt der prief* [= das Blatt] *recht*) und zur anschließenden Orientierung. Wobei Umwege durchaus für den Pilger erwünscht sein konnten, vor allem, um andere Gnadenorte in der Nähe zu besuchen. Etzlaubs Karte markiert besonders auffallend das Areal *Zum heiligen perg* bei Görlitz, also das erwähnte »Lausitzer Jerusalem«. Auf diese Weise konnte man zeitsparend und gnadenbringend eine Rom- mit einer »Jerusalem«-Wallfahrt verbinden.

Dann aber galt es, die Alpen zu überqueren. Die Nürnberger Pilgerkarte zeigt sie eher wie Wackersteine im Gelände. In Wirklichkeit waren sie, vor allem im frühen und im hohen Mittelalter, eine nicht ungefährliche, auch von Straßenräubern heimgesuchte Nord-Süd-Passage. Erst seit dem Spätmittelalter war der Ausbau der Wege, waren die Transportverhältnisse soweit verbessert worden, daß man den Alpenübergang eini-

germaßen sicher bewältigen konnte. Ungefährlich war er noch immer nicht – noch heute kann man unterhalb des Hospizes auf dem Gotthard-Paß die »Totenkapelle« aus dem 16. Jahrhundert sehen, in der erfrorene oder von Lawinen mitgerissene Wanderer niedergelegt wurden.

Neben dem Großen Sankt Bernhard im Westen und dem Tauernpaß im Osten bildete seit alters der Brenner den klassischen Übergang von Mitteleuropa nach Italien. Auf den Paßhöhen gab es Hospize, die Wirte waren gehalten, armen Wanderern bei schlechtem Wetter kostenlosen Aufenthalt zu gewähren. Und bei Nebel oder Schneestürmen wurden »Pilgerglocken« geläutet, um den verirrten Passanten die Orientierung zu erleichtern. Logistisches Organisationsgeschick war vor allem in den Sommermonaten vonnöten. Nach dem Zollregister im Val d'Aosta passierten im Sommer des Jahres 1300 (dem ersten »Heiligen Jahr« in Rom) mindestens 20.000 Pilger den Großen Sankt Bernhard.[156]

Haben schon mittelalterliche und frühneuzeitliche Wanderer die Alpenpässe als einschneidende Zäsur, als »Grenzscheide des Südens und Nordens« (Goethe)[157] verstanden – wie dann so viele empfindsame Reisende nach ihnen? Wir wissen es nicht.

> Hier trennt der Weg, o Freund, wo gehst du hin?
> Willst du zum ew'gen Rom hinunterziehn
> Hinab zum heil'gen Köln, zum deutschen Rhein,
> Nach Westen weit ins Frankenland hinein?

Dieser Spruch steht an der Fassade einer Kapelle an der Gotthard-Straße,[158] aber die Inschrift ist jüngeren Datums (1719).

In der Po-Ebene gabelte sich der Pilgerweg. Die östliche Route führte über Rimini, Ancona, Foligno und Spoleto auf der alten *Via Flaminia* nach Rom. Sie war unbequemer, bot aber die Möglichkeit zu einem Abstecher nach Loreto in den Marken, dem zweitwichtigsten Pilgerziel auf der Apenninenhalbinsel. Dort wurde seit dem 13. Jahrhundert die *Casa Santa* gezeigt, das »Heilige Haus« aus Nazareth, in dem Jesus aufgewachsen war. Auch diese südliche Lokalität war nach Norden gewandert: Zahlreiche Loreto-Kapellen, Nachbauten der »originalen«, stehen noch heute in Deutschland, Österreich, Polen und Frankreich.

Die beliebtere Route führte, im wesentlichen auf der antiken *Via Cassia*, über Bologna, Florenz, Siena, San Quirico d'Orcia und Acquapendente nach Rom. *Via Francigena*, die »Frankenstraße«, hieß sie nach den »fränkischen« (das heißt nordeuropäischen) Reisenden, und bis heute säumen sie zahlreiche Pilger-Erinnerungen.[159] Seit kurzem versucht man auch, sie als historischen Wanderweg wiederzubeleben.

Rom war ein gänzlich anderes Pilgerziel als Jerusalem. Folgte man in Palästina den Spuren des Lebens und des Leidens Jesu, so waren die Gnadenorte in der Ewigen Stadt verknüpft mit der Erinnerung an die frühchristlichen Märtyrer. Jerusalem war Christus-Reise, Rom hingegen Apostel- und Märtyrer-Wallfahrt. Der aus der Provinz Raetien, also der

Die *Sette Chiese*, die sieben
Pilgerkirchen in Rom, 1575.

Bodenseegegend gebürtige Bischof Maximus von Turin (4. Jh.) sieht in
einer Predigt auf das Fest Peter und Paul die beiden Himmelsrichtungen
Osten und Westen auf diese Weise unterschiedlich und gleichzeitig in
»gerechter« Weise gesegnet: »Den Osten begnadete Christus mit seinem
Leiden; damit aber der Westen demgegenüber nicht benachteiligt sei, begnadete er ihn durch das Blut der Apostel.«[160]

In jedem Fall verdankt sich die Gnaden-Äquivalenz dem Baupro-
gramm Kaiser Konstantins, der nicht nur die ersten Kirchen in Jerusalem
und Bethlehem, sondern auch über dem vermuteten Grab des Apostel-
fürsten Petrus in Rom eine Basilika errichten ließ. Sie bildete, zusammen
mit Konstantins Kirche über dem Paulus-Grab, den Kern der *peregrinatio
ad limina Apostolorum*. Später kamen zunächst drei weitere Kirchen hinzu,
darunter die Laterans-Basilika mit der »Heiligen Treppe«, schließlich
rundete sich die Zahl zu den *Sette chiese*, den »Sieben Kirchen«, zu denen
auch die Jerusalem-Kirche Santa Croce in Gerusalemme gehörte. Die
Höhe der beim Besuch der einzelnen Kirchen gewährten Ablässe wech-
selte, war von kirchenpolitischem Kalkül beeinflußt.

Die Stätten der Märtyrer stehen auch in den Pilger-Führern und den
älteren Stadtansichten der *Urbs Roma* im Mittelpunkt.[161] Diese hatten eine
praktische Funktion, sie wollten die Lage der heiligen Stätten und gewisse

damit verbundene »Merkwürdigkeiten« aufzeigen: Wo liegen die Ketten aus dem Gefängnis des Petrus, wo kann man den Stein sehen, mit dem Stephanus gesteinigt wurde? Pilger-Itinerare zeichnen in diesem Sinne in kargen Worten die Routen nach, welche die Wallfahrer gegangen sind. Ausführlichere Informationen finden sich erst gegen Ende des Mittelalters.

In San Giovanni in Laterano
Aus dem Pilgerbericht des rheinischen Ritters Arnold von Harff (1496)

Item danach auf dem Weg bei der Goldenen Pforte gingen wir in eine Kapelle. Darin ist ein alter Stein, auf welchem ist gespielt worden um die Kleider Jesu Christi, und man sagt auch, daß Unsere Liebe Frau darauf gesessen haben soll, als ihr der heilige Leichnam Christi vom Kreuz ist gebracht worden. In dieser Kapelle sind drei Türen, durch die Christus in Jerusalem zur Stätte seines Martyriums gegangen ist. Wer da mit Andacht hindurch geht, der hat Vergebung aller Sünden, wie ich euch vorher bereits berichtet habe. Item daneben vor der Kirche sahen wir einen großen metallenen Mann auf einem metallenen Pferd sitzen [die Reiterstatue des Kaisers Mark Aurel auf dem Kapitol, D.R.], das einem Bauern zu Ehren gemacht wurde, der vorzeiten zu Rom ein Hauptmann gewesen ist und die Stadt durch den Gesang eines Kuckucks von ihren Feinden befreit hat, die sie hart belagert hatten. Item danach kamen wir in eine Kapelle, darin ist ein alter Stein, darinnen sind fünf Fingerabdrücke. Auf den Stein ist die Mutter Gottes in Ohnmacht gefallen, als ihr verkündigt wurde, daß ihr Kind gefangen genommen wurde, da hat sie sich an dem Stein festhalten wollen, und die Abdrücke ihrer Hand sind darin geblieben. In derselben Kapelle über der Tür steht ein hölzernes Kruzifix, das soll das erste sein, das gemacht ist worden zur Ehre des Martyriums Jesu Christi. Item bei dieser Kapelle kamen wir an eine steinerne Marmortreppe, die 28 Stufen hoch ist und gestanden hat zu Jerusalem am Haus des Pilatus, und wurde darauf Christus zu Pilatus geführt und darauf verurteilt. Wir krochen diese Treppe auf unseren Knien hinauf, wobei wir auf jeder Stufe ein Vaterunser sprachen. Und auf einer Stufe steht ein Kreuz, mit Eisen eingefaßt. An dieser Stelle ist Christus ohnmächtig auf die Knie gefallen. Man sagte uns, wer die Treppe hinauf ginge, der habe auf jeder Stufe neun Jahre Ablaß verdient, und wer sie auf den Knien hinaufkriecht, der erlöse eine Seele aus dem Fegefeuer.

Die Pilgerfahrt des Ritters Arnold von Harff, hrsg. v. Eberhard von Groote. Köln 1860, 15-16. (Übersetzung aus dem Mittelniederdeutschen D. R.).

Einen gewaltigen Aufschwung nahm das Pilgerwesen durch die Proklamation der »Heiligen Jahre«.[162] Das erste, verbunden mit dem Versprechen eines vollkommenen Ablasses, fand im Jahr 1300 statt, und die Zahlen der Ankömmlinge in der Ewigen Stadt, die von den Quellen genannt werden,[163] übersteigen schier die Vorstellungskraft. Selbst wenn sie zu hoch gegriffen sein sollten, bleibt erkennbar, daß die Stadt bereits im späten Mittelalter über eine staunenswerte Fremdenverkehrs-Infrastruktur verfügte. Von der Unterbringung der Pilger über deren Verköstigung bis zur Gestaltung der *sacre rappresentazioni* konnte sich auf diesem Boden zum ersten Mal seit der Antike wieder das Wunder der eindrucksvollen Organisation von Massenereignissen entfalten.

Daß nicht nur fromme Menschen von solchen Ereignissen angezogen wurden, ist selbstverständlich. Die Pilgerreise bot immer auch die Möglichkeit, sich als Wolf im Schafspelz unter die Herde der Frommen zu mischen.[164] Daher waren Pilger, zumindest solche schlichteren Zuschnitts, oft auch keineswegs beliebt. Noch Goethe, der 1786 auf dem Brenta-Schiff nach Venedig die Bekanntschaft zweier Pilger macht, bemerkt, sie würden, »weil früher unter dieser Hülle manch Gesindel umhertrieb, wenig geachtet«.[165]

Auch sonst war die Rom-Fahrt keineswegs unumstritten, schon im Mittelalter wurde Kritik laut. Rom ist ein unseliges, riesiges Loch, heißt es in einem mittelhochdeutschen Gedicht des fahrenden Klerikers Freidank (um 1230), nicht nur die Sünden, sondern auch die Schätze der ganzen Welt verschwinden darin, wo mögen sie nur bleiben?

> Alles schatzes flüzze gant
> ze Rôme, daz si da bestânt,
> und doch niemer wirdet vol.
> Daz ist ein unsaelic hol!
> Sô kumt ouch alliu sünde dar,
> die nimt man dâ den liuten gar.
> Wâ si die behalten,
> des muoz gelücke walten![166]

> Die Flüsse aller Schätze gehn
> Nach Rom hin, bleiben dorten stehn,
> Und nimmer füllt die Stadt sich doch:
> Sie ist ein recht verdammtes Loch!
> Auch alle Sünden dahin strömen,
> Den Leuten ganz sie abzunehmen.
> Was die wohl damit machen?
> Das Glück kann da nur lachen!

In der Reformation wird die Kritik barscher, und sie wird am lautesten von ehemaligen Rom-Fahrern selber vorgetragen. Ein Narr sei er gewesen, sagt Luther über seine Pilgerreise in die Ewige Stadt, er habe Zwiebeln nach Rom getragen und sei mit Knoblauch zurückgekommen.[167] Und Ulrich von Hutten, auch er ein Rom-Fahrer (1516), spottet über die Einfalt der Pilger:

> Drum mancher auch gen Rom hin lauft
> Und holt ein Brief mit Siegel schwer,
> Sein Sinn ist guter Gdenken leer.[168]

Auch die Rom-Fahrt nahm in beiden Richtungen Gestalt an: von Norden nach Süden und umgekehrt. Zahllose Pilgerandenken wanderten aus Rom in alle Welt. Bilder, Repliken und Symbole der Heiltümer, Amulette, Öle, Kerzen und andere segensreiche Mittel sollten nicht nur die Anwesenheit am Ort dokumentieren und die Erinnerung daran festhalten, sondern repräsentierten, in magischem Verständnis, auch die Präsenz des Ortes selber. Der Peters-Schlüssel, Ansteck-Abzeichen der Rompilger und von Päpsten als Ehrenzeichen an hochgestellte Personen verschickt, findet sich noch heute im Wappen verschiedener Städte. Mit der Pilgerreise wurde Rom zugleich zur Kapitale des Reliquien-Exports. Waren es im Fall von Jerusalem architektonische Ensembles und Motive der Leidensgeschichte Christi, die in den Norden transferiert wurden, so flossen aus dem schier unerschöpflichen Fundus der römischen Katakomben zahllose Märtyrer-Reliquien in die Fundamente, Krypten und Altäre der Kirchen im Norden. Daneben wanderten prominente Kulte aus Italien über die Alpen.[169] Der aus dem Pilgerwesen entstandene Reliquientransfer verband kirchenpolitisch die Hauptstadt der Christenheit mit den Kirchensprengeln im gesamten Abendland.

Der Jakobsweg und die Reise zum Ende der Welt

War es in Rom die *corona sanctorum martyrum*, ein ganzer »Kranz« heiliger Märtyrer also, der verehrt wurde, so stand in Santiago de Compostela, dem dritten großen Pilgerziel im Süden, ein einzelner Heiliger im Mittelpunkt. Sein Kult setzt später ein als die Verehrung der *loca sacra* in Jerusalem und Rom, und er trägt zeitweise dezidiert militante Züge. Sankt Jakob tritt in der *Reconquista* als Kämpfer gegen die Moslems auf den Plan, als *matamoros*, der »Maurentöter«: ein »politischer Apostel«[170] also. Sein Grab wurde wundersamerweise rund 800 Jahre nach seinem in Jerusalem erlittenen Martyrium am äußersten nordwestlichen Ende der Iberischen Halbinsel aufgefunden; die Legende berichtet, daß der Leichnam des Märtyrers in einem Boot hierher geführt worden sei. Mit der Reliquie des Apostels konnte sich das kleine, nach dem Maureneinfall 711 christlich gebliebene Asturien im Norden kirchenpolitisch gegen das muslimisch gewordene Toledo im Süden profilieren.[171] Jakobus wurde der kämpferische Patron des christlichen Spanien, in der Ikonographie auch nach dem Muster des heiligen Georg als furchtloser Ritter zu Pferd dargestellt.

Die Pilgerfahrten zum Apostelgrab begannen um die Jahrtausendwende; die Ausrufung von Heiligen Jahren nach römischem Vorbild führte seit dem 15. Jahrhundert zum Anwachsen der Pilgerströme. Die Mehrzahl der Pilger kam aus Frankreich, Deutschland und England, aber auch italienische Jakobspilger sind verzeichnet. Der »Jakobsweg« war dabei zunächst keine einheitliche Route, und als »Jakobswege« firmieren noch heute zahlreiche lokale Wanderwege in ganz Europa. Was dann als *Camino de Santiago* im engeren Sinne bekannt wurde, ist der *Camino francés*, die »Franken-Route«, die nach Überquerung der Pyrenäen von Puente la Reina südlich der Pyrenäen über Pamplona, Burgos und León zur Kathedrale des Apostels führt und deren Wegestationen, Brücken, Herbergen, Gefahren und Gnadenorte in zahlreichen Pilgerberichten beschrieben werden.

Ungefährlich war auch diese Reise in den Süden nicht, wie das Lied der Jakobspilger aus dem 15. Jahrhundert erkennen läßt:

Wer das Elend bauen [= kennenlernen] will,
Der mach sich auf und zieh dahin
Wohl auf Sanct Jakobs Straßen ...[172]

Über das »Elend« im »Ausland«[173] berichtet das Lied auch in seinem Fortgang. Dazu gehörten die knappe Kost, betrügerische Herbergswirte und nicht zuletzt die physischen Anstrengungen der Reise durch das galizische Bergland:

Es liegen fünf Berg im welschen Land,
Die seind uns Pilgram wohlbekannt:
Der erst heißt Runzevalle,
Und welcher Bruder darüber geht,
Sein' Backen werden ihm schmale.

Pilgerführer nach
Santiago de Compostela.

Die Pilgerführer[174] konzentrieren sich auch hier auf die Mitteilung des Notwendigsten, nennen die Länge der Wegstrecken, die Unterkunftsmöglichkeiten und deren Besonderheiten und geben Tips zur Versorgung: »Danach mußt du fünf Meilen Weges zurücklegen« – heißt es in einem Führer aus dem 15. Jahrhundert über eine bestimmte Strecke in den Pyrenäen –, »auf dem Weg findest du weder etwas zu trinken noch zu essen, vergiß ja nicht deine Flasche und deine Tasche und versorge dich reichlich mit Wein und Brot.«[175]

Das Ziel des Jakobsweges waren die Kirche und das Grab des Heiligen. Das förderte die Herausbildung bestimmter Ankunfts-Rituale. Man berührte die abgegriffene Pilgersäule am Haupteingang der Kathedrale, man umarmte die Statue des Heiligen über dem Hauptaltar, und manche Pilger verbrachten die erste Nacht nicht im Pilgerhospiz, sondern in der Kirche selber (eine Sitte, in der die antike *incubatio*, die Nächtigung im Tempel, fortlebt). »Mit übermäßiger Freude bewundert man die große Schar der Pilger, die beim ehrwürdigen Altar des heiligen Jakobus Nachtwache hält: Die Deutschen weilen auf der einen Seite, die Franken auf der anderen, die Italer schließlich auf der dritten; sie halten Kerzen in den Händen, so daß die ganze Kirche wie durch die Sonne an einem hellen Tag erstrahlt [...]. Man hört dort die verschiedensten Sprachen, verschiedene Stimmen in fremden Sprachen, Gespräche und Lieder der Deutschen, Engländer, Griechen und der anderen Stämme und Völker auf dem gesamten Erdkreis.« So berichtet es eine Predigt aus dem 12. Jahrhundert.[176]

Finisterrae

Schon im späten Mittelalter bildete sich die im Grunde überraschende Sitte einer Fortsetzung des Weges heraus, zu einem Ziel jenseits des Zieles: zum Kap Finisterre, dem äußersten westlichen Ende der Iberischen Halbinsel. Es war kein Gnadenort, es war eine magische Grenzmarke, verzeichnet auf der *mappa mentalis*, der »inneren Landkarte«: *finis terrae*, das Ende der Erde. Mußte man angesichts des unendlichen, dräuenden Ozeans hier nicht einsehen, daß dem Eroberungsdrang des Menschen Grenzen gesetzt waren, die er nicht ungestraft überschreiten durfte?

Daß niemand mag hinüber fahren
Aus dem Pilgerbericht von Gabriel Tetzel (1465/67)

Von Sant Jacob ritt wir auss gen Finstern Stern, als es dann die bauren nennen, es heisst aber Finis terrae. Do sicht man nichts anders essethinüber [= jenseits] dann himel und wasser, und sagen, das das mer do so ungestüm sey, das niemand mug hinüber faren, man wiss auch nit, wass do gesset [= jenseits] sey. Als man uns saget, so hetten ettlich wollen erfaren, was doch gensseit [= jenseits] wär, und waren mit galeyen [= Galeeren] und näffen [= Schiffe] gefaren, es wär aber niemand herwider kumen [= zurück gekommen].

Des böhmischen Herrn Leo's von Rozmital Ritter-, Hof- und Pilgerreise, beschrieben von zweien seiner Begleiter, hrsg. v. Andreas Schmeller. Stuttgart 1844, 177. – Der Nürnberger Gabriel Tetzel begleitete als Chronist den böhmischen Fürsten Leo von Rozmital (1426–1480) auf dessen Reise nach Santiago.

Auch die Reise nach Compostela war – wie die Wallfahrten nach Palästina und nach Rom – nicht nur Reise in *eine* Richtung. Sie hat in ganz Europa in besonderer Weise die Symbolik der Pilgerfahrt geprägt. Neben dem breitkrempigen Pilgerhut, dem weiten Pilgermantel, Stab und Wasserflasche ist die Muschel zum festen Abzeichen des Pilgers geworden, trägt nach dem heiligen Jakob auch ihren heutigen Namen. Man konnte sie sich zu Beginn der Reise an Hut oder Mantel stecken, man konnte sie aber auch am Ziel erwerben. »Vor der Kirchen werden unzählige kleine und große Muscheln verkauft, davon kannst du dir eine kaufen und an deinen Mantel binden und sagen, du seist hier gewesen«, heißt es in einem Pilgerbericht von 1496/98.[177] Die Muschel – das bekannteste Attribut des Heiligen – war der fromme Beweis dafür, am heiligen Ort selber gewesen zu sein. Und die Muschel wurde das erste Massensouvenir in der Geschichte der Reise.

Darstellungen des »idealen Pilgers« St. Jakob mit Muschel, Wanderstab und Flasche sind in Europa weit verbreitet. Jakobs-Statue im Bremer Dombezirk.

Infolge der Compostela-Wallfahrten breitete sich auch die Verehrung des heiligen Jakobus in ganz Europa aus. Zahlreiche Jakobus-Kirchen und -statuen zeugen davon. Wichtig für die Geschichte der Literatur wurde eine der Örtlichkeiten des *Camino de Santiago*: das Tal von Roncesvalles. Die Nachhut des Heeres Karls des Großen war dort bei der Rückkehr des Kaisers aus Spanien 778 geschlagen worden, sein Ritter Roland hatte dabei den Tod gefunden. Die Jakobspilger passierten auf ihrem Weg das hochgelegene Pyrenäental, gedachten dabei auch des historischen Ereignisses. Parallel dazu dichtete die *Historia Karoli Magni* (1130/40) dem großen Kaiser einen Besuch in Compostela an und machte ihn auf diese Weise zum legendären ersten Jakobspilger. Nach dem *Liber Sancti Jacobi* (12. Jh.) soll Karl sogar das Grab des Heiligen entdeckt haben. Die

Roland-Sage hatte auf diese Weise ihren Sitz im Leben bekommen, Roncesvalles war der mythische Ort der Schlacht und zugleich für zahlreiche Pilger und die Leser ihrer Berichte eine reale Landschaft der Erinnerung, ein historisches Mnemotop. Kein Wunder also, daß die Roland-Sage sich seit dem altfranzösischen *Chanson de Roland* in Frankreich, Deutschland und Italien so großer Beliebtheit erfreute.

Zur besonderen Geschichte der Wallfahrt nach Compostela gehört natürlich auch deren säkulare »Wiederbelebung« seit den 1980er Jahren. Von den drei mediterranen Pilgerrouten ist in Deutschland allein der Weg nach Compostela im öffentlichen Bewußtsein als Pilgerweg präsent. 1987 wurde der *Camino de Santiago* vom Europarat zum ersten »Europäischen Kulturweg« ernannt, 1993 von der UNESCO zum Weltkulturerbe erklärt. In Deutschland widmen sich eine 1987 gegründete »Sankt-Jakobus-Gesellschaft« (Aachen) und örtliche »Jakobus-Bruderschaften« der Erforschung und Pflege des Pilgerwesens. Pilgerreisen von Prominenten sowie einschlägige Buchveröffentlichungen und andere mediale Präsentationen haben den lange Zeit quasi vergessenen Jakobsweg wieder bekannt und die Tour nach Compostela in den letzten Jahren zunehmend beliebter gemacht.[178] Seitens der Wanderer mag dabei die Suche nach neuen spirituellen Erlebnissen ebenso eine Rolle spielen wie die Rückbesinnung auf Traditionen, die Lust auf Mobilität, die Neugier auf die Fremde, die Freude an der Natur oder der Wunsch, vorübergehend aus gewohnten Lebensbahnen auszubrechen. Auch im Mittelalter waren die Beweggründe für die Pilgerreise bunt und vielfältig.

Aber in jedem Fall führte – und führt – die Route nach Süden.

Durch Meere, nie zuvor befahren
Der entdeckte Süden

Kochender Ozean

Im *Lucidarius*, einem in Deutschland bis in die Zeit um 1500 weit verbreiteten enzyklopädischen Lehrbuch in Frage und Antwort, erkundigt sich der fragende »Jünger« bei seinem »Meister« auch über die drei Teile der Welt:

> Nu sage mir von dem dritten teile, daz da heizet affrica.

Der »Meister« weiß über diesen Teil der Welt wenig zu berichten, er zählt verschiedene Städte auf, darunter auch *Carthago*, und teilt mit, daß in der großen Wüste nahe dem *moren lande* viele Drachen und Schlangen leben. Und dann erzählt er seinem Schüler:

> An daz lant stozet daz wellende mer. Daz ist so verbrant von der sunnen, daz es wallit als ein kessil.[179]

Die Rede ist vom Ozean westlich von Afrika. Daß er durch die Sonne so stark erhitzt werde, daß er »aufwalle« wie das kochende Wasser im Kessel, mag dem Schüler nicht seltsam erschienen sein. Der »Erleuchter« (so die Bedeutung des quasi aufklärerischen Titels *Lucidarius*) hatte ihm ja auch die aus der antiken Kosmographie herrührende Lehre von den fünf geographischen Breiten-Zonen der Welt vermittelt, wonach der Äquatorialgürtel *so verbrennet von der sunnen* sei, daß dort keine Menschenseele leben könne.[180] Und warum sollte, wenn es in diesen Breiten wirklich so heiß war, das Wasser dort nicht ins Kochen geraten?

Während deutsche Schüler sich noch vor diesem kochenden Weltmeer fürchten konnten, hatten es portugiesische Seefahrer bereits unternommen, es zu durchqueren. In keiner Epoche war die Ungleichzeitigkeit der Kenntnis der Erde und nicht zuletzt des Südens ausgeprägter als zu Beginn der Neuzeit.

Denn das »Zeitalter der Entdeckungen« markierte in der frühen Neuzeit ja nicht nur den *transatlantischen*, sondern auch den *meridionalen* Aufbruch der Europäer: Parallel zur Entdeckung des Westens vollzieht sich diejenige des Südens. Damit beginnt der »Eintritt der südlichen Hemisphäre in die europäische Geschichte«.[181]

Navigation mit Quadranten. Titelblatt von Peter Apian, *Instrument Buch*, Ingolstadt 1533.

Die Entdeckung des Südens ging dabei derjenigen des Westens um zwei bis drei Generationen voraus, beruhte aber auf den gleichen kosmographischen, technologischen und mentalen Voraussetzungen. Das Wissen um die Kugelgestalt der Erde, während des Mittelalters theoretisch präsent, wird im Zeitalter der Entdeckungen gleichsam reaktiviert und nimmt in Kartenwerken und Atlanten immer präzisere Formen an.[182] Während zwar weiterhin Abbildungen kursieren, welche die Welt in traditionellen oder phantastischen Formen als dreigeteilt und um Jerusalem zentriert darstellen, vermitteln die neuen, für die Bedürfnisse der Seefahrt

entwickelten Portolankarten ein zunehmend realistisches Bild der Küsten-
umrisse der neuen Kontinente. Verbesserte oder neu entwickelte nautische Instrumente wie der Windrosen-Kompaß oder Astrolabium und Ja-
kobsstab zur Bestimmung der geographischen Breite durch Messung der
Höhenwinkel von Sonne und Fixsternen ermöglichten eine sicherere Orientierung auf See. Und der neue, von den Portugiesen entwickelte Schiffs-
typ der *caravela* (Karavelle) erlaubte es den Seeleuten, höher am Wind zu
segeln und damit auch stärkeren Gegenwinden durch Kreuzen zu trotzen
– was vor allem in der Zone der südlichen Passatwinde notwendig war.

Der Ruhm, mit alledem zu den eigentlichen Entdeckern des Südens
geworden zu sein, gebührt dabei den Portugiesen –

> ... Menschen
> Die keck nicht damit sind allein zufrieden,
> Sich auf dem Land ins Unheil zu begeben,
> Nein, sich auch wagen in des Meeres Wüten ...

wie Luís de Camões in den *Lusiaden* seine Landsleute charakterisiert.[183] Dabei vollzieht sich – anders als bei der eher »zufällig« erfolgten Entdek-
kung des West-Kontinents durch Kolumbus – die Exploration des Südens
als sorgfältig geplantes Forschungsunternehmen. Unter Prinz Heinrich
dem Seefahrer (1394–1460) und logistisch unterstützt durch die von ihm
ins Leben gerufene *Escola náutica* in Sagres werden gezielt Schiffsexpe-
ditionen mit der Aufgabe ausgesandt, entlang der afrikanischen Westküste nach Süden vorzudringen. Die Kapitäne waren dabei gehalten,
neue geographische und nautische Erkenntnisse in Schiffstagebüchern,
den sogenannten *roteiros*, festzuhalten und der Krone zur weiteren karto-
graphischen Auswertung zur Verfügung zu stellen. Als zentralistisch be-
triebenem und natürlich machtpolitisch relevantem Forschungsprojekt
unterlagen die Daten strengster Geheimhaltung. Dennoch verdankt sich
das europäische Wissen über den Süden in jener Zeit so gut wie ausschließlich den Portugiesen.[184]

Das Fernziel der Seereisen, *por mares nunca de antes navegados*, »durch
Meere nie zuvor befahren« (Camões),[185] galt dem Versuch, den Osten über
den Süden zu erreichen, also die Länder Asiens auf dem Seeweg anzusteuern. Daneben spielten kolonialistische Interessen, die Suche nach Gold,
Elfenbein, Sklaven und anderen »Importartikeln« sowie die katholische
Missionierung der fremden Länder eine Rolle. Aber neben solchen hand-
festen Motiven (die moderner Geschichtsschreibung gern als die eigent-

lichen erscheinen) war natürlich auch die alte *curiositas* im Spiel, welche die Entdeckung des Südens begünstigte. Heinrich der Seefahrer hatte sich aus Venedig eine Abschrift von Marco Polos *Meraviglie del mondo*, der »Wunder der Welt«, beschafft.[186] Wer konnte wissen, welche dieser Wunder der unbekannte Süden für die Entdecker noch bereithalten würde?

Das Paradies rückt nach Süden

Zum ersten Mal in der Geschichte rückt nun auch das Paradies nach Süden – der Beginn einer langen, bis heute anhaltenden geographischen Sehnsucht kündigt sich damit an. Ursprünglich und während des Mittelalters war es *gegen Morgen*, also im ehedem fernen und geheimnisumwitterten Osten lokalisiert worden. Inzwischen war dieser Osten freilich keineswegs mehr so unbekannt und »fern« wie in älteren Epochen. Mußten sich nicht rationalistische Zweifel an der traditionellen Verortung des Paradieses regen? In diesem Sinne verwahrt sich beispielsweise der gelehrte Sebastian Münster (ein konvertierter Franziskaner-Mönch) in seiner 1578 gedruckten *Cosmographey*, einer »Weltbeschreibung«, gegen die traditionelle Fixierung des Garten Edens im Osten der Weltkarten: »Dann wo er noch vorhanden were, hette es nicht mögen sein, er were etwan nach dem Sündfluß [= der Sintflut] von den Menschen erfunden [= aufgefunden], nachdem doch alle Winckel der Erden erfunden und beschrieben seind?«[187] Mit anderen Worten: In der bekannten Welt kann der Garten Eden, kann das Paradies nicht liegen – man hätte es doch ansonsten längst finden müssen.

Es ist nur konsequent, daß die Phantasie es erneut in die unbekannten Zonen der Erde verlegt: in den Süden. Wobei Süden und Osten in den Jahrhunderten der frühen Neuzeit ohnehin im kollektiven Bewußtsein häufig ähnliche Bilder produzieren und als Himmelsrichtungen exotischer Wunschländer erscheinen. Mehrere Weltkarten aus der Zeit um 1500, darunter auch eine portugiesische Portolankarte von 1502, verzeichnen den *Paradisus terrestris* in Afrika (so etwa an den Quellen des Nil, in Äthiopien oder am Horn von Afrika).[188] Auch das sagenhafte Reich des Priesterkönigs Johannes – ebenfalls ursprünglich im Osten vermutet – wird jetzt in Afrika kartographiert und gesucht.[189] Noch 1520 schickte der portugiesische König Emanuel den Franziskaner-Pater Don Francisco Álvarez als portugiesischen »Botschafter« zum »Priester-König« Johannes nach Äthiopien.[190]

Nach der Entdeckung der Kanarischen Inseln durch den Genuesen Lancelotto Malocello 1310 wird der antike Mythos von den »Inseln der Seligen« auf die Kanaren übertragen: Sie werden zu den *Insulae Fortunatae*.[191] Hatte nicht der griechische Schriftsteller Lukian von Samosata (2. Jh. n. Chr.) in seinen *Wahren Geschichten* diese geheimnisvollen Inseln jenseits der »Säulen des Herkules« lokalisiert und als paradiesisches Land des ewigen Frühlings und der üppigen Fruchtbarkeit beschrieben?[192]

Auch die frühneuzeitliche Staatsutopie spielt mit dem Mythos vom paradiesischen Süden, jetzt unter der Perspektive der besten Verfassung des Staates und der Sitten: Thomas Morus' *Utopia* (1516), Tommaso Campanellas *Sonnenstaat* (1602) und Francis Bacons *Neu-Atlantis* (1627) liegen sämtlich – folgt man den geographischen Angaben der dort erzählenden Weltreisenden – auf der Südhalbkugel.

Vom Kap Nein zum Kap der Guten Hoffnung

Wie alle geographischen Erkundungen hat auch die Entdeckung des Südens mit der Überwindung bestimmter Grenzmarken zu tun, die – real oder symbolisch – dem Reisenden ein *Bis hierher und nicht weiter!* signalisieren. Für die portugiesischen Seefahrer, die nach dem Fall des maurischen Ceuta 1415 in das *mare incognitum* im Süden vorstoßen, ist es für längere Zeit das Kap Nun im Süden Marokkos. *Cabo di Nāo*, »Kap Nein« hieß es bezeichnenderweise auf portugiesisch in seiner volksetymologisch aus dem Arabischen übernommenen Namensform. Und João de Barros, der zeitgenössische Geschichtsschreiber der portugiesischen Entdeckungen, zitiert in seiner Chronik *Asia* (1552/63) einen, wie er schreibt, »verbreiteten Seemannsspruch«: *quem passar o Cabo de Nāo ou tornará ou não*, also wörtlich: »Wer Kap Nun passiert, kommt wieder oder auch nicht.«[193] Er wird nicht wieder zurückkehren – das ist der Sinn.

In der Angst der Seeleute, diese Grenzscheide der bekannten und kartographisch erfaßten Welt zu überschreiten, mischte sich Reales mit Phantastischem[194] – aber wer konnte schon genau wissen, wo das eine aufhörte und das andere begann? Die felsigen Strände Marokkos boten keine geschützten Hafenbuchten, und durch die Sandanwehungen aus der Sahara lauerten zahlreiche gefährliche Untiefen. Umlaufende Seemannserzählungen wußten darüber hinaus von gefährlichen Wirbelströmungen, vom zähen Lebermeer und vom Magnetberg. Eine vom König ausgesandte Expedition soll dort sogar zwei Wochen lang durch ewiges Dunkel gesegelt sein.[195] Als *Cap de Finisterra[e]* ist das Kap in einer Karte von 1375 verzeichnet[196] – wieder begegnet dieser magische Begriff vom Ende der Welt.

> Die Furcht vor dieser Fahrt
> João de Barros [1552]
>
> Und die Furcht vor dieser Fahrt saß im Herzen aller so fest, weil sie diese Ansicht von ihren Ahnen ererbt, sodaß der Infant [= Prinz Heinrich der Seefahrer] nur mit vieler Mühe Leute fand, die ihm hierin dienen wollten, obgleich die Entdeckung der Insel Madeira den Seeleuten bereits einigen Mut gemacht. Denn es sagten viele, man müsse ein Vorgebirge umschiffen, das die Seefahrer aus Spanien als die Marke und das Ende der Schiffahrt in jenen Breiten aufgestellt, als Leute, die wußten, daß das Meer jenseits desselben, sowohl wegen der mächtigen Strömungen als auch weil es voller Untiefen und das Ungestüm der Wasserzüge derart sei, daß sie die Schiffe verschlängen, nicht befahren werden könne. Dann sei ferner das Land, das der Infant aufsuchen lasse, gar kein Land, sondern eine bloße Sandfläche [...]. Und nicht allein die Seeleute, sondern auch andere Personen, von besserem Stand, sagten: Wir wissen nicht, was das für eine Idee des Infanten ist noch welch anderen Nutzen er von seiner Entdeckung erhofft als etwa den Untergang all der Leute, die auf den Schiffen absegeln, auf daß es viele Witwen und Waisen im Lande gebe [...]. Und wenn dort, wie der Infant sagt, ein Land ist, so müssen wir glauben, daß Gott es den Tieren zur Weide überlassen. Denn, wie die Alten von den Teilen der Welt geschrieben, behaupten alle, daß derjenige Teil, welchen die Sonnenbahn durchschneidet und den sie die heiße Zone nennen, nicht bewohnt ist.
>
> Die Asia des João de Barros in wortgetreuer Übertragung von E. Feust. Nürnberg 1844, 16 (= Asia I, 4); sprachlich modernisiert.

Nach der Umschiffung des Cabo de Não im Jahr 1416 stellte dann das (in der Gegend der heutigen West-Sahara gelegene) Kap Bojador eine neue Süd-Grenze dar. Seit 1422 wurden durch Prinz Heinrich alljährlich Expeditionen mit der Aufgabe ausgeschickt, über dieses Kap hinaus nach Süden vorzudringen – vergeblich; die Seeleute kehrten von Furcht befallen wieder um. Erst nach zwölf Jahren wiederholter Versuche, im Jahr 1434, gelang es Gil Eanes aus Lagos und seiner Besatzung, das »Kap des Schreckens« zu bezwingen. »Und obwohl das Werk dieser Umschiffung (wie es heutzutage steht) an sich nicht groß war, so wurde es ihm damals doch für eine große Tat angerechnet, und man meinte, es sei dies einer der Taten des Herkules zu vergleichen« – so João de Barros fast 120 Jahre später.[197]

Der antike Halbgott Herkules hatte nach den mythologischen Erzählungen in ebenjener Gegend die Rinder des Geryon geraubt und über die Meerenge von Gibraltar nach Europa gebracht. Auch der »neue Herkules« kehrte nicht mit leeren Händen nach Lissabon zurück. Was er mitbrachte, konnte nicht nur unter Beweis stellen, daß der Süden keineswegs verbranntes Land sei. Es konnte auch die alte Hoffnung auf die *Terra promissionis*, das »Land der Verheißung«, von neuem nähren.

Portugiesische Wappensäule am Kreuzkap (Namibia), errichtet von Diogo Cão, 1485. Die Inschrift besagt, daß die Säule im Jahr 6685 nach Erschaffung der Welt im Auftrag des portugiesischen Königs hier aufgestellt wurde.

Rosen aus dem Süden
João de Barros [1552]

Als Gil Eanes mit dieser Nachricht [der Umschiffung des Kap Bojador] in das Reich zurückgekehrt war, wurde er von dem Infanten mit der Freude empfangen, die man über Dinge empfindet, welche man so sehr ersehnt und unter solchen Anstrengungen erstrebt hat wie jene. Und er belohnte ihn für seine Person und desgleichen die Leute seiner Mannschaft durch Ehren und Gnaden. Und was den Infanten zu solchen Unternehmungen noch mehr anfeuerte, war, daß ihm Gil Eanes erzählte, wie er an das Land gestiegen sei, ohne Leute oder eine Ansiedlung zu finden, und daß es ihm sehr frisch und anmutig vorgekommen, und daß er zum Zeichen, daß es nicht so unfruchtbar sei, wie die Leute sagten, seiner Hoheit in einem Faß voll Erde hiermit einige Pflanzen mitbringe, welche anderen, die hier im Reiche blühten und die man Santa-Maria-Rosen nenne, vollkommen gleichten. Und da diese vor den Infanten gebracht wurden, roch er daran und freute sich so, sie zu sehen, als ob es eine Frucht und ein Zeichen aus dem Lande der Verheißung gewesen wäre.

Die Asia des João de Barros in wortgetreuer Übertragung von E. Feust. Nürnberg 1844, 18 (= Asia I, 4); sprachlich modernisiert.

Auf einer weiteren Fahrt näherte sich Gil Eanes dann sogar dem »Wendekreis des Krebses« – einer anderen magischen Grenze im Süden. Auch sie wird bezwungen: 1441 erreicht Nuno Tristão das Kap Blanco an der Küste Mauretaniens und schon drei Jahre später (1444) Dinis Dias das Kap Verde.[198] Und mit Wappensäulen, den sogenannten *padrões*, die sie an markanten Punkten an der Küste aufstellten, bezeichneten die portugiesischen Seefahrer die neuen Grenzen der bekannten Welt, einer Welt, die immer weiter nach Süden auszugreifen begann.

93

Kartographie von
Westafrika, 1563,
(Detail).

Grüne Tropen

Es ist erstaunlich, wie rasch die Portugiesen in dieser und in der folgenden Phase der Entdeckungsreisen weiter nach Süden vorstießen. Vielleicht hing das auch damit zusammen, daß jetzt eine mentale Barriere gefallen war. Denn nach den Klimakarten der Erde mußten die Seefahrer ja damit rechnen, daß sie sich bei ihrer Fahrt in den Süden der *zona torrida*, der verbrannten Zone der Erde näherten, wo auch derjenige, der sie betrete, am ganzen Körper schwarz werde. *Ficará (se escapar) tão negro como são os Guineos vezinhas a esta quentura*, zitiert de Barros die verbreitete Befürchtung: »Man wird (wenn man entrinnt) so schwarz wie die Bewohner Guineas bei dieser Hitze«[199] – eine Auffassung, die im übrigen noch bei Völkerkundlern des 18. Jahrhunderts anzutreffen ist.[200] Die nördlichen, von der Sonne versengten Küstenabschnitte der Sahara konnten diese Furcht noch nähren – wie erstaunt mußte man allerdings registrieren, daß jenseits des Wendekreises und zum Äquator hin das Land wieder grün und fruchtbar wurde, daß schöne Buchten die Küste säumten und Ströme wie der Gambia-Fluß und der Rio Grande das Land wässerten. Im Namen, den die Portugiesen der äußersten Westspitze des Kontinents gaben, kommt diese Überraschung bis heute zum Ausdruck: *Cabo Verde*, das »Grüne Kap«.

Damit war der äußerste westliche Punkt Afrikas erreicht, und die Seefahrer konnten hoffen, von hier aus rasch den Kontinent in östlicher Richtung zu umrunden – dessen Ausdehnung nach Süden man sich nach den Ptolemäischen Karten wesentlich kürzer dachte, als sie tatsächlich war. 1471 stießen portugiesische Schiffe in den Golf von Guinea vor, 1472 erreichten sie die Insel São Tomé auf der Äquatorlinie und 1482 die Mündung des Kongo. Aber noch war das Ende des Süd-Kontinents nicht abzusehen. Sollte es womöglich ein solches Ende gar nicht geben?

Die Passage nach Osten

Die Frage war keineswegs abwegig. Denn neben Landkarten, die Afrika vom Meer umgeben zeigten (wie die Karte des venezianischen Mönches Fra Mauro), waren auch solche im Umlauf, die, in der Tradition des Ptolemäus, auf der südlichen Halbkugel die *Terra Australis*, den »Südkontinent« als feste, durchgehende Landmasse verzeichneten, den Indischen Ozean also als Binnenmeer registrierten.[201] Aber die Fahrt in den äußersten Süden hatte ja die Suche nach dem äußersten Osten zum Ziel, nach den sagenhaften Gewürzländern Indiens. »Wir Portugiesen aus dem Okzident/Wir suchen Länder in dem Orient« – so stellen sich die Seefahrer Vasco da Gamas in den *Lusiaden* den Bewohnern Afrikas vor.[202] Dies aber hatte zur Voraussetzung, daß es möglich sein mußte, den afrikanischen Kontinent zu umschiffen: ein Projekt, das die Portugiesen unter König Johann II. (1481–1495) mit ähnlicher Leidenschaft weiterverfolgten, wie sie es unter Prinz Heinrich dem Seefahrer begonnen hatten. Nachdem 1486 die Expedition des Diogo Cão, durchgeführt immer in der Hoffnung, hinter dem nächsten Vorgebirge die ersehnte Kursänderung nach Osten vornehmen zu können, bis in die Gegend des heutigen Namibia vorgestoßen war, beauftragte König Johann dann Bartolomeu Dias (um 1450– 1500) mit der endlich erfolgreichen Unternehmung. 1488 erreichten seine beiden Schiffe nach einer Reise von fünf Monaten das »große und merkwürdige Vorgebirge, das so viele Jahrhunderte verborgen geblieben war«.[203] *Cabo Tormentoso*, das »Stürmische Kap«, so nannte es sein Entdecker; in diesem Fall jedoch korrigierte – gegen die üblichen Gepflogenheiten – der König selber die Nomenklatur: *Cabo da Boa Esperança* sollte es heißen. Denn jetzt durfte man der »Guten Hoffnung« sein, die ersehnten Länder im Osten wirklich zu erreichen. Wer es in Zukunft geschafft haben würde, von hier aus auf der anderen Seite des Kontinents nach Norden zu segeln, konnte dies mit dem stolzen Bewußtsein tun, das in der großen portugiesischen Weltvision am Ende der *Lusiaden* in den Worten zum Ausdruck kommt:

> Des Orients neue Gegend siehst du hier,
> Die nun von euch der Welt gegeben ward.[204]

Seltsamerweise ist das genaue Datum dieses großen, so sehr ersehnten Ereignisses der Erstumrundung der Südspitze Afrikas nicht bekannt. Und nicht nur dies: Bartolomeu Dias und seine Mannschaft hatten es zunächst nicht einmal zur Kenntnis genommen. Sie waren bei ihrem Aufbruch an der letzten Station der Westküste[205] in einen schweren Sturm geraten und so sehr auf die Süd-Richtung eingeschworen gewesen, daß sie weit über ihr Ziel hinausgeschossen und noch zwei Wochen in den aufgewühlten Atlantik jenseits des Kaps hinausgetrieben worden waren.[206] Erst dann erkannte Dias seinen Irrtum, ließ zunächst nach Osten (in der Richtung des erwarteten Landes) und dann klugerweise nach Norden abdrehen, sodaß die beiden Schiffe dann das Land östlich des Kaps erreichten.[207] Dias setzte einen Wappenstein[208] und wollte die Fahrt fortsetzen – der König hatte auch ihm Briefe an den geheimnisvollen Priesterkönig Johannes mitgegeben[209] –, aber die erschöpfte Mannschaft weigerte sich. Nach drei weiteren Reisetagen Richtung Norden zwingt sie den Kapitän am Rio do Infante (dem heutigen Great Fish River) zur Umkehr. Voller Schmerz nimmt Dias Abschied von der letzten Wappensäule – »gedenkend unter welchen Gefahren [...] sie aus so großer Ferne hierhergekommen, nur um dieses Ziel zu erreichen«.[210] Und erst auf der Rückfahrt passieren sie auch das »Nadelkap«, die südlichste Spitze des afrikanischen Kontinents.

Das Monster Adamastor

War die reale Entdeckungsgeschichte dieses magischen Punktes also im Grunde recht unspektakulär verlaufen, so sollte Luís de Camões in seinem portugiesischen Nationalepos dem Ereignis wahrhaft mythische Dimensionen verleihen. Dort nähert sich Vasco da Gama, der Held der *Lusiaden*, auf seiner Fahrt nach Indien dem Kap, als der Himmel sich plötzlich verfinstert und in den Lüften ein *monstro horrendo*, ein grauenhaftes Scheusal, erscheint: ein finsterer Riese in schmutziger Gestalt und mit furchtbarer, dem Brüllen des Meeres ähnlicher Stimme. *Die Haare sträubten sich auf unserer Haut/Als wir ihn nur vernommen und geschaut.*[211] Es ist die Personifizierung des Kaps, und in seiner ganzen Wildheit erweist sich der Gigant doch als nicht unvertraut mit antiker Geographie:

> Als großes, fernes Kap bin ich bekannt,
> Das ihr das Kap der wilden Stürme heißt,
> Pomponius, Strabo, Plinius unbekannt,
> Auch Ptolemäus und wer sonst noch reist'.[212]

Der Riese weist die verwegenen Seefahrer darauf hin, daß sie dabei seien, *vedados términos*, »verbotene Grenzmarken«, zu überschreiten und in Regionen einzudringen, die Menschen eigentlich für immer verschlossen bleiben sollten. Und daß er als Rache für den Frevel, den ihm Bartolomeu Dias angetan, zahllose Opfer unter künftigen Generationen von Seefahrern fordern und dieser Teil der Welt dem Menschen auf ewig *inimiga terão* bleiben werde: feindlicher Landstrich.[213]

Auch wenn das Kap der Stürme im äußersten Süden Afrikas den antiken Geographen unbekannt war, so erhebt Camões es in den Rang einer mythologischen Person, fügt auf diese Weise auch das Neue, Entlegene dem vertrauten Kosmos der allgemeinen klassischen Bildung ein:

> Ich bin ein wilder Sohn der Mutter Erde,
> Wie Enkelad, Aigaion, Centiman,
> Ich heiße Adamastor, stritt mit Härte
> Mit jenem, der die Blitze schwingt Vulkans[214]

Das wilde Monster stellt sich damit als einer der Brüder der Giganten vor, jener Söhne der Erdmutter Gäa, die nach der antiken Mythologie gegen den Blitzeschleuderer Zeus aufbegehrt hatten, in einer blutigen Schlacht von den olympischen Göttern besiegt und unter die Erde verbannt worden waren. Adamastor – eine Erfindung des Dichters – bedeutet der »Ungebändigte«: Der Gigant vom Kap der Stürme ist der personifizierte Schrecken des südlichen Weltmeeres.

Menschen nach Art der Tiere

Darüber hinaus enthält die Charakterisierung des mythischen Monsters Adamastor noch eine anthropologische Komponente: Adamastor ist die Verkörperung des wilden Afrikaners. Die Portugiesen waren auf ihren Fahrten längs der Küste schon früh in Kontakt mit einheimischen Bevölkerungsgruppen gekommen, und Beschreibungen der Afrikaner (oft generalisierend »Äthiopier« genannt) vermittelten in zeitgenössischen Reiseberichten zum ersten Mal Bilder außereuropäischer Zivilisationen (zeitlich noch *vor* den »ethnologischen« Nachrichten aus Amerika). Auch wenn dabei gelegentlich die Bilder des »edlen Wilden« auftauchen, so herrscht doch im allgemeinen das Klischee des unkultivierten Barbaren vor. Bezeichnend ist die verbreitete *Descrittione dell'Africa* (1526) von Leo Africanus, einem schwarzafrikanischen Moslem mit Namen Al-Hassan ibn Mohammed al-Wazzan, der als Sklave nach Europa und an den päpstlichen Hof gekommen war. Er beschreibt seine Landsleute als ignorant, primitiv, sittenlos, aufbrausend, keiner Autorität gehorchend und ohne jede Religion; sie verstünden sich nicht auf Handel und Geschäfte, folgten keinen Gesetzen und benutzten beim Essen weder Tische noch Tafeltücher – kurzum, sie lebten *a guisa di bestie*, »nach Art der Tiere«.[215] Andere wußten zu berichten, die Neger liefen *tutti nudi*, »splitternackt« herum, »und zwar Männer und Frauen, nicht anders, als wären sie eine Herde

Der nackenden Mohren Wandel. Illustration zu Balthasar Springers Bericht seiner Reise nach Indien, 1513.

Schafe.«[216] Nicht nur am Hof des Medici-Papstes Leo X. mußte eine solche Lebensweise als das horrende Gegenteil alles Europäischen erscheinen.

Und auch die alternativen libertären Umgangsformen der Afrikaner gehörten ins zeitgenössische Bild der Menschen im Süden.

Die Früchte der Liebe zu genießen
Leo Africanus (1526)

Allen jungen Mädchen ist es gestattet, vor ihrer Hochzeit Liebhaber zu haben und die Früchte der Liebe zu genießen. Sogar der eigene Vater tut schön mit dem Liebhaber seiner Tochter und desgleichen der Bruder der Schwester. So kommt es, daß nicht eine einzige ihre Jungfräulichkeit ihrem Gatten darbringt, und sobald eine von ihnen verheiratet ist, stellen die Liebhaber ihr nicht weiter nach, sondern suchen sich eine andere. Die meisten von diesen sind weder Mohammedaner noch Juden und schon gar nicht glauben sie an Christus, sondern sie sind ohne Glauben und nicht nur ohne Religion, sondern ohne jeden Anflug irgendeiner Religion.

Leo Africanus: Della descrittione dell'Africa. In: Gian Battista Ramusio: Navigationi et Viaggi, tom. I. Venezia 1563, 11. Neudruck Amsterdam 1970 (Übersetzung D. R.).

Erotische Lust-Landschaften

Das Zeitalter der Entdeckungen öffnet damit den Phantasiewelten der Europäer auf der südlichen Hemisphäre noch andere Dimensionen. Hatten die portugiesischen Entdeckungen nicht unter Beweis gestellt, daß sich jenseits der »Meere nie zuvor befahren« tatsächlich Länder und Völker befanden, bei denen die vertrauten sittlichen Ordnungen nicht galten? In der Renaissance rückt nicht nur das Irdische Paradies nach Süden, es entstehen auch die ersten großen Bilder erotischer Lust-Landschaften in eben jenem heißen Süden: Imaginationen, in denen die uralten Paradies-Hoffnungen weiterleben, transformiert in Szenarien heiterer irdischer Genüsse. Daß dabei im Zeichen der herrschenden Moral diesen Phantasien immer wieder ein Ende bereitet wird, ist nicht verwunderlich.

Es ist kein Zufall, daß es die Insel ist, die im Zeitalter der Entdeckung immer neuer, unbekannter Inseln in fernen Meeren zum Wunschbild erotischer Lust-Landschaft wird, zur Liebesinsel. Und daß diese Insel jenseits der »Säulen des Herkules«, also der Meerenge von Gibraltar, gesucht wird, dort, wo eben in dieser Zeit die großen geographischen Entdeckungen gemacht wurden. In Ariosts Orlando furioso (1516) wird der christliche Ritter Ruggiero auf einem Flügelpferd zur paradiesischen Insel der schönen, aber bösen Zauberin Alcina entführt (Georg Friedrich Händel hat der Figur eine Oper gewidmet), wo er, fernab der Zivilisation und ihrer Moral, die Freuden des nackten Eros genießt:

> Gut, daß sie weder Reifrock trug noch Mieder,
> Im leichten Seidenkleid kam sie herein,
> Das deckte über einem Hemdchen nur die Glieder,
> Weiß und von feinster Webart mußt' es sein.
> Als Roger sie umarmte, glitt ihr nieder
> Das Kleid, das süße Hemdchen blieb allein,
> Es deckte kaum den schönen Leib, den losen,
> Der schimmerte wie Lilien und Rosen.[217]

Natürlich – und das erforderten Moral und Handlung – muß Ruggiero, vom Zauber der Verführung befreit, am Ende erkennen, daß Alcida ein Trugbild und in Wahrheit ein häßliches altes Weib ist.

Das eindrucksvollste und in Literatur, Kunst und nicht zuletzt in der Oper wirkungsmächtigste dieser erotischen Paradiese im Süden ist Armidas Zaubergarten in Torquato Tassos Befreitem Jerusalem (1574).

Die im Ersten Kreuzzug unter Gottfried von Bouillon in Palästina gegen die Heiden kämpfenden christlichen Heere haben ihren tapfersten
Helden durch teuflisches Ränkespiel verloren. Denn die schöne Zauberin
Armida hat den Ritter Rinaldo entführt und hält ihn weit vom Kriegs-
schauplatz entfernt in Liebesbanden gefesselt. Carlo und Ubaldo, zwei
verläßliche christliche Ritter, setzen sich auf seine Spur, um den Verführ-
ten zur Rückkehr zu bewegen. Durch die Hilfe eines Engels gelenkt,
treibt ihr Schiff von Palästina an der Küste Nordafrikas entlang bis zu
den Säulen des Herkules. Dort wird ihnen offenbart, daß in späteren Zeiten (die Geschichte spielt ja um das Jahr 1099) diese Grenze der Welt einmal von kühnen Seefahrern überwunden werden wird:

> Es kommt der Tag, da werden Herculs Zeichen
> Kunstfert'gen Schiffern ein verhöhnter Tand;
> Von unbenannten Meeren, dunklen Reichen
> Dringt dann der Ruhm auch bis in euer Land.[218]

Das Schiff dreht jetzt *al mezzogiorno*, also nach Süden ab und erreicht die
Isole Felici, die »Glückseligen Inseln«, um auf einem geheimnisvollen Ei-
land in ihrer Nähe zu landen. Tasso kannte vermutlich kursierende
Nachrichten, die sich auch in einer kleinen Schrift finden, die Giovanni
Boccaccio um 1350 nach dem Bericht eines ligurischen Seemanns über
die Kanaren geschrieben hatte. Dort war auch davon die Rede gewesen,
daß die Entdecker eine dieser Inseln aus abergläubischer Furcht nicht zu
betreten gewagt hatten, weil sie an ihrer Spitze eine Art weißes Kastell zu
erkennen glaubten, aus dem beständig ein Rauchpilz quoll.[219] Auf dieser
Zauberinsel nun finden die beiden christlichen Ritter eine märchenhafte
Welt sinnlicher Genüsse. Es herrscht ewiger Frühling, Blumendüfte und
Vogelgesang durchströmen den Garten, eine üppig gedeckte Tafel und
nackte Mädchen laden Carlo und Ubaldo zum Verweilen ein. Die aber
lassen sich nicht verführen, sondern finden endlich Armida und Rinaldo
im süßen Liebesspiel:

> Sie beugt sich über ihn, er, hin sich gebend
> Ruht ihr im Schoß, den Blick zum Blick erhebend.
> Und lechzend, selbst im Rausche der Genüsse
> Schmilzt er dahin in süßen Phantasien,
> Sie neigt das Haupt, um wollustreiche Küsse
> Vom Auge bald, den Lippen bald zu ziehn.[220]

Natürlich ist mit der Ankunft der christlichen Ritter das schöne Spiel zu Ende. Rinaldo muß erkennen, daß es teuflischer Zauber war, dem er erlegen ist. Er muß den heidnischen Lustgarten verlassen und wieder zum Schwert greifen. Und aus dem südlichen Paradies den Weg in den Norden antreten, um dort erneut am Krieg teilzunehmen:

> Er geht, und Zephyr spielt mit leichtem Kosen
> Im Haar des Mädchens, das ihm Liebste war[221]

Die Liebes-Insel

Auch in den etwa zeitgleich entstandenen *Lusiaden* (1572) taucht aus südlichen Meeres-Fluten eine solche Liebes-Insel auf, jetzt allerdings als Phantasie eines kollektiven orgiastischen Lust-Ortes.

Um die braven portugiesischen Seeleute für ihre Mühen zu belohnen, läßt Venus sie im Indischen Ozean die *Ilha namorada*, die »Liebesinsel«,[222] finden:

> Sie hat den Wunsch, daß dort die Meerjungfrauen
> Die Helden voller Tapferkeit empfangen
> (Herrlich sind alle Mädchen anzuschauen,
> Den Augen Ruhm, dem Herzen schmachtend Bangen),
> Sie sollen sich dem Tanzen anvertrauen,
> Bis daß verborgne Liebe aufgegangen,
> Damit sie sich noch größere Mühe geben
> Nun alles ihren Günstlingen zu geben.[223]

Die Matrosen landen auf der Insel, um frisches Wasser aufzunehmen und zu jagen, finden aber ein anderes Wild vor: lüsterne Mädchen, die »der Lusitanier Leidenschaft entzünden/Welche die neue Welt entdeckten jetzt«.[224] Denn auch die freie Liebe ist Teil des *Novo Mundo*. Die Ehe ist abgeschafft – »durch Handschlag gehen sie die Hochzeit ein«[225] (das ist ein altes Motiv aus dem »Schlaraffenland«-Komplex[226]), die Nymphen und die Seefahrer vergnügen sich auf der südlichen Insel in schier endloser Wollust:

> Oh! Wieviel heiße Küsse in dem Wald
> Und welch ein zartes Klagen da ertönte!

Süße Liebkosung, prüder Zorn erschallt,
Den helles Lachen gleich wieder versöhnte!
Wie es am Morgen, wie am Mittag schallt,
Den Venus mit viel Freuden noch verschönte,
Ist besser zu probieren als zu loben;
Der lobe es, der es nicht kann erproben.[227]

Damit holt Camões den Leser wieder in die zeitgenössische Wirklichkeit des Nordens zurück. Nicht nur, daß er der herrschenden Moral zuliebe behauptet, er selber sei in dergleichen Liebesspielen nicht erfahren. Er erklärt auch, daß die *Insula divina*, das »Göttereiland mitten in den Wogen«,[228] nur im allegorischen Sinne zu verstehen sei. Die verführerischen Meernymphen und alle Wonnen der Insel seien nichts anderes als die Freuden des Ruhmes und der Ehre, die den Tapferen erwarteten.[229]

Der *Novo Mundo* soll nur ein Traum gewesen sein.

Zu Diensten von den vier Enden der Erde
Der exotische Süden

Vier Flüsse, vier Erdteile. Der Markgrafenbrunnen in Bayreuth

Das Fichtelgebirge ist die größte Wasserscheide Europas. Hier entspringen im Umkreis von wenigen Kilometern vier Flüsse, die in die vier Himmelsrichtungen fließen: die Saale nach Norden, der Main nach Westen, die Eger nach Osten, die Naab nach Süden. Bis ins 16. Jahrhundert waren die Gelehrten davon überzeugt, daß sie ihren gemeinsamen Ursprung in einem großen See hätten, aus dem sie »kreutzweis in die welt« flössen.[230]

Flüsse sind in der Landschaft die auffälligsten Indikatoren der Himmelsrichtungen, Wegweiser zu unsichtbaren Horizonten. Vier Flüsse, in schöner Nachbarschaft entsprungen und dann sich teilend zu den vier geographischen Enden der Erde: Mußten sie nicht dem Ort ihres Ursprungs eine besondere Bedeutung geben? Für den Humanisten Konrad Celtis, der in seinem lateinischen Gedicht *Germania generalis* (1502) zum ersten Mal auf die »zu den vier Enden der Welt sich ergießenden Flüsse« aufmerksam machte,[231] bildete der *pinifer mons*, der »Fichtelberg«, damit die Mitte Deutschlands. Für einen anderen gelehrten Autor der Renaissance, den Chronisten Matthias von Kemnath, hatten die vier Flüsse eine universale symbolische Bedeutung: Mit ihren Anfangsbuchstaben M-E-N-S für Main-Eger-Naab-Saale bezeichneten sie den Begriff MENS, im Lateinischen also den »Geist«, von dem es in einer Antiphon zum Magnifikat heiße: *mens impletur gratia,* »der Geist wird von Gnade erfüllt«.[232]

Das Fichtelgebirge gehörte einstmals zur Markgrafschaft Ansbach-Bayreuth, und es war Markgraf Christian Ernst von Brandenburg-Bayreuth (1644–1712), der den vier Flüssen seines Territoriums eine weniger intellektuelle, jedoch nicht minder universale Bedeutung beilegte. Durch Hofbildhauer Elias Räntz ließ er 1700

Personifikation des Südens auf dem Markgrafenbrunnen in Bayreuth, 1700.

vor dem Schloß seiner Residenz Bayreuth den *Brunnen der vier Flüsse* errichten, und die vier Flüsse bezeichnen hier die vier Kontinente. Gekrönt wird der Brunnen von einer Reiterstatue des Herrschers. Der Süden = Afrika = die Naab wird dabei repräsentiert durch einen Löwen, auf dem ein Neger reitet. Er trägt außer einer runden Kappe nur ein aufgeschlitztes Federröckchen und einen breiten Ring am Oberarm. In der Linken hält er einen großen, geschwungenen Bogen, über dem Rücken hängt ein mit Pfeilen gefüllter Köcher.

Die Symbolik der Kontinente
und Tiepolos Würzburger Treppenhaus

Die Symbolik der Kontinente ist ein wiederkehrendes Thema in Kunst, Handwerk, Literatur und Oper des Barock. Seit der Entdeckung des Kolumbus bestand die bekannte Welt nicht mehr nur aus drei, sondern aus vier Teilen – der Zahl der irdischen Vollkommenheit. Auf dem Bayreuther »Vierflüssebrunnen« steht die Saale für *Europa*, die Eger für *Asia*, der Main für *America* und die Naab für *Africa*. Markgraf Christian Ernst war ein weitgereister Mann, ein *Hochfürstlich Brandenburgischer Ulysses* wird er mit schöner Übertreibung von seinem Hof-Dichter Sigmund von Birken genannt.[233] Im Süden war er bis Neapel und auf den Vesuv gekommen, im Westen bis Frankreich, im Osten hatte er vor Wien gegen die Türken gekämpft. Aber das Bildprogramm seines Brunnens greift weit darüber hinaus, es umspannt die ganze Welt. *Principis is bonus est fons, ex quo quattuor aquae orbis ad partes Moenus, Naba, Sala, Egra ruunt:* So lautet die Umschrift des Brunnens. »Dies ist der gute Quell des Fürsten, aus dem die vier Wasser Main, Naab, Saale, Eger in die Gegenden des Erdkreises fließen.« Das ist natürlich eine kühne Übertreibung, denn so weit fließen diese Wasser ja nun wirklich nicht. Vor allem aber ist es eine mindestens ebenso kühne Anspielung auf einen anderen Wassermythos: die vier Ströme des Paradieses (Genesis 2,10–14). Der »gute Quell« des Fürsten wässert das Land, die kleine Markgrafschaft Bayreuth wird zum Zentrum der bewohnten Welt und der Herrscher zu ihrem Retter: Die Skulptur an der Spitze zeigt ihn, wie er hoch zu Roß einen Turban-Türken niederreitet – eine Anspielung auf die Schlacht vor Wien. Denn die vier Himmelsrichtungen haben im Absolutismus ein festes Zentrum: den Fürsten. Bei ihm laufen Norden, Süden, Osten und Westen zusammen.

Schon zwei Tagereisen weiter war das natürlich ein anderer Fürst. Im benachbarten Erzbistum Bamberg beauftragte Fürstbischof Carl Philipp von Greiffenclau den Venezianer Giovanni Battista Tiepolo mit der Ausmalung des Treppenhauses seiner Residenz (1752).[234] Das Thema sind ebenfalls die vier Kontinente, hier nicht über vier Flüsse, sondern über die vier Seiten des Raumes vermittelt. Es wird ungleich differenzierter behandelt als in Bayreuth, die Ausformung ist kunstreicher, üppiger und eleganter (schließlich war der Erzbischof ein wesentlich reicherer Herr) – aber das Bildprogramm läuft auf das gleiche hinaus: Über dem Thron der Europa am Ende der großen Freitreppe schwebt das Porträt des Fürstbischofs. Die Figur der Africa ist hier durch eine schwarze Frau mit nacktem Busen dargestellt, die aus dem Sattel eines Kamels herabgleitet. In der Rechten hält sie ein Schilfbündel, geschmückt ist sie mit großen goldenen Ohrringen und einer Perlenkette. Vor ihr kniet ein schwarzer Diener, der sie mit einem Räuchergefäß empfängt. Eingebettet ist Africa in ein Ensemble von Personen, das den Kontinent als ein Land seltsamer Tiere (Kamel, Affe, Strauß, Pelikan), vor allem aber als Umschlagplatz kostbarer exotischer Waren zeigt.

Wird die Figur der Africa bei dem großen Tiepolo in schöner Sinnlichkeit dargestellt, so taucht sie in der »niederen« Gattung des populären Einblattdrucks nur noch als lüsternes Weib auf: Gänzlich nackt, die Beine obszön gespreizt und auf einem Krokodil reitend – so stellt sie eine zeitgenössische Nürnberger Flugblatt-Serie »Die vier Weltteile« dar.[235] Auch dort tummeln sich exotische Tiere in der Landschaft, man erkennt Löwen, Elefanten und Schlangen.

Der Löwe und die Palme.
Süd-Symbole in der Ikonographie der Macht

Der König ist zur Hälfte ein Löwe, der wilden Schrecken einflößt, ein sanfter Ochse jedoch von den Hüften abwärts, der für das Joch und zur Arbeit geboren ist. Barockes Herrscher-Emblem.

Die Huldigung, welche die Kontinente im Absolutismus den Fürsten Europas entgegenbringen, ist in den kleineren, nicht-kolonialistischen Ländern Europas vor allem symbolischer Art. Der Süden steuert dabei eine Reihe von exotischen Elementen bei, die in der Ikonographie von Renaissance und Barock als Zeichen von Macht und Herrschaft fungieren.

Das bekannteste Symbol-Tier des Südens ist seit dem Altertum der Löwe. Während des ganzen Mittelalters ikonographisch präsent (auch als weibliches Wesen, als Löwin,[236] und als Symbol des Teufels[237]), wird der Löwe, der männliche Mähnen-Löwe, als Sinnbild der Kraft und der Stärke zum Symbol des Herrschers, gar zum Wappentier ganzer Fürstenhäuser (der Wittelsbacher, der Welfen). Auch lebendige Löwen wurden in den Residenzen gehalten, stolz sogar auf diplomatischen Reisen mitgeführt.

Staatsbesuch mit Löwen
Wien, 6. Mai 1615

Den ersten Dieses ist Erzherzog Carl, Bischof zu Breslau, auf der Donau alher kommen, in der Kaiserlichen Burg eingezogen, folgenden Tags mit Ihrer Majestät und der Kaiserin vor die Stadt in den Lustgarten spazieren gefahren, und dritten Tags [ist] Ihre Durchlaucht wieder nach Schlesien verreist. Die führen einen alten und drei junge Löwen samt einer Gemsen mit, so sie von Brixen haben mitgebracht.

Aviso Relation oder Zeitung, 6. Mai 1615 (sprachlich modernisiert).

Auch der Panther, in älteren Zeiten unter dem Namen »Africana« bekannt,[238] erscheint als hoheitliches Tier. In Benozzo Gozzolis Ausmalung des Medici-Palastes in Florenz (1460) sitzt eine solche Bestie, als könnte sie kein Wässerchen trüben, sogar rittlings auf dem Pferd neben Giuliano de' Medici.

Zum Statussymbol aus dem südlichen Pflanzenreich avancierte die Palme, die »Königin der Oasen« – auch sie eingebettet in eine lange ikonographische und ornamentale Tradition.[239] »Der Gerechte wird grünen wie ein Palmbaum«, heißt es im biblischen Psalm 92, und über die geistliche Symbolik[240] wandert der Baum (der mit den Arabern nach Spanien gekommen war[241]) in die barocke Emblematik. Hier steht er für den »Sieg«, die »Tugend« und die »Vornehmheit«. Stolz hebt die Palme ihr Haupt zum Himmel empor – lautet die Beischrift eines barocken Emblems –, während Frösche und Schlangen an ihrem Fuß hausen: das gemeine Volk, das sich gehässig den Vornehmen widersetzt.[242] Als edelster und vermeintlich nützlichster aller Bäume wird die Palme dann zum Emblem der »Fruchtbringenden Gesellschaft«, die Fürst Ludwig von Anhalt-Köthen nach dem Vorbild italienischer Akademien 1617 gründete. Und schließlich zieht der aristokratische Dekor-Baum neben anderen exotischen Pflanzen auch in fürstliche Gewächshäuser ein, aus denen sich später die bekannten »Palmenhäuser« entwickeln sollten.

Auch als Element der Inneneinrichtung wurde die Palme beliebt. Neben dem kostbar getäfelten »Palmenzimmer« im markgräflichen Schloß von Bayreuth stellte der »Palmensaal« in Wörlitz eine besondere Attraktion dar: Er bildete in Form eines kubischen Aufsatzes das oberste Stockwerk des Schlosses, in dem man – unter einem künstlichen blauen Himmel – die Illusion genießen konnte, im Süden unter Palmen zu lustwandeln.

Palmensaal im Schloß
Wörlitz.

Beschreibung des Palmensaales im Fürstlich Anhalt-Dessauischen Schloß zu Wörlitz
August von Rode (1814)

Vom Boden führt eine Wendeltreppe zu dem Palmensaale, der auf jeder der vier Seiten durch drei Bogenfenster erleuchtet wird und die herrlichste Aussicht hat. Er hat den Namen von der Verzierung. Sechsunddreißig Palmenbäume mit ihren Blättern und Früchten, von Holze, ganz der Wahrheit gemäß (die Größe ausgenommen) gebildet und mit den natürlichen Farben angestrichen, stehen rings umher zur Hälfte aus den Wänden hervor. Sieben dergleichen zieren den Verschlag der Wendeltreppe, die sich mitten im Saale befindet. Der untere Raum zwischen diesen Palmenbäumen ist gleich einer Granatenhecke [= Granatapfelhecke], die Decke aber himmelblau gemalt, sodaß man leicht sich täuschen und einbilden kann, in einem Walde oder Garten zu sein.

August von Rode: Beschreibung des Fürstlich Anhalt-Dessauischen Landhauses und Englischen Gartens zu Wörlitz. Dessau 1814, 66–67.

Bis ins 19. Jahrhundert bleiben Palmen die »Märchenbäume des Südens« (Adolf Stahr[243]), erst später treten sie in der freien Landschaft ihren Siegeszug nach Norden an.

Orangen und das Versprechen des Goldenen Zeitalters

Herrscherliche Aneignung der Vegetation des Südens kommt auch im Import einer anderen Kulturpflanze zum Ausdruck: der Orange oder Pomeranze. Die mythologische Vorgeschichte der »Goldfrüchte« führt zu den goldenen Äpfeln aus den »Gärten der Hesperiden«, deren Genuß ewige Jugend versprach und die Herakles in einem Gewaltstreich ihren Hüterinnen raubte. Durch die Araber kamen Zitrusfrucht-Kulturen bereits im Mittelalter nach Südeuropa, die Portugiesen führten dann die Apfelsine, den »China-Apfel«, aus ihren Kolonien auf der iberischen Halbinsel ein, von wo die süße Frucht nach Italien gelangte.[244] In der Bildkunst der Renaissance erscheinen die Goldorangen als die Früchte des Goldenen Zeitalters und als Verheißung von dessen Wiederkehr unter der Herrschaft des guten Fürsten. Sandro Botticelli hat in diesem Sinne in seinem berühmten Bild *Der Frühling* (um 1485)[245] in mythologisch verschlüsselter Form der Medici-Familie gehuldigt: Das üppige Blätterdach eines Orangenhains überwölbt dort den Garten der Venus, der im zeitgenössischen Florenz neu erblüht.[246]

»Hesperien«, ursprünglich die Region des »Hesperos«, also des »Abend« oder des »West-Landes«, wechselt jetzt endgültig die Himmelsrichtung, wird zum Süd-Land, zum hymnischen Epitheton für das gelobte Land Italien. Eine gelehrte Legende spinnt dazu den alten Mythos weiter: Sie erzählt, daß die drei Hesperiden aus Verdruß über die Schändung ihres Gartens durch Herakles ihre Heimat verlassen hätten und mit drei kleinen Orangen-Pflänzchen nach Italien geflüchtet seien, wo sie am Gardasee, in Genua und in Neapel erwünschte Aufnahme gefunden hätten.[247]

Die hesperischen Früchte werden seit dem 16. Jahrhundert auch im Norden zu fürstlichen Status-Symbolen – nicht nur die niederländischen Oranier benutzen sie als heraldisches Zeichen.[248] In den fürstlichen Parkanlagen entstehen Orangerien mit Orangen- und Zitronenbäumen in dekorativen Zierkübeln. Während des Sommers schmückten sie in geometrisch gestalteten Mustern die Parks, im Herbst wurden sie mit eigens dafür konstruierten Hebewerken in geheizte »Pomeranzenhäuser« mit großen, nach Süden gerichteten Glasfassaden transportiert. Daneben gab

Orangeriepflanze in Schloß Weikersheim.

es Gewächshäuser, von denen man im Sommer das Dach und die Seiten-
wände abnahm, sodaß die Pflanzen fest im Boden verwurzelt werden
konnten. Eigene Handbücher beschrieben Aufzucht, Pflege, Vermeh-
rung und ästhetisch gefällige Zuschnitte der kostbaren Exoten – oft waren es, auch in kleineren Residenzen wie in Oranienbaum, in Ansbach
oder in Weikersheim, mehrere hundert Exemplare, welche die Orangerien beherbergten. Der sorgfältigen Beachtung der Himmelsrichtungen
kam bei der Orangenzucht große Bedeutung zu. »Man muß sich vor allem, was nördlich ist, hüten«, heißt es in Henrik van Oostens weit ver-
breitetem barockem Gartenbuch, bringe doch der Norden faule Dünste
und schädliche Winde für die kostbaren Pflanzen.[249]

Man muß sich vor allem, was nördlich ist, hüten
Aus einem barocken Lehrbuch für die Anlage von Orangengärten (1728):

In Auslesung eines Platzes, der bequem ist, daß die Orangen-Bäume den
gantzen Sommer da stehen mögen, hat man zu beobachten, daß selbiger
gegen Süden oder Süd-Osten, und wo es sich schicken kann, recht vor
der Stube oder dem Winter-Logiament [d. h. dem Orangenhaus] sey. Selbiger mag wohl 30 Fuß (mehr oder minder) breit seyn, nach dem der
Garten groß ist, und wirds gantz dienlich seyn, daß man diesen Stand-
Platz ins Viereckigte umsetze mit einer Hecke von Ellern [= von allen
vier Seiten umgeben mit einer Erlenhecke] oder auch wohl Frucht-Bäu-
men, die man flechtet und in die Höhe auffleitet, allen Winden den Zugang zu benehmen und eine freye Lufft, doch mit einer Laulichkeit, zu
haben. Man muß selbigen, so es möglich, gegen Süd-Osten machen und
sich vor allem vor Süd-Westen, Westen und noch mehr vor allem, was
nördlich ist, hüten, weil aus selben Ecken offt schwere Sturm-Winde,
faule Dünste und schädliche Winde herkommen, welche auch sogar unsere inländische Frucht-Bäume nicht vertragen können; ja es wird diß
selbst in Italien und andern warmen Landen wahrgenommen. Vor der
Stube oder dem Winter-Logiment wird sich solches trefflich schicken,
weil der Eigener [= Eigentümer] alsdenn in seinem Lust-Logier sitzend,
sich nicht allein mit Ansehung derselben erlustigen, sondern auch
durch die offene Fenster den angenehmen Geruch davon geniessen kan.

Henrik van Oosten: Der Niederländische Garten, bepflantzet mit Blumen, Obst und Orangerien [...], aus dem
Holländischen ins Hochteutsche übersetzt, 4. Aufl. Wolfenbüttel 1728, 6–7 (Erstausgabe 1706).

Es war neben der Schönheit der immergrünen Bäumchen sicher auch die
Notwendigkeit einer derart aufwendigen Fürsorge, die den Zitrusfrüch-
ten die Aura des Aristokratischen gab. Gegen alle klimatischen Gegebenheiten konnte – so die Botschaft – der welsche Baum unter dem Schutz

des Fürsten, eines neuen Herkules, auch im Norden gedeihen. Daneben vermittelten die betörend duftenden Orangen- und Zitronenbäume in einer ganz unmittelbaren Weise das rauschhafte Gefühl des Südens, die Nähe Italiens. »Mir war es hierbei oft, als wandelte ich im Traum oder als fände ich mich in eine andere Welt versetzt, vorzüglich dann, wenn ich bei dem Gedanken an Tag und Jahreszeit dieses Land mit unserem Norden verglich«: So erinnert sich der sächsische Botaniker Johann Volkmar Sickler, Autor der im Industrie-Comptoir zu Weimar erschienenen Fibel *Der vollkommene Orangerie-Gärtner* (1815), an seinen Studienaufenthalt bei der Orangenernte in Sorrent im Januar 1808. »Gefühle und Empfindungen erwachten, von denen man in unserem Klima keine Ahnung hat und die mir selbst gegenwärtig wiederum als Eindrücke aus schöneren Träumen zurück geblieben erscheinen.«[250] Eine Ahnung solcher Wonnen konnten Orangerien im Norden vermitteln: lebendige »Anschauung des Südens«, wie sie noch in Eduard Mörikes Novelle *Mozart auf der Reise nach Prag* der Komponist empfindet, als er in einem solchen gräflichen Orangenspalier von Erinnerungen an Italien überwältigt wird.[251]

Mit ihren Goldfrüchten huldigen die Hesperiden Herkules, der Personifikation des starken Fürsten. Frontispiz von Giovanni Ferrari, *Hesperides sive de malorum aureorum cultura et uso*, Rom 1646.

Elefanten-Diplomatie

Zu den symbolischen Süd-Importen gehört auch der Elefant – bereits im Altertum das Emblem Afrikas und der südlichen Himmelsrichtung. In der seit der Renaissance beliebten allegorischen Darstellung des *Trionfo della Fama* wird der Triumphwagen der *Fama*, des »Ruhmes«, von zwei Elefanten gezogen.[252] Den Ruhm bereits bei Lebzeiten unterstrich die tatsächliche Präsenz des exotischen Tieres: Im Zeitalter der Entdeckungen wird der Elefant zum beliebten Fürstengeschenk, vermittelt vor allem durch die Portugiesen.[253] Denn

den Herren ist ein große zier
die Helffant [= Elefant] und die Camelthier.[254]

112

Papst Leo X. aus dem Hause Medici (1513/21) hielt sich in Rom ebenso einen Elefanten wie König Ludwig XIV. in Versailles. Der päpstliche, ein Geschenk von König Manuel I. von Portugal (der selber bei kirchlichen Prozessionen gern mit Elefanten auftrat[255]), trug übrigens den Namen *Hanno*, nach jenem karthagischen Seefahrer, der als erster Afrika umrundet hatte.[256] Als das Tier 1514 in Rom eintraf, kniete es vor dem Papst nieder: ein demonstrativer Akt der Huldigung der heidnischen Welt vor dem Stellvertreter Christi auf Erden.[257] Dem *Elephantus* wurde eigens ein Haus neben dem Petersplatz errichtet; bei diplomatischen Anlässen trat der Papst gern mit ihm auf. Als das strapazierte Tier zwei Jahre später starb,

Der Elefant des Papstes, 1514/16.

wurde Raffael persönlich damit beauftragt, es auf einem Wandgemälde im Vatikan zu verewigen.

Auch in der Bildkunst des Barock erscheint der Elefant – am bekanntesten ist wohl Gian Lorenzo Berninis Denkmal auf der Piazza della Minerva in Rom geworden (1667). Das Tier trägt dort einen ägyptischen Obelisken, dessen Spitze ein christliches Kreuz krönt, und Berninis Auftraggeber, der Chigi-Papst Alexander VII., hatte persönlich die Sockel-Inschrift formuliert: Der Elefant als das stärkste der Tiere – so besagt sie – solle zeigen, daß die wahre Weisheit zu ihrer Stütze eines robusten Sinnes (*robustae mentis*) bedürfe.[258] Der Elefant symbolisiert in diesem Fall also die weltliche Macht des Papstes, die dessen geistliche Autorität zu stützen habe.

Besonders bekannt wurde im Norden der Elefant »Soliman«, den der portugiesische König João III. seinem Neffen, dem künftigen Kaiser Maximilian II., zum Geschenk machte und der 1551/52 aus den portugiesischen Kolonien in Indien nach Österreich kam.[259] Bereits der Name des Tieres hatte einen politischen Hintersinn, war eine Anspielung auf den feindlichen türkischen Sultan Suleiman – »damit dieser hierdurch gleichsam zu Eurem Sklaven und geziemend gedemütigt werde«, wie es in einem Begleitschreiben des portugiesischen Königs zur Erläuterung der Namensgebung hieß.[260] In einem aufwendigen Zug und begleitet von allerlei Schaustellungen führte Maximilian das Tier von Genua über Trient und den Brenner in die Residenz nach Wien. Der Elefant, im Triumphzug als dienstbarer »Sklave« mitgeführt und in seiner Erscheinung zugleich Ausweis der fürstlichen Macht, war eine eindrucksvolle Demonstration; bis heute erinnern zahlreiche Orte im Alpenraum an das

Ereignis.[261] Auch nach seinem Tod blieb das Tier ein habsburgisches Zierstück: Ein aus seinen Knochen gefertigter Stuhl wanderte in die Wiener Kunstkammer.[262]

Der Mohr und seine Schuldigkeiten

Neben den exotischen Tieren waren es natürlich die exotischen Menschen selber, in deren symbolischer oder tatsächlicher Präsenz der Süden nach seiner zunehmenden Entdeckung und Eroberung herrschaftlich vereinnahmt wurde. In der Malerei taucht seit der Renaissance dort, wo ein »fremdländisches« Ambiente darzustellen war, mit Vorliebe die Figur des Schwarzen (und des Türken) auf – selbst dort, wo es sich wie bei Sodomas Fresken in der Abtei von Monte Oliveto Maggiore um das aus dem Norden einfallende Barbarenheer der Langobarden handelte. Der Schwarze symbolisierte dabei ähnlich wie das gefährliche wilde Tier zum einen die Bedrohung durch das Fremde, zum anderen dessen Domestizierung

Die Langobarden erobern Montecassino. Fresko von Sodoma in der Abtei Monte Oliveto Maggiore , um 1505 (Detail).

in Preisgabe an die eigene Schaulust. In der bekannten Figur des »Mohren« findet die Indienstnahme des Südens ihren sichtbaren Ausdruck. Mit der Kolonialisierung Afrikas waren zunehmend Eingeborene nach Europa gekommen, die hier als »Hof-« oder »Kammermohren« an den Residenzen, später auch in den Häusern wohlhabender Bürger arbeiteten.[263] In der Tafelmalerei des 17. und 18. Jahrhunderts erscheint der Mohrenknabe oder die schwarze Dienerin nicht selten als Figur im Hintergrund – auf Tizians bekanntem Gemälde *Bathseba am Brunnen* ist es ein solcher Mohrenknabe, welcher der schönen Frau die Einladung des lüsternen König David überbringt. In plastischen Nachbildungen vielerlei Art bleiben derartige Figuren bis in die Gegenwart beliebt.

Selbst in Brandenburg-Preußen war der Süden auf diese Weise präsent – woran bis heute die Berliner »Mohrenstraße« erinnert. Nach einem kurzen kolonialen Abenteuer an der westafrikanischen Goldküste hatte nämlich Friedrich Wilhelm I., der Soldatenkönig, die dortige Festung Großfriedrichsburg an die Niederländisch-Westindische Kompanie verkauft und sich mit der Kaufsumme auch »zwölf Negerknaben« ausbedungen, von denen sechs »mit goldenen Ketten geschmückt« sein sollten.[264] Sie wohnten in der »Mohrenkaserne« und bildeten den Grundstock eines vom König eingerichteten schwarzen Militär-Musikkorps, dessen Mitglieder in exotischen Uniformen, mit Turban und silbernen Ohrgehängen auftraten.

Den Süden sammeln.
Exotica in Kunst- und Wunderkammern

Seit alters bringt, wer in die Fremde reist, Fremdes mit nach Hause – *quanta rariora tanta meliora*, »je ausgefallener, um so besser«. Schon das mittelhochdeutsche Epos von *Herzog Ernst* beschreibt den fabulösen Orientfahrer als leidenschaftlichen Sammler. Wo auch immer er hinkommt, läßt er von dem, was er an Kuriosem findet, etwas mitgehen: einen Riesen, einen Platthufer, zwei Pygmäen, ein Dromedar, edle Steine und vieles andere mehr.[265] *Sîn wunder* heißen die Exotica, mit denen der fahrende Ritter sein Gefolge und seine Schätze vermehrt.[266]

Der Mohr als Tafelaufsatz.

»Wunder« dieser und ähnlicher Art nahmen in fürstlichen Kunst- und Wunderkammern in Renaissance und Barock einen festen Platz ein (noch heute kann man Teile davon etwa im Dresdner Grünen Gewölbe oder in der Wiener Schatzkammer bestaunen). Neben der Sammel- und der Schaulust ging es dabei auch um den Anspruch, eine Art »materiellen Archivs der gesamten Welt« zu präsentieren.[267] Es ist daher kein Wunder, daß Objekte aus den neu entdeckten Ländern im Süden und im Osten, oft generell als »indianisch« tituliert, dabei eine wichtige Rolle spielten.[268] Auch wenn die Objekte in den Schausammlungen unter den Rubriken *Naturalia*, *Mineralia* oder *Animalia* versammelt waren, war die Präsentation doch darauf angelegt, sie ihres – im modernen Sinne – »natürlichen« Charakters soweit wie möglich zu entkleiden und sie in kostbaren künstlerischen Gestaltungen vor Augen zu führen, den Schöpfungen hervorragender zeitgenössischer Kunsthandwerker. Die Objekte der fremden Welt wurden auf diese Weise der eigenen eingegliedert, im Dienste eines absolutistischen Repräsentationsanspruchs, der wie selbstverständlich ein Straußenei, eine Kokosnuß, einen Elefantenzahn oder das Horn eines Rhinozerosses dem eigenen Gebrauch dienstbar machte: als Trinkgefäß,

Der Mohr bringt seine Gaben.
Figur aus dem Dresdner
Grünen Gewölbe. Statuette
von Balthasar Permoser,
um 1724.

als Kanne, als Tafelaufsatz oder als Arzneimittel. Wenn Luxus, wie Werner Sombart am Beispiel der absolutistischen Kultur der Verschwendung ausgeführt hat, immer auf Verführung zielt,[269] so spielte die Welt des Südens dabei eine wichtige Rolle. *Stupor mundi*, das »Staunen der Welt«: Schon Kaiser Friedrich II. von Hohenstaufen hatte sich durch die Instrumente seiner orientalisch-arabischen Repräsentationslust diesen Titel errungen, und in den *stupor* mischte sich neben dem Staunen auch das Erschrecken. Auch in Renaissance und Barock sind es die Exotica des Südens, der fernen, unbekannten Welten, die ihrem Besitzer dieses Staunen sicherten.

Eines der beliebtesten »südlichen« Materialien, aus Afrika oder Indien kommend, war dabei das Elfenbein; kostbar verarbeitete Kästchen aus dem »weißen Gold« wurden bereits im 13. Jahrhundert in den staufischen Hofwerkstätten in Sizilien verarbeitet.[270] Auch Straußeneier, Nautilus-Muscheln, Korallen, Gold, Edelsteine, Perlmutt oder Schildpatt, oft in bizarren Verarbeitungen, erinnerten an den Süden. Miniaturen von Kamelen, Dromedaren, Elefanten und anderen fremden Tieren waren häufig Bestandteile der kostbaren Arrangements. Und natürlich die Mohren selber. Eine von Balthasar Permoser für August den Starken von Sachsen angefertigte Kleinplastik (heute eines der bekanntesten Schaustücke des Dresdner Grünen Gewölbes) zeigt einen solchen. Bekleidet ist er mit einem goldenen Baströckchen, auf dem Kopf trägt er eine perlenbesetzte Federkrone, Hals, Brust, Arme und Beine sind mit goldenem Zierat geschmückt. Und auf einem Tablett trägt er Smaragde und andere Edelsteine herbei: die Schätze des Südens für die Schatzkammern des Nordens.

Doch bald sollte der Süden noch einmal in ganz anderer Weise von sich reden machen, sollte nicht mehr nur in Kunst- und Wunderkammern präsent sein, sondern zur Idee eines alternativen Lebensentwurfes für ein zivilisationskritisches Europa werden.

Auf der Suche nach der ›Terra Australis‹
Der Süden der Südsee

Incognita

Nie war die Kraft der Einbildung mächtiger und folgenreicher als bei der
Suche nach dem *Land des Südens*. Der griechische Geograph Claudius Ptolemäus, der im zweiten nachchristlichen Jahrhundert die Umrisse der bekannten Kontinente und Meere relativ genau fixiert, auch den Nullmeri-
dian dort markiert hatte, wo er bis 1884 lag (»Ferro-Meridian«), hatte
hypothetisch die Existenz einer größeren Landmasse auf der Südhalbkugel
angenommen. Hinter der Theorie stand die Vorstellung, daß die Erdkugel
zu ihrer Stabilität im Süden einer Art von Gegengewicht zu den »schweren« Kontinenten der Nordhemisphäre bedürfe. Unter dem Namen *Terra
Australis*, »Südland«, auch mit dem Zusatz *incognita*, »das unbekannte«, wurde dieser Kontinent bis in die frühe Neuzeit auf den Landkarten verzeichnet. Was mochte es mit diesem Südland auf sich haben, von dem die große
Autorität des Ptolemäus gesprochen hatte? Durfte man dort vielleicht
auch die Heimat der geheimnisvollen Antipoden vermuten?

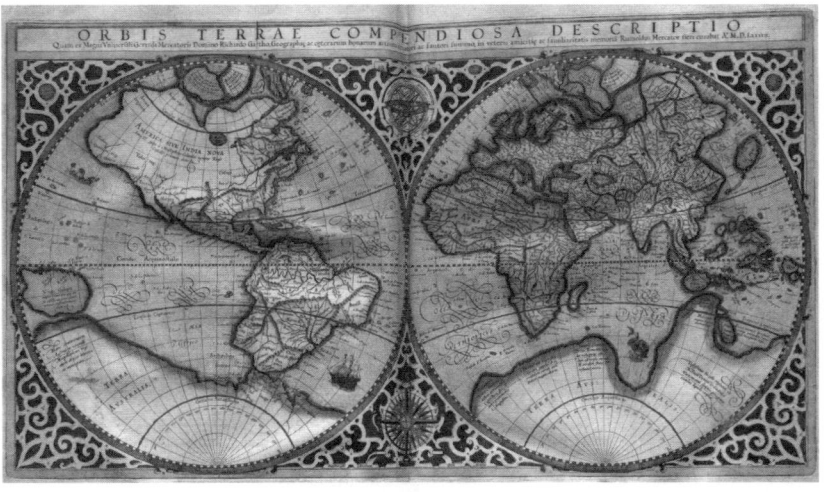

Die Mercator-Karte von
1587 läßt die *Terra Australis*
an die Südspitze des
amerikanischen Konti-
nents anschließen.

Mit der Umschiffung des Kaps der Guten Hoffnung durch Bartolomeu Dias 1488 war erwiesen, daß zumindest der afrikanische Kontinent
im Süden vom Meer umgeben ist, daß also eine Passage vom Atlantischen
in den Indischen Ozean führt. Das Südland mußte also noch weiter im
Süden oder in irgendeiner anderen Richtung liegen. Die Spekulationen
bekamen mit der Weltumseglung durch Magellan 1520 neue Nahrung.
Der Portugiese hatte ja nicht die tatsächliche Südspitze des amerikanischen Kontinents umfahren, sondern die nach ihm benannte schmale
Meeresstraße zwischen dem Festland und der Insel Feuerland passiert.
Konnte es nicht sein, so die Vermutung, daß dieses unbekannte Land die
nördliche Spitze jenes Australkontinents sei? »Neues Land/Von Austers
kalten Schwingen zugedeckt«: So sieht Camões in den *Lusiaden* die *Tierra
del fuego*, bewohnt von einer »neuen Menschenart, groß wie Giganten«.[271]
Und mit dem Helden seines Epos, Vasco da Gama, durfte auch sein Zeitalter davon überzeugt sein:

> Manch andres Land hält sich dir noch versteckt,
> Bis zu dem Tag, wo man es dann erblickt.[272]

Seit Magellans Reise konzentrierte sich daher die Suche nach dem Au-
stralkontinent auf den Pazifischen Ozean. Francis Drake (dessen Mercator-Karte noch die *Terra Australis* an die Südspitze des amerikanischen
Kontinents anschließen ließ) konnte bei seiner Passage 1579 zeigen, daß
sich auch im Süden Amerikas offenes Weltmeer dehne.[273] Aber mußte
dann das geheimnisvolle Südland nicht irgendwo in den Weiten des Pa-
zifiks liegen? Immer wieder glaubte man, es dort gefunden zu haben, so
bei der Entdeckung der Salomon-Inseln oder der neuen Hebriden.[274] Erst
James Cook bewies bei seiner Weltreise 1772 endgültig, daß es den vermuteten riesigen Südkontinent auch im Pazifik nicht gebe, daß sich vielmehr eine ungeheure freie Wassermasse rund um die Gegenden der Antarktis ausbreite.

Mythos Tahiti.
Die Freiheit des Goldenen Zeitalters

Aber was sind topographische Beweise gegen die Macht des Wünschens?
Zu lange schon hatte die Idee des Paradieses die Himmelsrichtung ge-
wechselt, hatte sich die Phantasie jener geheimnisvollen *Terra Australis*

bemächtigt, war der Süden zum Utopia eines »anderen«, eines »alternativen« Lebens geworden. Und so entdecken europäische Seefahrer und Gelehrte in den 1760er Jahren im Süden des Stillen Ozeans (der jetzt endgültig den Namen »Südsee« bekommt[275]) zwar nicht den vermuteten Südkontinent mit den geheimnisvollen Antipoden, wohl aber eine Lebensweise, die gegenüber derjenigen im europäischen Norden durchaus »antipodisch« zu sein schien. Es war die Insel Tahiti, an deren Küsten das letzte große Paradies erblühte. Und im Mythos der »Südsee« erschien die Idee des südlichen Paradieses in ihrer farbenprächtigsten Gestalt.

»Die Insel, der wir anfangs den Namen Neu Kythera (*Nouvelle Cythère*) gegeben hatten, heißt nach ihren Bewohner Tahiti«: So bemerkt Louis-Antoine de Bougainville (nach dem Engländer Samuel Wallis der eigentliche Entdecker der Insel) 1768 in seinem Reisebericht.[276] Der Name war bezeichnend. Auf der griechischen Insel Kythera hatte sich im Altertum ein berühmtes Aphrodite-Heiligtum befunden. »Neu Kythera«, das »Neue Venus-Eiland«, gehört also in die Reihe jener südlichen Liebes-Inseln, wie sie mit Ariost, Tasso und Camões in der Literatur der Renaissance besungen worden waren. Nur daß – so mußte es jedenfalls scheinen – hier tatsächlich noch *la franchise de l'âge d'or*, »die Freizügigkeit des Goldenen Zeitalters« herrschte,[277] wenn die eingeborenen Mädchen und Frauen, schön wie Nymphen, den europäischen Ankömmlingen unbefangen ihre Gunst erwiesen, sie zur Liebe einluden und im Wettstreit um sie buhlten wie einst Hera, Athene und Aphrodite um die Gunst des Paris.

Sie hatte einen göttlichen Körper
Louis-Antoine de Bougainville (1772)

Die Männer, direkter und offener, äußerten sich recht unmißverständlich. Sie suchten uns zu bewegen, uns eine Frau auszusuchen und mit ihr an Land zu gehen, und mit eindeutigen Gesten gaben sie uns zu verstehen, auf welche Weise wir ihre Bekanntschaft machen sollten. Man stelle sich das vor! Wie sollte man angesichts eines solchen Schauspiels vierhundert Franzosen bei der Arbeit halten: junge Männer, Seeleute, die seit sechs Monaten keine Frau mehr gesehen hatten. Trotz aller Vorsichtsmaßnahmen, die wir getroffen hatten, kam ein junges Mädchen an Bord, ging zum Achterdeck und stellte sich unterhalb der Winde an eine Luke, die man offen gelassen hatte, um für die Besatzung frische Luft hereinzulassen. Sie ließ ungeniert ein kleines Röckchen fallen, das sie bedeckt hatte, und stand nun vor aller Augen da

wie Venus, als sie sich dem phrygischen Hirten [= Paris] zeigte. Sie hatte einen göttlichen Körper.

Louis-Antoine de Bougainville: Voyage autour du monde, éd. critique par Michel Bideaux et Sonia Faessel. Paris 2001, 203–204 (Übersetzung D. R.).

Johann Reinhold Forster
mit seinem Sohn Georg bei
naturkundlichen Studien
auf Tahiti.

Die Anspielung auf die antike Erzählung vom »Urteil des Paris« in Bougainvilles Bericht über das Verhalten der Eingeborenen ist aufschluß-
reich. Auf Tahiti schien das Ideal freier Sinnlichkeit weiterzuleben, wie es
der Klassizismus, vor allem in seiner französischen Spielart, in die Antike
hineinprojizierte. Daneben schien die Lebensweise der Eingeborenen
die Richtigkeit aktueller naturrechtlicher Ideen zu bestätigen, wonach
ein Leben im ursprünglichen Zustande der Natur dem Ideal des Huma-
nen am nächsten komme. »Sie kennen keinen anderen Gott als die Liebe«,
schreibt der Arzt und Botaniker Philibert Commerson, einer der wissenschaftlichen Begleiter Bougainvilles, nach seiner Rückkehr im Mercure de
France. »Ein puritanischer Sittenrichter sieht darin vielleicht nur Zügellosigkeit [...], aber ist es nicht der Zustand des natürlichen Menschen, der
in seinem Ursprung wesentlich gut, von jedem Vorurteil frei ist und der
ohne Argwohn und ohne Gewissensbisse den sanften Trieben eines stets
sicheren Instinktes folgt, welcher noch nicht zur Vernunft degeneriert
ist.«[278]

Flucht in den glücklichsten Winkel der Erde

Die äußere Natur schien diesem Bild einer friedlichen Idealgesellschaft
zu entsprechen. Die Ankömmlinge aus Europa treffen auf eine von den
»herrlichsten Fruchtbäumen« bestandene, sanfte Küstenlandschaft, die
von kleinen Flüssen durchzogen ist. »Inmitten der schönsten Region des
Universums glaubt man, in den Gefilden der Seligen zu sein.«[279] Es sind
die antiken Bilder des locus amoenus, der heiteren, arkadischen Landschaft,
die hier Gestalt angenommen haben.

Die »herrlichsten Fruchtbäume« sollten später die Phantasie der
Europäer in besonderer Weise beflügeln. Es verbreitete sich nämlich das
Gerücht, in der Südsee wachse das Brot auf den Bäumen und müsse dort
nur gepflückt werden – eine populärutopische Vorstellung, die aus dem
Erzählkomplex vom »Schlaraffenland« stammt. Der britische König
Georg III. ließ daraufhin 1787 ein Schiff ausrüsten, das Stecklinge der
erwünschten »Brotfruchtbäume« zu den englischen Kolonien in West-

indien bringen sollte. Das Schiff war die *Bounty*, die Expedition endete mit der Meuterei der Matrosen.

Auch Georg Forster, der mit seinem Vater Johann Reinhold 1773 James Cook auf seiner zweiten Weltreise begleitet, stellt nach der Landung auf Tahiti fest, »daß Herr von Bougainville nicht zu weit gegangen sey, wenn er das Land als ein Paradies beschrieben«.[280] Mit einer hymnischen Reminiszenz aus der antiken Literatur eröffnet er seinen Bericht über die Insel:

> ... kamen sie hin zu den Orten der Freude, in glücklicher Haine
> lieblich grünende Fluren, zu den seligen Sitzen der Frommen.

Die Verse stammen aus Vergils *Aeneis* und beziehen sich auf das himmlische Elysium.[281] Als solches mußte Tahiti den vielgereisten europäischen Seefahrern erscheinen. Forster, der sich vor allem naturkundlichen Untersuchungen von Fauna und Flora widmet, registriert auf Tahiti »das herrlichste Clima von der Welt«,[282] unter dessen Segnungen sanfte, friedliche, gesunde Menschen in paradiesischer Unschuld und ohne Beschwerde der Arbeit lebten und »wo jedermann den Trieben der Natur ohne Bedenken folgt«.[283] Auch eine Art von Urmonotheismus, frei von kirchlich-konfessionellen Institutionalismen, glaubt Forster auf Tahiti entdeckt zu haben. Nur an seinem Traum einer Gleichheit aller Menschen im Urzustande wird er irre.[284] Und die Frauen und Mädchen, welche die Matrosen und Offiziere verführen, hält er, nach europäischem Muster, für gemeines Volk.[285] Ähnlich sieht sie auch James Cook: als Prostituierte, wie es sie eben in jedem Land gebe, nur ohne jegliches Schuldbewußtsein.[286] Insgesamt ist Forster jedoch wie Bougainville davon überzeugt, auf Tahiti »einen der glücklichsten Winkel der Erde« gefunden zu haben.[287] Und als er beim Ablegen der Schiffe bemerkt, daß sich einer der englischen Matrosen ins Meer wirft und an Land zurückschwimmt, weil er auf der glücklichen Insel bleiben und nicht wieder nach Europa zurückkehren möchte, verfolgt er den Zivilisationsflüchtling mit seinen Blicken nicht ohne Sympathie.

Tahitischer Brachvogel, von Georg Forster am 3. Mai 1774 gezeichnet.

Auf einen desertierenden englischen Matrosen
Georg Forster (1778/1784)

Das höchste Glück, welches er vielleicht in Engelland hätte erreichen können, versprach ihm lange nicht so viel Annehmlichkeiten, als er, bey der bescheidenen Hoffnung, nur glücklich als ein ganz gemeiner Tahitier zu leben, vor sich sahe. Er durfte sich nicht schmeicheln, bey seiner Zurückkunft nach England von den Mühseligkeiten der Reise um die Welt in Frieden ausruhen zu können [...]. Sollte es ihm aber auch wirklich geglückt seyn, auf eine oder die andere Art zum ruhigen Genuß des Lebens zu gelangen, so mußte er doch immer besorgen, mitten in seinen Freuden gewaltsamerweise zum Dienst geworben und wider seinen Willen zum Streit fürs Vaterland gezwungen zu werden [...]. Gesetzt aber, er hätte das alles vermeiden können, so mußte er sich in England doch wenigstens dahin bequemen, sein tägliches Brod im Schweiße seines Angesichts zu verdienen und die Wirkung jenes allgemeinen Fluches zu empfinden, die Tahiti nicht erreichet zu haben scheint oder wenigstens fast gar nicht daselbst gefühlet wird. Unser gemeines Volk ist nun einmal zu lauter Plackereyen und zu beständigen Arbeiten bestimmt [...]. Wie ist hingegen beym Tahitier das alles so ganz anders! Wie glücklich, wie ruhig lebt nicht der!

Georg Forster: Reise um die Welt. Frankfurt 2007, 376–377.

Der Mensch im Zustande der Natur.
Die Südsee als europäische Utopie

Der Matrose aus Cooks Mannschaft, der den Sprung ins Paradies des Südens gewagt hatte (und es dort hoffentlich auch fand), war nur der erste in einer langen Reihe von zivilisationsmüden Europäern, deren Traumziel Polynesien werden sollte. »Sie ist das wahre Utopien«, hatte Bougainville über die Insel Tahiti geschrieben,[288] damit anspielend auf jene Utopie einer besseren Gesellschaftsordnung, wie sie Thomas Morus 1516 in seinem Roman entworfen hatte, auch er im Bilde einer *nova insula*, die ein Seemann in einem weit entfernten Meere gefunden haben wollte. Die Nachrichten vom Leben auf den glücklichen Inseln verbreiteten sich wie ein Lauffeuer in Europa und stimulierten die Phantasien von Kritikern der bestehenden Verhältnisse. Im Königreich Württemberg wurde 1808 ein studentischer Geheimbund ausgehoben, dessen Mitglieder, wie es in ihrer Gründungsurkunde hieß, »frey und unabhängig, los von den Fesseln fremden Zwanges« leben und diesen Wunsch »auf den Inseln der Südsee« verwirklichen wollten: »Dort wollen wir sie suchen, die köstliche Freyheit!«[289] Die »Rädelsführer« des Auswanderer-Ordens wurden mit Festungshaft bestraft.

In den Phantasien der württembergischen Studenten spiegeln sich Ideen, wie sie auch Philosophie und Gesellschaftskritik der Aufklärung bewegten. Das Leben auf den Südsee-Inseln konnte als idealer Gegenentwurf zu den politischen, gesellschaftlichen und konfessionellen Strukturen des *Ancien Régime* erscheinen.[290] Hatte nicht bereits Montesquieu geschrieben, daß sich ein freiheitliches Leben auf Inseln leichter entwickeln könne als auf dem Festland?[291] Ein »Bild von wahrer Volksglückseligkeit« findet der Revolutionär Georg Forster in Tahiti.[292] Und in Frankreich greift Denis Diderot die Nachrichten aus Polynesien auf, um die europäischen Institutionen der Ehe und der Kirche zu attackieren und der Lächerlichkeit preiszugeben. Vor allem die erotische Utopie (seit alters essentielles Element europäischer »Süd-Träume«) spielt dabei eine große Rolle.[293] Regulative Beschränkungen der Sexualität (und Diderot schließt dabei sogar das Inzesttabu ein) scheinen ihm gegen die Ordnung der Natur zu verstoßen. In einem fiktiven *Nachtrag zu Bougainvilles Reise* (um 1775) läßt Diderot den Kaplan von Bougainvilles Schiffsbesatzung auftreten, der sich im Gespräch mit einem der Bewohner Tahitis über Keuschheit, Enthaltsamkeit, Ehrbarkeit, Zölibat, Ehe und Monogamie hoffnungslos verheddert – bevor er am Ende die Waffen streckt und die Nacht mit einer schönen Tahitianerin verbringt. *Mais ma religion! Mais mon état!*, »Aber meine Religion!, aber mein Stand!«: Diese verzweifelt-komischen Ausrufe des von Gewissensbissen geplagten Geistlichen dringen am Morgen nach der Liebesnacht aus der Hütte. Für den tahitischen Gesprächspartner ist daher im Hinblick auf Europa klar: »Wenn dort alles so eingerichtet ist, wie du es mir sagst, so seid ihr barbarischer als wir.«[294]

Der Süden tritt damit in ein neues Verhältnis zu Europa. Er erscheint – zum ersten und auch einzigen Mal in der Geschichte – als politische Utopie. War er in Renaissance und Barock das ferne, exotische Territorium, dessen Schätze fürstlichem Repräsentationsbedürfnis schmeichelten, so verkörpert er jetzt das Ideal einer natürlichen Lebensweise, die der europäischen Zivilisation überlegen zu sein scheint. Die klare Hierarchie der Kontinente, wie sie noch der Ästhetik von Tiepolos Würzburger Treppenhaus zugrunde lag, hat einer Schwärmerei Platz gemacht, für die Europa keineswegs mehr die Fürstin der Welt war. »Man sollte oft wünschen, auf einer der Südsee-Inseln als sogenannter Wilder geboren zu sein, um nur einmal das menschliche Dasein, ohne falschen Beigeschmack, durchaus rein zu genießen.« Auch wenn Goethe diesen Satz 1828 in einem Augenblick der Mißlaunigkeit ausspricht[295] und er damit keineswegs ein Programm der Lebensreform skizzieren möchte, gibt er doch eine unter den Zeitgenossen verbreitete Stimmung wieder.

Otaheitische Partien in Deutschland

Auch das, was aus diesem Süden in den Norden kommt, ist jetzt nicht mehr nur kurioser Gegenstand der Schaulust, wie sie in den barocken Kunst- und Wunderkammern ihr Genüge finden konnte. Es wird zum Objekt früher ethnologischer Studien oder zum *souvenir* in der ursprünglichen Bedeutung des Wortes: »Erinnerung« an ein anderes, ein glücklicheres Leben. Südseepavillons, otaheitische »Bäder« oder »Partien« wurden jetzt Teil englischer Landschaftsgärten.[296] Die Südsee wurde damit nicht nur Gegenstand der Lektüre, sondern auch der Anschauung und der allgemeinen Bildung. In diesem Sinne stellt etwa der aufgeklärte Fürst Leopold Friedrich Franz von Anhalt-Dessau (im allgemeinen eher den Idealen der englischen Technologie und des italienischen Klassizismus verpflichtet) solche »Erinnerungen« an den paradiesischen Süden aus. Er hatte 1775 in London Georg Forster und dessen Vater Johann Reinhold besucht, um dort höchstpersönlich die von den Weltreisenden »eingezogenen Nachrichten dieses anderen Weltteils oder vielmehr der Holländer und Engländer Gegenfüßler« zu hören.[297] Georg Forster übergab dem Fürsten im Anschluß an den Besuch eine Reihe von Südsee-Objekten, die Fürst Leopold Friedrich Franz anschließend im »Otaheitischen Pavillon« seines Wörlitzer Parks ausstellte.[298] Unter den Objekten befand sich auch »ein Unterrock für die Tänzerinnen« (wie August von Rode in seiner Beschreibung der Wörlitzer Anlagen 1814 ein kleines Baströckchen aus Tahiti etwas schamhaft nennt[299]) – schwer vorstellbar, daß die Betrachter dabei nicht an die Schilderungen der verführerischen tahitischen »Nymphen« gedacht haben, wie sie Bougainville, Cook und Forster überliefert hatten. Der von Erdmannsdorff gestaltete klassizistische Pavillon bildete zusammen mit einem entsprechenden Zwillingsbau (der eine Garten-Bibliothek beherbergte) das Entrée des Parks; über einen labyrinthischen Pfad erreichte man von dort die sogenannte »Rousseau-Insel« mit einer Nachbildung des Grabes des französischen Philosophen. Die Idee der Natur und des »natürlichen Lebens« fand damit in der Trias von Rousseauismus, englischem Landschaftsgarten und Südsee-Schwärmerei ihren idealen Ausdruck.

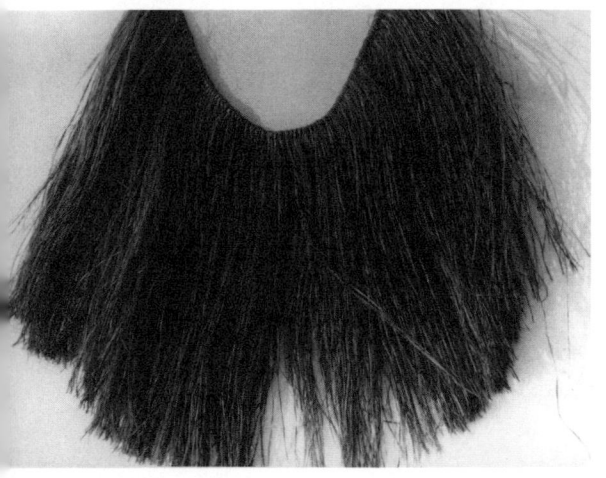

Röckchen einer Tahitianerin. Geschenk von Georg Forster an Fürst Leopold Friedrich Franz von Anhalt-Dessau.

Die Frage nach dem glücklichsten Klima der Welt schien jedenfalls mit der Entdeckung der Südsee ihre gültige Antwort gefunden zu haben. Aber wie stand es mit dem Klima in den Territorien Europas? Und gab es nicht auch in vertrauterem Umfeld die prägenden Wesensmerkmale von »südlichem« und »nördlichem« Leben?

Der Mensch der kalten
und der Mensch der heißen Zonen
Der Süden der Mentalitäten

Das Klima, die Nerven, der Charakter.
Montesquieu und die »Klimatheorie«

Daß die Menschen, wenn sie auf Reisen gehen, nur den Himmelsstrich, nicht aber die Gesinnung ändern – das berühmte tourismuskritische Diktum des römischen Dichters Horaz beschreibt nur die halbe Wahrheit. Bereits die antiken Autoren berichten davon, wie die Veränderungen eben jenes Himmelsstrichs sehr wohl auch Haltung und Charakter verändern können: Die Soldaten des Hannibal, die unerschrocken die eisigen Felsentäler der Alpen überquert hatten, erschlaffen unter der milden Sonne Kampaniens.[300] Der große Caesar, der im kalten Gallien Sieger geblieben war, verfällt im heißen Ägypten lethargisch dem Liebeszauber der Kleopatra. Auch die antiken Theoretiker sprachen vom Einfluß klimatischer Bedingungen auf Verfassung und Verhaltensweise der Menschen. Für Hippokrates und Galen wirken sie auf die Zusammensetzung der vier Körpersäfte ein, für Aristoteles sogar auf den Charakter der jeweiligen Staatsverfassung.[301] Im übrigen galt als verbreiteter Grundsatz, daß unter den fünf Klimazonen auf dem Planeten nur die beiden gemäßigten Mittelzonen ein wahrhaft »kultiviertes« Leben erlaubten. Denn

> zwischen Hitze und Frost gewährten der leidenden Menschheit
> zwei Bereiche die Götter.[302]

Es sollte der Neuzeit, genauer gesagt dem Zeitalter der Aufklärung vorbehalten bleiben, die seit der Renaissance in vielfältiger Weise wiederbelebten antiken Anschauungen von *Hitze* und *Frost* und ihrem jeweiligen Einfluß auf die Menschen in ein umfassendes, gelehrtes System zu bringen.[303] Es ist unter dem Namen *Klimatheorie* bekannt geworden und geht im wesentlichen auf den französischen Philosophen Montesquieu (1689–1755) zurück. Sein Kern ist die Überzeugung, daß unterschiedliche physiologische Reaktionen im kalten Norden und im heißen Süden unterschiedliche geistige und charakterliche Eigenschaften sowie, daraus resultierend, unterschiedliche Verhaltensweisen der in diesen Breiten lebenden Menschen zur Folge hätten. *Norden* und *Süden* werden jetzt zum ersten Mal die Pole einer allgemeinen Kulturanthropologie, die »stellare« Dichotomie der Nord-Süd-Achse wird zur Basis einer Geographie der Mentalitäten.

Wie verschiedenartig die Menschen in den verschiedenen Himmelsstrichen sind
Charles Louis Secondat de Montesquieu (1748)

Die kalte Luft zieht die Enden der äußeren Fasern [= Nerven] unseres Körpers zusammen; dies vergrößert ihre Spannkraft und begünstigt die Rückkehr des Blutes von den äußeren Teilen nach dem Herzen. Sie vermindert die Länge dieser Fasern und vergrößert also auch dadurch ihre Stärke. Die warme Luft dagegen erschlafft die Enden der Fasern und verlängert sie; sie vermindert also ihre Stärke und Spannkraft. Man hat daher in den kalten Himmelsstrichen mehr Kraft. Die Tätigkeit des Herzens und die Rückwirkung der Faserenden geht dort besser vonstatten, die Säfte sind besser im Gleichgewichte, das Blut wird mehr zum Herzen getrieben, und dies wiederum hat mehr Kraft. Diese größere Stärke muß viele Wirkungen hervorbringen: z. B. mehr Selbstvertrauen, das heißt mehr Mut; größeres Bewußtsein seiner Überlegenheit, das heißt weniger Rachbegier; größeren Glauben an seine Sicherheit, das heißt mehr Freimütigkeit, weniger Argwohn, List und Verschlagenheit. Kurz, es muß dies sehr verschiedene Charaktere bilden. Man bringe einen Menschen an einen warmen, eingeschlossenen Ort, und er wird aus den soeben erwähnten Gründen an einer sehr großen Ermattung des Herzens leiden. Wollte man ihm unter diesem Umstande eine kühne Handlung vorschlagen, so würde man ihn, glaube ich, sehr wenig dazu aufgelegt finden: Seine augenblickliche Schwäche würde seine Seele mit Mutlosigkeit erfüllen, er wird alles fürchten, weil er fühlt, daß er nichts kann. Die Völker der heißen Länder sind furchtsam wie die Greise, die der kalten Länder mutig wie die jungen Leute. Wenn wir unsere Aufmerksamkeit auf die letzten Kriege [= die Spanischen Erbfolgekriege] richten, die wir am meisten vor Augen haben und bei denen wir am besten gewisse leichte Wirkungen wahrnehmen können, die aus der Ferne nicht bemerkbar sind, so werden wir finden, daß die nordischen Völker, welche nach den südlichen Ländern gebracht wurden, dort nicht so schöne Taten verrichtet haben, wie ihre Landsleute, welche unter ihrem eigenen Himmelsstriche kämpften, wo sie ihren ganzen Mut entfalten konnten.

Montesquieu: Der Geist der Gesetze, übersetzt von A. Fortmann. Leipzig 1891, 192–193 (= XIV, 2).

Montesquieu orientiert sich dabei an einem »modernen« Bild des menschlichen Organismus, wie es seit Harveys Entdeckung des Blutkreislaufes die cartesianische Medizin dominiert: Der Mensch erscheint im Modell einer Maschine (Montesquieu selber spricht wiederholt von der *machine*), deren Reaktionen empirisch meßbar seien. Für die physiologische Begründung der Klimatheorie spielen dabei neben der Blutzirkulation die äußeren Nerven und deren unterschiedliche Reaktionen auf Kälte und Hitze die wichtigste Rolle; Montesquieu hat in diesem Zusammenhang selber entsprechende Tierversuche unternommen.[304] Im übrigen gehört seine Grundüberzeugung in den Zusammenhang aufklärerischen Denkens, das nach den natürlichen Determinanten des Lebens und der menschlichen Einrichtungen fragt und dabei dem Klima (wir könnten den Begriff heute am ehesten mit »Umwelt« übersetzen) den ersten Platz einräumt: *L'empire du climat est le premier de tous les empires*, »Die Herrschaft des Klimas ist die erste unter allen Herrschaften«, lautet sein prägnantes Diktum.[305]

Daß *le caractère de l'esprit et les passions du cœur* unter verschiedenem Klima *extrêmement différents*[306] seien – es ist kein Zufall, daß Ideen (vielleicht sogar Einsichten) dieser Art im Zeitalter der europäischen Aufklärung entstehen und sich dabei auf die neuesten Erkenntnisse der Naturwissenschaften stützen. Es geht um ein neuerwachtes ethnologisches Interesse an der *diversité* der Menschen, das – anders als es bei der Rede vom »barbarischen« und vom »edlen Wilden« im Zeitalter der Entdeckungen der Fall war – nach rationalen Erklärungen für diese Diversität sucht und nicht verurteilend, sondern verstehend darauf reagieren möchte (Montesquieus »Klimatheorie« ist ja ein Baustein seines großen Werkes über den *Geist der Gesetze*, in dem er nach den *rapports*, den »Beziehungen« fragt, die materielle Faktoren zur Gesetzgebung haben). Und natürlich spielt bei der Frage *Warum sind die Menschen auf Erden so verschieden?* auch die in der Neuzeit wachsende eigene Erfahrung dieser Verschiedenheit eine wichtige Rolle: Der Tourismus, dessen Entstehung wir in jener Zeit verfolgen können, ist bis heute das fruchtbarste Feld populärer ethnologischer Diskurse. Auch Montesquieu war ein großer Reisender, er kannte England, die Niederlande, die verschiedenen deutschen und italienischen Staaten bis zum Königreich Neapel, und seine Ausführungen zur »Klimatheorie« spielen immer wieder darauf an.

Unter der Hitze der Leidenschaften.
Der sinnliche Süden und die Lust an der Faulheit

Frost und *Hitze* und, damit identisch, *Norden* und *Süden* werden auf diese Weise zu Polen einer »mentalen Geographie«, bei deren Definition die realen geographischen Verhältnisse relativ unbestimmt bleiben. Wenn Montesquieu vom »Süden« spricht, kann von Südeuropa, dem Orient, von Indien oder China die Rede sein. Das Definitionskriterium dieses Südens ist *la chaleur*, die »Hitze«. Daß es in südlichen Regionen extrem kalt sein kann, spielt keine Rolle. Der Polarität der physiologischen Hitze/Kälte-Reaktionen entspricht die Polarität der geographischen Temperaturzonen: Im Norden ist es kalt, im Süden heiß. Die Idee vom »sonnigen Süden« lebt bis heute in den Ländern Nordeuropas weiter.

Ebenso eindeutig erfolgt die Zuordnung geographischer zu mentalen »Lagen«: »Wie man die Himmelsstriche nach den Breitengraden (*degrés de latitude*) unterscheidet, so könnte man sie auch sozusagen nach den Graden der [menschlichen] Empfindlichkeit (*degrés de sensibilité*) unterscheiden.«[307] Theoretisch geht Montesquieu dabei von einem Axiom der Gerechtigkeit aus, schließlich solle der »Geist der Gesetze« auf die *diversité* der verschiedenen Völker reagieren. In der Praxis jedoch fällt seine mentale Geographie eindeutig zu Ungunsten des Südens aus. Sein Begriff der *passions du cœur* spielt dabei eine wichtige Rolle. Infolge der Erschlaffung der äußeren Nervenfasern unter der Einwirkung der Sonne verminderten sich in jenen Regionen die intellektuellen und moralischen Energien. Es herrsche »eine gewisse geistige Trägheit«, die bis zum Glück des Nichtstuns, der Faulheit (*paresse*) gehen könne.[308] Auf der anderen Seite bewirke die gleichzeitige hitzebedingte Verlängerung dieser Fasern die größere Erregbarkeit der Leidenschaften. »In den nördlichen Himmelsstrichen finden wir Völker, die wenig Laster, ziemlich viel Tugend und viel Aufrichtigkeit und Freimut haben. Nähern wir uns den Ländern des Südens, so glauben wir, uns von der Sittlichkeit selbst zu entfernen.«[309]

Unter den »Leidenschaften des Herzens« nimmt natürlich die Liebe den ersten Platz ein. Montesquieu greift den alten Topos vom »sinnlichen Süden« auf und gibt ihm im Rahmen seiner Physiologie der Körperfunktionen eine wissenschaftliche Begründung: »Bei dieser Feinheit der Organe in den heißen Ländern wird die Seele vollkommen erregt durch alles, was auf die Vereinigung der beiden Geschlechter Bezug hat, und alles leitet auf diesen Gegenstand hin.«[310] Es sei daher klug, daß in diesem pansexuellen Süden Männer und Frauen einer strikteren Trennung unterlägen: »Es gibt Himmelsstriche (*climats*), wo die Natur so mächtig ist, daß die Sittenlehre beinahe nichts vermag. Man lasse einen Mann mit einer Frau zusammen, und die Versuchung wird sie zu Fall bringen, der Angriff sicher, der Widerstand keiner sein.«[311] Im Norden hingegen habe »die sinnliche Liebe kaum die Kraft, sich recht bemerklich zu machen«. Hier verlange statt dessen die durch die Kälte »schwerfällige Maschine« des menschlichen Organismus nach Vergnügungen, welche »die Geister wieder beleben« könnten. Montesquieu zählt dazu neben der Jagd, dem Krieg und dem Wein auch das Reisen.[312]

Im Süden leben schöne Menschen.
Winckelmanns anthropologischer Idealismus

Die Klimatheorie ist schon zur Zeit ihres Ursprungs kritisiert, später vielfach belächelt worden. Dennoch waren ihre Wirkungen äußerst nachhaltig. Während des 18. und des frühen 19. Jahrhunderts wurde sie eine Art Leitidee zum Verständnis fremder Völkerschaften und dessen, was unter dem Begriff des »Nationalcharakters« populär werden sollte. In Christoph Meiners *Grundriß der Geschichte der Menschheit* (1793), einem frühen Standardwerk der Völkerkunde in Deutschland, werden klimatische Bedingungen nicht nur zur Begründung einzelner Charaktereigenschaften der verschiedenen »Völkerstämme« herangezogen, sondern gehen auch in ästhetische Urteile ein: »Eins der wichtigsten Kennzeichen von Stämmen und Völkern ist Schönheit oder Häßlichkeit«, schreibt Meiners und dekretiert: »Nur der weiße Völkerstamm verdient den Namen des Schönen und der dunkelfarbige mit Recht den des Häßlichen.« Denn: »Eine Hauptursache der Schönheit ist das Klima.«[313]

In Deutschland wird dann die Klimatheorie – in weiterentwickelter Form – vor allem durch Johann Gottfried Herder populär.[314] In dessen *Ideen zur Geschichte der Philosophie der Menschheit* (1785) mit ihrem Versuch eines »ganzheitlichen« Verständnisses von Geschichte und Kultur der einzelnen Völker spielen klimakulturelle Determinanten eine wichtige Rolle. Herder erweitert dabei – gegen Montesquieus einfaches Hitze/Kälte-Schema – den Begriff des Klimas in einer Weise, welche die moderne Rede von der »Umwelt« vorwegzunehmen scheint, er erinnert an »die Höhe oder Tiefe eines Erdstrichs, die Beschaffenheit desselben und seiner Produkte, die Speisen und Getränke, die der Mensch genießt, die Lebensweise, der er folgt, die Arbeit, die er verrichtet, Kleidung, gewohnte

Stellungen sogar, Vergnügungen und Künste nebst einem Heer anderer Umstände, die in ihrer lebendigen Verbindung viel wirken – alle sie gehören zum Gemälde des vielverändernden Klima[s]«.[315]

Die Bewertung der verschiedenen Himmelsstriche und der unter ihnen lebenden Menschen blieb bei alledem durchaus ambivalent. Insgesamt läßt sich dennoch langfristig eine »Aufhellung« des Bildes vom Süden beobachten. In Deutschland war es vor allem Johann Joachim Winckelmann, dessen Kunsttheorie in diesem Zusammenhang eine neue Richtung vorgab: Sie sprach nämlich den Völkern südlicher Breiten – allerdings nur innerhalb des Mittelmeerraums – den Primat in Fragen der Schönheit, des Geschmacks und der künstlerischen Bildung zu.

Winckelmanns *Geschichte der Kunst des Altertums* (1764), die Quintessenz seiner Beschäftigung mit der Antike und eine der einflußreichsten ästhetischen Schriften der Goethezeit, setzt mit Überlegungen dazu ein, worin der Ursprung der Kunst und die Ursachen ihrer Verschiedenheit unter den Völkern lägen. Dabei geht es ihm zum einen um eine Entwicklungsgeschichte der Kunst, zum anderen um die Erklärung der Überlegenheit der mediterranen und speziell der klassischen griechischen Kunst. Winckelmann spricht dabei dem »Einflusse des Himmels« große Bedeutung zu.[316] In den warmen Ländern des Mittelmeerraums habe die Natur den Menschen nicht nur eine wohllautendere Sprache, sondern auch eine edlere Gesichtsbildung verliehen – »und je mehr sich die Natur dem griechischen Himmel nähert, desto schöner, erhabener und mächtiger sei dieselbe in Bildung der Menschenkinder.«[317] Da Winckelmann die Anschauung Griechenlands verwehrt war, projiziert er diesen »griechischen Himmel« nach Süditalien, in die *Magna Graecia*. Dort, im Süden, lebten die schönsten Menschen: die vollkommensten Modelle für den Künstler.

Schöne Menschen im Süden
Johann Joachim Winckelmann (1764)

Es finden sich daher in den schönsten Ländern von Italien wenig halb entworfene, unbestimmte und unbedeutende Züge des Gesichts, wie häufig jenseits der Alpen, sondern sie sind teils erhaben, teils geistreich, und die Form des Gesichts ist mehrenteils groß und völlig [= füllig], und die Teile derselben in Übereinstimmung. Diese vorzügliche Bildung ist so augenscheinlich, daß der Kopf des geringsten Mannes unter dem Pöbel in dem erhabensten historischen Gemälde könnte angebracht werden, und unter den Weibern dieses Standes würde es nicht schwer sein, auch an den geringsten Orten ein Bild zu einer Juno zu finden. Neapel, welches mehr als andere Länder von Italien einen sanften Himmel und eine gleichere und gemäßigtere Witterung genießt, weil es dem Himmelsstriche, unter welchem das eigentliche Griechenland liegt, sehr nahe ist, hat häufig Formen und Bildungen, die zum Modell eines schönen Ideals dienen können und welche in Absicht der Form des Gesichts und sonderlich der stark bezeichneten und harmonischen Teile desselben gleichsam zur Bildhauerei erschaffen zu sein scheinen. Wer auch niemals diese Nation gesehen, kann aus der zunehmenden Feinheit derselben, je wärmer das Klima ist, von selbst und gründlich auf die geistreiche Bildung derselben schließen: Die Neapolitaner sind feiner und schlauer noch als die Römer, und die Sizilianer mehr als jene. Die Griechen aber übertreffen selbst die Sizilianer. Je reiner und dünner die Luft ist, sagt Cicero, desto feiner sind die Köpfe.

Johann Joachim Winckelmann: Geschichte der Kunst des Altertums [1764]. Darmstadt 1972, 39-40.

Winckelmann entwirft damit eine anthropologisch-ästhetische Idee des Südens, die gewiß auch Elemente seiner Biographie enthält: jenes Weges aus der Altmark über Sachsen nach Italien, auf dem sein schönheitssuchender Geist die Erfüllung fand. »Alles ist nichts gegen Rom«, wird er Freund Berendis aus der Ewigen Stadt schreiben, »willst du Menschen kennen lernen, hier ist der Ort.«[318]

Die Idealisierung der schönen Menschen im Süden, vorzugsweise in Italien, prägt über ein Jahrhundert den Geist des Klassizismus, begeistert zahllose Maler bei ihrer Suche nach Porträtstudien unter den Bauern der römischen Campagna oder den Fischern am Golf von Neapel. Erst in der zweiten Hälfte des 19. Jahrhunderts, mit dem Aufkommen völkischer Ideen in Deutschland, ändert sich die ästhetische Orientierung, weichen die von Winckelmann gerühmten »fülligen« Gesichter des Südens jenen kantigen des Nordens, wie sie die Superiorität der »germanischen Rasse« dokumentieren sollten.

Ein ganz anderer Mensch im Süden.
Die Romantisierung des Klimas

Hatten Autoren des 18. Jahrhunderts bereits viel dazu beigetragen, dem Süden und seinen Menschen zunehmend liebenswertere Züge zu verleihen, so verstärkt sich diese Tendenz im Zeitalter der Romantik. Es war der Schweizer Karl Victor von Bonstetten (Bern 1745 – Genf 1832), der mit

L'HOMME DU MIDI

ET

L'HOMME DU NORD,

OU

L'INFLUENCE DU CLIMAT;

PAR CH.-VICTOR DE BONSTETTEN.

GENÈVE,

CHEZ J. J. PASCHOUD, IMPRIMEUR-LIBRAIRE.

PARIS,

MÊME MAISON DE COMMERCE, RUE DE SEINE N.° 48.

1824.

Bonstettens klimatographische Programmschrift, 1824.

seinem Buch *L'homme du Midi et l'homme du Nord ou l'influence du climat* (1824) das alte Thema der klimatischen Prägung der Menschen in einer modernisierten Variante wieder aufgriff. Auch Bonstetten war viel gereist, er hatte in Leiden, Cambridge und Paris studiert, er hatte zwei Jahre in Dänemark gelebt und 1802/3 Friederike Brun auf ihrer großen Reise durch Italien begleitet; später gehörte er zum Genfer Kreis um Madame de Staël und August Wilhelm Schlegel. Ein kosmopolitischer Mann also, dem, ähnlich wie Montesquieu, unterschiedliche Charaktere in unterschiedlichen Ländern aus eigener Anschauung vertraut waren. Allerdings argumentiert er auf einer gänzlich anderen Basis als sein großer französischer Vorgänger: Es ist die Medizin der Romantik, die mit der cartesianischen Lehre von der »Mensch-Maschine« gebrochen hatte und statt dessen von den sensitiven Erregungen ausging, die bestimmte »Umgebungen« – vornehmlich Landschaften, Tageszeiten oder Wetterlagen – auf empfindliche Gemüter ausübten, damit entsprechende »Stimmungen« provozierend, wie sie beispielsweise auch die Helden von E. T. A. Hoffmanns oder Joseph von Eichendorffs Erzählungen in ihren Entscheidungen beeinflussen. Montesquieus klimatische Pole von *Frost* und *Hitze* spielen daher kaum noch eine Rolle. Unter »Klima« versteht Bonstetten vielmehr – ähnlich wie bereits Herder – die Gesamtheit der natürlichen Bedingungen eines Landstrichs, nicht zuletzt dessen ästhetische Anmutungen. Und nicht mehr empirische Messungen von Nervenreaktionen der Haut liegen seiner Theorie zugrunde, sondern einfühlsame Beobachtungen, zunächst an sich selber, dann auch an anderen.

Eine neue und unerwartete Art zu empfinden
Karl Victor von Bonstetten (1824)

Die erste Wirkung des Klimas auf die Menschen zeigt sich durch eine neue und unerwartete Art zu empfinden, eine Sache, die jeder Reisende, welcher über die Alpen nach dem Süden geht, wahrnimmt. Man fühlt sich überrascht durch diesen Einfluß, und jeder aufmerksame Beobachter seiner Empfindungen findet, daß er ein ganz anderer Mensch ist, wenn er sich diesseits oder jenseits jener großen Barriere aufhält. Kömmt man nach Italien, so wird man unwillkürlich durch den Glanz des Himmels, den Reichtum der Vegetation und jene, von einem Baum zum andern über blühende Felder sich wegschlingenden Rebengewinde ergriffen. Die Farben der ganzen Landschaft sind hier anders, der Anblick der Berge ist nicht mehr derselbe. Man sieht nicht mehr die tiefen Täler an den Abhängen der Alpen, und nackte, an ihren Gipfeln ausgezahnte Felsen scheinen den Himmel dieses Landes von dem der Schweiz zu trennen. Das Ohr ist überrascht durch die Töne einer musikalischen und sonoren Sprache, deren leidenschaftliche Ausdrücke von einer ununterbrochenen Pantomime und einer fortgehenden Bewegung der Gesichtsmuskeln begleitet wird, die den Bewohner des Nordens in Erstaunen setzen. Der Himmel des Südens ist oft von einem dunklen Blau, des Nachts ist der schwarze Schleier desselben mit unzählbaren glänzenden Sternen bedeckt, während im Norden dagegen das Firmament fast stets bleich ist und je näher den Polen verödet wie die Erde.

Karl Victor von Bonstetten: Der Mensch im Süden und der Mensch im Norden oder über den Einfluß des Climas, übersetzt von Friedrich Gleich. Leipzig 1825, 2–3.

Im Sinne einer romantischen Synästhesie erscheint das »Klima« als Zusammenklang von Formen, Farben, Gerüchen, von Geologischem, Vegetabilischem und Historischem. Und der »Einfluß« dieses Klimas (so der Untertitel des Buches) macht sich nicht zuletzt in »Empfindungen« und »Stimmungen« bemerkbar, die der Mensch beim Wechsel von der einen in die andere Klimazone an sich registriert. Was Bonstetten beschreibt, ist gleichsam das theoretische Gerüst jener Erfahrungen, die zahllose romantische Reisende beim Übergang über die Alpen gemacht, in Tagebüchern, Briefen und Reisebeschreibungen festgehalten haben.

Eine populäre Ethnographie

Denn dieser »Süden«, von dem Bonstetten spricht, ist im Gegensatz zu Montesquieus und Herders »Süden« geographisch relativ klar umschrieben: Er heißt Italien. Auch wenn der Autor gelegentlich andere Lokalitäten einführt, so argumentiert er doch im wesentlichen mit Beispielen und Erfahrungen aus der Apenninenhalbinsel, widmet überdies ein eigenes ethnographisches Kapitel den »Italienern«. Damit fixiert sein Buch (das unmittelbar nach Erscheinen auch in Deutschland herauskam und hier populär wurde[319]) eine Auffassung, die hierzulande zu einer romantischen Grundüberzeugung werden sollte: Die hesperischen Gefilde liegen jenseits der Alpen. Der *Süden* heißt für die Deutschen *Italien*.

Welcher *Norden* diesem *Süden* korrespondiere, ist weniger klar definiert. Bonstetten bezieht sich gern auf Beispiele aus Dänemark (oder Skandinavien), aus Deutschland oder England. Eine Art Mittelstellung nehmen die Schweiz und vor allem Frankreich ein. »Frankreich, zwischen dem brennenden Himmel des Südens und den neblichten Regionen des Nordens liegend, scheint eine glückliche Mischung der verschiedenen Arten, in beiden Climaten zu leben, zu vereinen.«[320]

Auch die ethnographischen Zuschreibungen Bonstettens, also seine Charakterisierungen des »Nordmenschen« (*l'homme du Nord*) und des »Südmenschen« (*l'homme du Midi*), sind weniger wegen ihrer präzisen Inhalte interessant (er referiert und systematisiert im Grunde Auffassungen, die schon vorher in der Reiseliteratur kolportiert werden[321]); sie leben jedoch von der plakativen Zuspitzung, mit der die verschiedensten Bereiche des gesellschaftlichen und des alltäglichen Lebens undifferenziert im polaren Raster eines Nord-Süd-Gegensatzes behandelt und gedeutet werden: »Ackerbau«, »Freiheit«, »Religion«, »Dichtkunst«, »Selbstmord«, »Trunkenheit« und manches andere.

Der Mensch des Südens ist dabei charakterisiert durch seine »Sorglosigkeit in Betreff der Zukunft«.[322] Er lebe »stets für den Augenblick«, stelle ihm doch die üppige Natur alles jederzeit reichlich zur Verfügung.[323] Er sei beherrscht von »Leidenschaften« und dem »Durst nach Rache«.[324] Anders als der »Mensch des Nordens« verabscheue er die Trunkenheit und den Selbstmord. Dafür verwirkliche er sich im Rausch der Liebe:

> Im Süden ergreift die Liebe den Menschen ganz und auf einmal wie der Blitz ihn berührt, und wie der Blitz in einer Gewitternacht den ganzen, dunklen Himmel erhellt, so erhellt auch dort die Liebe den Geist des Menschen. Wenn dagegen im Norden die Liebe zu ihrem Ausbruch kommen soll, so muß sie sich immer erst durch einen Haufen von Raisonnements [= Vernunftgründen] den Weg zu den Sinnen bahnen.[325]

Natürlich gehört in den Zusammenhang des leidenschaftlich liebenden »Südmenschen« auch die Erörterung einer Einrichtung, die die Phantasie der »Nordmenschen« immer wieder erregt hat: das sogenannte *Cicisbeat*, also die Gewohnheit verheirateter italienischer Frauen, sich einen Liebhaber (*cicisbeo*) als festen Hausfreund zu halten.[326] In der zeitgenössischen

Reiseliteratur wird sie immer wieder gern als Beispiel für die laxen Sitten der italienischen Frauen – die »Weibergalanterie«, wie Seume sagt – herangezogen.[327] Auch hier leben alte Wunschvorstellungen weiter. Daß die Venezianerinnen die leidenschaftlichsten Kurtisanen und die Neapolitanerinnen die begehrlichsten Liebhaberinnen seien (John Evelyn nennt sie in seinem Tagebuch *excessively libidinous*[328]), drückt natürlich auch die eigenen Begehrlichkeiten der einsamen Männer auf Reisen aus.

Der »Nordmensch« hingegen, ein »Verstandesmensch« und ein »Freund der Ordnung« (brauche er doch angesichts ungünstigerer natürlicher Ressourcen »mehr Umsicht und mehr Vorsicht, um seine Existenz zu sichern«[329]), neige zu planendem, regelhaftem Verhalten und gebe sich leichter dem Nachdenken, auch der Grübelei hin. Während der Südländer – so Bonstetten – geneigt sei, »zu handeln, ohne zu denken« (*à agir sans réfléchir*), sei der Nordländer versucht, »zu denken ohne zu handeln« (*à réfléchir sans agir*). Politisch neige er mehr zu Systemen der Freiheit, wohingegen die Knechtschaft, auch die Bettelei eher eine Sache des »Südmenschen« sei. Das schmälert allerdings Bonstettens Sympathie für den »Südmenschen« kaum: »Ich weiß nicht, warum man in Italien ein Gefühl von persönlicher Unabhängigkeit genießt, wie man es nie so vollständig im Norden hat.«[330]

»Nordmensch« und »Südmensch«.
Auf der Achse der mentalen Geographie

Mit Bonstettens Schrift wird eine lange weiterwirkende plakative Dichotomie von *Norden* und *Süden* populär. Als gäbe es auf Erden nur diese beiden Himmelsrichtungen, ist gleich zu Beginn seiner Schrift von *les deux climats* die Rede, den »beiden Himmelsstrichen«, wie der deutsche Übersetzer formuliert. Fünf Jahre nach Erscheinen des Buches greift der romantische Dichter Friedrich de la Motte-Fouqué (bekannt geworden vor allem als Verfasser der Märchennovelle *Undine*) das Thema mit einem eigenen Buch auf: *Der Mensch des Südens und der Mensch des Nordens* (1829). Angeregt hatte ihn zu diesem »Sendschreiben« (so der feierliche Untertitel) kein Geringerer als Alexander von Humboldt in Berlin, zu dessen Forschungsgebieten natürlich auch das Klima gehörte. Auch Fouqué ist überzeugt: »Der Mensch des Nordens handelt mehr nach Überlegung, der Mensch des Südens mehr aus Antrieb.«[331] Allerdings ist er bemüht, Bonstettens Idealisierung des Südens zu relativieren, und möchte »Norden« und »Süden« nicht so sehr nach den Breitengraden als nach dem »Geist« und den »Verhältnissen« der Menschen verstehen. Im Norden, »dem Lande des Harrens, des Sehnens, der langsam reifenden Erfüllung«, sei »die Zeit« das »obwaltende Prinzip«, im Süden hingegen »der Raum«.[332] Das läßt an den Gegensatz von *Ahnung* und *Gegenwart* denken, Eichendorffs Reiseroman, und die Polarität zwischen dem ewig »tatenarmen«, aber »gedankenvollen« Deutschen, von dem Hölderlins Gedicht *An die Deutschen* weiß. Wilhelm Waiblinger, der lange Jahre in Italien lebte, hat den Gegensatz prägnant in ein Distichon gefaßt (»Römer und Deutsche«):

> Was für ein Unterschied ist zwischen Römer und Deutschem?
> Jener schafft nicht und lebt, dieser, er lebt nicht und schafft.[333]

Auch der Gegensatz von Kindlich-Verspieltem (Süden) und Ernsthaft-Erwachsenem (Norden) kann mitschwingen:

> Italiener und Deutsche sind nie vereinbare Pole,
> Jener ist immer ein Kind, dieser dagegen es nie.[334]

Mit dem Gegensatzpaar von Norden und Süden etabliert sich jedenfalls ein ungemein fruchtbares Muster völkerkundlichen Denkens und künstlerischer Inspirationen. Neue kategoriale Begriffe kommen in Mode, von »Nordländer« und »Südländer« ist die Rede, von »Nordmann« und »Südmann«, von »Nordland-Mensch« und »Südland-Mensch«, gar von »Nördling« und »Südling«.[335] Strukturelle Polaritäten werden bemüht, um die verschiedenen Verhaltensweisen und Empfindungen der Menschen unter den beiden »Himmelsstrichen« zu charakterisieren, wobei es so gut wie keinen Lebensbereich gibt, der nicht zu solchen Vergleichen eingeladen hätte. »Warum herrscht zum Beispiel in Köln ein schwarzgallichter Fanaticismus in der Andacht, in Rom hingegen Leichtsinn und heitere Freude?« fragt der große Weltreisende und Völkerkundler Georg Forster in den *Ansichten vom Niederrhein* (1790). »Sind es die niederländischen Nebel und die lauen, gestirnten Nächte Italiens, welche diesen Unterschied bemerkbar machen? [...] Ich gestehe, daß ich viel auf die Einwirkung eines milden Himmelsstriches halte, und so auffallend der Unterschied zwischen dem niedrigen Bettler in Köln und dem edleren Lazzarone in Neapel ist, rechne ich ihn doch größtenteils auf die klimatische Verschiedenheit ihres Aufenthalts. In Italien entwickelt schon allein das Klima den gesunden Menschenverstand.«[336]

138

In diesem Punkt – der »Qualität« der unterschiedlichen religiösen Verhaltensweisen – konnte man freilich auch anderer Meinung sein als Georg Forster. Nicht wenige protestantische Reisende aus England oder den deutschen Ländern sehen im südlichen Katholizismus nicht so sehr »heitere Freude« als lärmendes Gepränge.

Einigkeit herrschte hingegen in der Überzeugung von der größeren Leidenschaftlichkeit der südlichen Liebe. Emanuel Geibel hat dem Thema ein Gedichtpaar gewidmet (man könnte von einer Art von Diptychon sprechen), das unter dem Titel *Zwei Mädchenlieder* die Reaktionen der verlassenen Geliebten einmal *spanisch* und einmal *nordisch* (so die Untertitel) wiedergibt. Während sich die Spanierin in furiosem, kurzatmigem Fünfsilbler-Stakkato rachedürstend an die Mutter wendet:

> Fluch ihm, o Mutter,
> Fluch ihm Verderben,
> Daß er nicht leben
> Könne noch sterben!
> Fieberverschmachtet,
> Wahnsinnsumnachtet,
> Stückweis in Scherben
> Brech' ihm das Herz!

... schmachtet das verlassene nordische Mädchen einsam am Meer im getragenen Versmaß einer sentimentalen Ode:

> Nun liegt der Kahn und fault am Strand,
> Er aber ging ins fremde Land,
> Er ging, ein hohes Weib zu frei'n –
> Gott geb ihm Glück! Das Leid ist mein.
> Traurig rinnen die Tage.[337]

Nord-Süd-»Diptycha« begegnen außer in der Literatur auch in der bildenden Kunst. Am bekanntesten ist Johann Friedrich Overbecks Bild *Italia und Germania* (1828)[338] geworden, das die beiden allegorischen Figuren zwar in sinnender, geschwisterlicher Vertrautheit, aber doch mit charakteristischen Unterschieden und vor unterschiedlichen landschaftlichen Hintergründen präsentiert. Hans von Marées hat das Motiv in seinem Freskenzyklus in der Zoologischen Station in Neapel (1873) aufgegriffen.

Carl Gustav Carus:
Deutscher Mondschein, 1833.

Daß auch der Mond im Süden anders scheint als im Norden, zeigt ein romantisches »Diptychon« von Carl Gustav Carus, der 1828 als Leibarzt im Gefolge von Prinz Friedrich von Sachsen Italien besucht hatte. Sein Doppelbildnis *Italienischer Mondschein – Deutscher Mondschein* (1833)[339] zeigt in parallelen Kompositionen eine nächtliche Szene mit einem erleuchteten Fenster vor dem Hintergrund einmal der Peterskirche in Rom, einmal einer gotischen Kirche im Norden.

Aber nicht nur der Mond, auch der Stil der Gelehrten glänzt im Norden und Süden auf verschiedene Weise, wie der Oldenburger Professor Karl August Mayer weiß, der viele Jahre in Neapel gelebt hatte.

Der deutsche Professor und sein Gegenstück im Süden
Karl August Mayer (1840)

Warum ist der Stil des Italieners so klar und rein, indes sich der deutsche Autor – ich denke hier an die Gelehrten – mit schweren, hochgetürmten Perioden, wie der Züchtling [= Strafgefangener] mit der Kugel am Fuße schleppt? Warum fließt die Rede des Südländers, auch in

Carl Gustav Carus:
Italienischer Mondschein,
1833.

streng wissenschaftlichem Gebiete, so leicht und natürlich, während ein deutscher Professor ein Chaos von Gedanken bewegt und, gleich der in Dampf gehüllten Pythia, dunkle Orakel verkündet? Die größere Tiefe des deutschen Geistes trägt nicht allein die Schuld. Gewiß geben Land, Licht und Luft, so wie sie den Körper gestalten, auch dem Geiste eine Form.

Karl August Mayer: Neapel und die Neapolitaner oder Briefe aus Neapel in die Heimat. Oldenburg 1840, Bd. I, 212.

Und daran wird wohl etwas Wahres sein.

Über die Alpen nach Italien reisen
Der Süden der Sehnsucht

Der Kompaß der Grand Tour

Reisende haben einen inneren Kompaß. Himmelsrichtungen, wie vage auch immer begriffen, bieten Koordinaten der Orientierung, mentale mehr noch als geographische. Über Jahrhunderte hinweg und intellektuell befestigt nicht zuletzt durch die klimakulturellen Debatten, war Europas mentale Geographie um eine Nord-Süd-Achse zentriert. Auch die heute »ost«-europäisch genannten Staaten und das zaristische Rußland lagen auf dieser geistigen Landkarte nicht im »Osten«, sondern im »Norden«.[340] Als Johann Gottfried Seume 1805 diese Länder bereist, spricht er von seiner »Ausflucht nach Norden«.[341] Und Johann Daniel Ferdinand Neigebaur, unter anderem Verfasser eines bekannten Italien-Führers, veröffentlicht 1840 seine Reiseerinnerungen an Rußland und Polen unter dem von Frustration geprägten Titel *Nur nicht nach Norden!*[342]

Auch der Norden der Reiseliteratur war, ähnlich wie derjenige der klimatheoretischen Diskussionen, ländergeographisch relativ unbestimmt. Der Süden bedeutete hingegen ein klares Ziel: Italien. »Nach Süden, nach Süden!« jubelt das Lied zur Eröffnung des »Reise-Albums«, das die Komponistin Fanny Hensel geb. Mendelssohn und ihr Mann, der Maler Wilhelm Hensel, zur Erinnerung an ihre Italienreise 1839/40 anlegten.[343] Die Zeichnung zu dem Lied zeigt eine ausfahrende Dampflokomotive; die Hensels hatten die erste Etappe ihrer Reise in den Süden auf der kurz zuvor eröffneten »Berlin-Potsdamer Eisenbahn« zurückgelegt.

Nach Süden! Nach Süden!
Das Liedblatt von Fanny
und Wilhelm Hensel
eröffnet das Album zur
Erinnerung an die Italienreise 1839/40.

Nach Süden
Allegro molto vivace
Fanny und Wilhelm Hensel

Von allen Zweigen schwingen
Sich wandernde Vögel empor,
Weit durch die Lüfte klingen
Hört man den Reisechor.
Nach Süden, nach Süden,
In den ewigen Blumenflor.

Ihr Vöglein singt munter hernieder,
Wir singen lustig hinaus,
Wenn der Lenz kommt, kehren wir wieder,
Wieder in Nest und Haus,
Von Süden, von Süden!
Jetzt aber, hinaus!

Fanny Hensel geb. Mendelssohn, opus 10, Nr. 1.
Text: Wilhelm Hensel.

144

Der Süden, erlebt in romantischer Begeisterung oder mit forschender Neugier, geliebt und immer wieder auch gehaßt: das war Italien. Die Wurzeln dieser Identifizierung liegen in der Geschichte der Grand Tour.

Mit der Grand Tour, also jener Einrichtung, die seit dem 17. Jahrhundert eine wachsende Zahl von Reisenden durch Europa führte, hatte sich auch eine konventionelle Reiseroute entwickelt, deren südlichstes Ziel Italien war: das am weitesten entfernte und zugleich fremdeste Land, immer wieder auch als der Höhepunkt der gesamten Tour erlebt. Drei große Städte (die Grand Tour war im wesentlichen »Städtereise«) standen dabei im Mittelpunkt: Venedig, Rom und Neapel. Die Stadt am Golf galt lange Zeit als die schönste Stadt Italiens,[344] »unstreitig für den Nordländer an und für sich der reizendste Punkt Italiens«, wie es noch in einem Reiseführer von 1848 heißt.[345] Bis zur zweiten Hälfte des 18. Jahrhunderts war Neapel zugleich der südlichste Punkt der ganzen Reise; wer sich bis zu den Tempeln von Paestum am Golf von Salerno vorwagte, tat dies schon im Gefühl, unsicheren Boden zu betreten. Denn das feste Wegesystem und die touristische Infrastruktur endeten in Kampanien, erst ab den 1770er Jahren erschließt sich allmählich ein noch fernerer Süden: Sizilien.

In der europäischen Reisegeschichte der Neuzeit und, durch sie vermittelt, im allgemeinen Bewußtsein verbinden sich also die Vorstellungen vom Süden immer wieder mit Italien und dort ganz besonders mit der Gegend am Golf von Neapel. Was aber war das Modell der Erfahrung dieses Landes? Zahllose Arbeiten haben sich dem Thema des Italien-Erlebnisses deutscher und europäischer Reisender gewidmet und dabei die Perspektiven deutlich gemacht, unter denen das Land gesehen und geschätzt wurde. Es war der Blick auf die Altertümer und die Werke der Kunst, das Interesse an der enzyklopädischen Erkundung seiner Besonderheiten, die Begeisterung für die Schönheiten der Natur und manches andere, was die Reise nach Italien zum umfassenden »Curriculum der Welterfahrung und Selbstbildung«[346] gemacht hat. In alledem war die Italienreise jedoch auch bestimmt durch eine geographische Grunderfahrung: das Wissen um das allmähliche Vordringen in einen anderen Himmelsstrich. Über Generationen hinweg wurde das Italien-Erlebnis strukturiert durch die Wahrnehmung klimakultureller Determinanten.

Klima, Wind und Wetter

Wer heute reist, reist klimatisiert: in Auto, Eisenbahn oder Flugzeug. Und auch in der Fremde findet er vertraute künstliche Mikroklimata: Heizung und Klimaanlage in Hotel, Restaurant und an anderen touristischen Örtlichkeiten. Anders die Grand Tour: Sie bedeutete Akklimatisierung an die Fremde und, damit einhergehend, die Beobachtung klimatischer Varietäten. Thermometer und Barometer gehörten zum Gepäck des Reisenden. Nicht zuletzt in der Institution der Grand Tour fand die zeitgenössische Klimatheorie ihr vorzüglichstes Experimentierfeld, in Erkenntnis und Vermessung der Welt durch den »ambulanten Wetterbeobachter« (wie Goethe sich in Italien einmal nannte[347]).

In diesem Sinne geben die sogenannten Apodemiken, also die frühneuzeitlichen Handbücher zur »richtigen« Art des Reisens, auch Anweisungen zu eigenen Klima-Beobachtungen im fremden Land. Zu den Dingen, wonach sich ein Reisender, »man mag hinkommen, wohin man will«, erkundigen sollte, gehörte – so Hendrik van Huyssens *Reiß-Beschreibung* von 1701 – auch »die Beschaffenheit der Lufft«.[348] Auch in den Regeln der Londoner Royal Society für Reisende wurde diesen anempfohlen »[to] observe the quality of the Climate and of the soyle«.[349]

Reisen hieß also auch, sich der Tatsache bewußt zu sein, daß man sich durch verschiedene Klimata bewegte, sie beobachtend und beschreibend, nicht zuletzt im Hinblick auf die eigenen Empfindlichkeiten. Und in der Bewegung auf der Nord-Süd-Achse, über sieben bis zehn Breitengrade hinweg, verdichtete sich diese Erfahrung in ganz besonderer Weise.

Frieren im Süden

Der Süden war also zunächst in sehr unmittelbarem Sinne ein Erlebnis am eigenen Körper. Der Widerspruch zwischen Erwartung und Erfüllung war damit vorgezeichnet. Nach der Theorie durfte der Reisende in südlichen Breiten auf Wärme und Sonnenschein hoffen, in der Praxis war es oft ganz anders. Noch auf dem Brenner bemerkt Goethe, daß er, entflohen »allen den Unbilden, die ich unter dem einundfünfzigsten Grade erlitten«, die Hoffnung gehabt habe, »unter dem achtundvierzigsten ein wahres Gosen [d. i. ein Wunderland] zu betreten«: »Allein, ich fand mich getäuscht, wie ich früher hätte wissen sollen; denn nicht die Polhöhe al-

lein macht Klima und Witterung ...«.[350]
In Neapel wird er dann frieren,[351] dabei
hatte sein Reiseführer doch behauptet:
»Das Clima von Neapel ist sehr heiß.«[352]
Es ist dies eine Erfahrung, die zahllose
Reisende in Italien gemacht haben und
die Victor Klemperer, der 1914/15 als
junger Lektor an der Universität Neapel
lehrte, in seinem Tagebuch mit dem iro-
nischen Stoßseufzer festhalten wird:
»Das richtige Frieren lernt man überhaupt nur im Süden.«[353]

Vom schlechten Wetter in Italien ist
in den Reiseberichten auch sonst immer
wieder die Rede. Dies und zahlreiche andere dort erlittene Unbilden hat den
preußischen Assessor Gustav Nicolai veranlaßt, 1834 ein Buch unter dem provo-
zierenden Titel zu veröffentlichen Italien
wie es wirklich ist, Bericht über eine merkwürdige
Reise in den hesperischen Gefilden, als Warnungsstimme für Alle, welche sich dahin sehnen. Der
»krankhaften Sehnsucht nach dem Süden« will Nicolai einen Dämpfer verpassen und eine deutsche »Manie« geißeln,
an deren Entstehung und Ausbreitung,
so der Autor, vor allem Goethes Italienische Reise und die romantische Literatur
von Wackenroder über Tieck bis zu Jean
Paul schuld sei.[354] Der »allgemein verbreiteten Sucht, in Italien das Wonne-
land Europas zu finden«,[355] setzt er seine eigenen Erfahrungen entgegen:
Paßtorturen an den Grenzen, Schmutz und Unflat auf den Straßen, elende Speisen in den Herbergen, unverschämte Bettler, betrügerische Gast-
wirte, Ungeziefer in den Betten. Der italienische Himmel, so stellt er fest,
ist nicht schöner als der deutsche, die paar Palmen sind nicht der Rede
wert, auch in Italien ißt man Kartoffeln, und der Lacrimae Christi ist »ein
elender Krätzer«.[356] Und natürlich gibt es im Süden fast immer Regen
und schlechtes Wetter! Kurzum, es ist ein erbärmliches Land.

Warnung vor dem Süden,
Zweite Auflage von 1835.

Das erbärmliche Land
Gustav Nicolai

Auch mir war Italien das Eldorado meiner Phantasie. Ausgestattet mit
der innigsten Empfänglichkeit für das Schöne, mit glühender Einbil-
dungskraft und lebhaftem Gefühl, wurde mir, unter den glücklichsten
Verhältnissen in der Blüte des männlichen Alters die Freude zu Teil, eine
Reise nach Italien antreten zu können. Gattin, Bruder und Freund be-
gleiteten mich. Welche Reisegesellschaft! Von Heiterkeit beseelt dach-
ten wir, die Wunder Hesperiens mit voller Seele zu genießen. Allein als
wir Italien erreicht hatten, sahen wir uns bald in unseren Erwartungen
so schmerzlich betrogen, daß wir uns fast zur Umkehr entschlossen hätten; nur die Hoffnung, das gelobte Land im tiefern Süden zu finden,
hielt uns zurück. Allein wir hofften vergebens. Mit Verlegenheit fragten
wir uns endlich, was wir im Vaterlande über die hesperischen Gefilde
sagen sollten? Bei der allgemein verbreiteten Sucht, in Italien das Won-
neland Europas zu finden, mußten wir fürchten, für Böotier [= Lügner]
gehalten zu werden, wenn wir Wahrheit sprächen, und schon hatten wir
auf der Rückreise allmählich den Entschluß gefaßt, mit den Wölfen zu
heulen und ebenfalls das Lob Italiens auszuposaunen, als eine Unterredung an der Wirtstafel zu Mailand mit mehreren zum Teil sehr geistvol-
len Reisenden mich überzeugte, daß es andern Personen eben so ergan-
gen war wie uns. Dieser Umstand und die allgemeine Entrüstung, mit
der man sich dort über »das erbärmliche Land«, wie man Italien nannte,
aussprach, gaben mir den Glauben an mich selbst und die nötige Haltung wieder, und ich war nicht mehr in Zweifel über das, was ich zu tun
hätte. Ich sah nun, daß es nicht an uns gelegen haben konnte, wenn wir
in Italien nicht gefunden, was wir gesucht.

Gustav Nicolai: Italien wie es wirklich ist. Bericht über eine merkwürdige Reise in den hesperischen Gefilden,
als Warnungsstimme für Alle, welche sich dahin sehnen, 2. Aufl. Leipzig 1835, Bd. I, 3-4. und 13-14.
Der Autor war vom 1. Mai bis zum 14. August 1833 unterwegs.

Das Buch löste bei den Zeitgenossen einen Sturm der Entrüstung aus,
und die Kontroverse ist durchaus typisch für die Erfahrung des Südens
im Norden. Denn daß die Deutschen sich nach Italien sehnten, ist ja nur
die halbe Wahrheit, der Süden war - auch im übertragenen Sinne - immer heiß und kalt zugleich und der Italiener das Alter ego der eigenen
Identität: in Liebe zum fernen Fremden und in Haß gegenüber dem un-
terdrückten Eigenen. Auch Goethe hat schließlich zwei Italienbücher geschrieben, neben der enthusiastischen *Italienischen Reise* die grimmigen
Venezianischen Epigramme, die so gut wie alle antiitalienischen Klischees ver-
sammeln. Und auch hier regnet es natürlich.

Die Luft, böse und gute

Zu den klimatischen Erfahrungen im Süden gehörte für die Reisenden der Grand Tour auch die Luft, der Süden war »Luftveränderung« im wahren Sinne des Wortes. Auch hier stand die zeitgenössische Medizin der Aufklärung Pate. Ärztliche Autoritäten wie Christian Wilhelm Hufeland oder Johann Friedrich Gmelin[357] hatten der Auffassung zum Durchbruch verholfen, daß die Luft von feinen, unsichtbaren Partikeln geschwängert sei, die unmittelbar über die Haut in den Körper eindrängen und ihn schädigen könnten. Krankheiten wie die Cholera, die Pest oder die Malaria (mal'aria = »schlechte Luft«), aber auch viele andere Übel und Mißbefindlichkeiten dachte man sich durch solche Miasmen, »Ausdünstungen«, verursacht.

Auch hier waren Süden und Norden Gegensätze, und auch hier galt es, auf der Hut zu sein. Christian Wilhelm Hufeland, Direktor der Charité in Berlin und berühmt geworden durch sein Buch Die Kunst, das menschliche Leben zu verlängern (1796), veröffentlichte 1817 in seinem Journal für practische Heilkunde einen Beitrag mit dem alarmierenden Titel Über das Absterben der Länder, Italiens insbesondere, und dessen Vergiftung durch verdorbene Luft (aria cattiva). Hufeland zeigt sich dort davon überzeugt, daß die Vergiftung der Luft in Italien (die »Luftverschmutzung«, um einen modernen Ausdruck zu gebrauchen) so weit vorangeschritten sei, daß mit einem Aussterben des italienischen Volkes und der Verwandlung des Landes in eine Wüste zu rechnen sei. Das Leben auf der Erde habe sich im Altertum »in einer geordneten Folge von Osten nach Westen hin« entwickelt, in neueren Zeiten verschiebe es sich von Süden nach Norden.[358] Hufeland beruft sich dabei auf empirische Messungen der Qualität der Luft mit Hilfe eines neuerfundenen Instruments, des »Eudiometers« (oder »Aerometers«). Sie bewiesen, daß Landschaften wie die Toskana oder die Campagna von Rom (letztere vor allem in ihren waldreichen Zonen) aufgrund der ausströmenden »pestilenzialischen Luft« praktisch bereits entvölkert seien.

Das schöne Italien – ein stinkender Leichnam
Christoph Wilhelm Hufeland (1817)

So wäre also das schöne Italien jetzt schon teilweise als ein Leichnam zu betrachten, der sich seiner Auflösung nähert, und die immer zunehmende aria cattiva [= schlechte Luft] nichts anders als der Todesatem, der Leichendunst, hervorgebracht durch die allmähliche Zersetzung und wieder zurückwirkend auf die Abnahme der Bevölkerung und auf die Beschleunigung des gänzlichen Absterbens. Unstreitig wirkt außer den angegebenen Ursachen eine unterirdisch fortschreitende vulkanische Zersetzung mit, die der Grundquell jener verdorbenen Luft zu sein scheint. Aber merkwürdig [= bedenkenswert] ist es, daß mit jener physischen Auflösung die moralische gleichen Schritt zu halten scheint. Beweis: die zunehmenden Räuberhorden und Unsicherheit; sodaß auf eben dieser Seite schon das schöne Land den Wüsten Arabiens und Ägyptens gleicht, indem man ebenso wie dort nur in Karawanen und Eskorten zu reisen anfängt.

Christoph Wilhelm Hufeland: Über das Absterben der Länder, Italiens insbesondere, und dessen Vergiftung durch verdorbene Luft (Aria cattiva). In: Journal der practischen Heilkunde, hrsg. v. C. W. Hufeland, 3. Stück. Berlin 1817, 91–92.

So weit freilich mochten die meisten das »schöne Land« doch noch nicht heruntergekommen sehen. Tatsache ist allerdings, daß der Diskurs über die Qualität der Luft (vergleichbar der heutigen Debatte um »gesunde Ernährung«) im Reisebetrieb des 18. und frühen 19. Jahrhunderts allgegenwärtig war. Gerade auf Reisen in den Süden galt es, auf der Hut zu sein; kaum ein Reiseführer versäumte es, auf die Qualität der Luft an den einzelnen Orten hinzuweisen, vor ihr zu warnen oder sie zu empfehlen. Einzelne Reisende hatten sogar das erwähnte Eudiometer im Gepäck. Der Schriftsteller Karl Friedrich Benkowitz (1764–1807), der längere Zeit am Golf von Neapel lebte und dort eine *Zeitschrift aus Italien* herausbrachte, hatte 1802 mit einem solchen Meßgerät wissenschaftlich nachgewiesen, daß die Luft in Sorrent besonders »rein« sei;[359] Benkowitz kam fünf Jahre später durch einen Fenstersturz aus seinem Haus zu Tode.[360]

Schlecht war hingegen die Luft in den Pontinischen Sümpfen, die man südlich von Rom durchqueren mußte. Als Reichsgräfin Elisa von der Recke 1806 die Gegend passierte, reagierte sie mit Gesichtsschwellungen und »betäubenden Kopfschmerzen« auf die *aria cattiva*, und der Kutscher erzählte ihr, daß Vögel, die sich im Sommer in diese Gegend verirrten, tot aus der Luft niederfielen.[361] Gefürchtet war auch die Luft in der Ebene von Paestum; man hütete sich, dort einzuschlafen oder gar zu übernachten. Auch die Tatsache, daß die Bewohner des Landstrichs häßlich und lethargisch seien, lastete man der *aria cattiva* an. Der Bremer Lehrer Wilhelm Christian Müller wünscht sich 1821 dort kräftige, ostfriesische Bauern als Siedler, um die verpestete Region um die berühmten Tempel wieder urbar zu machen.[362]

Grundsätzlich galt für Reisen in den Süden, daß, wie Hufeland schreibt, die Luft zur Zeit des Sonnenuntergangs besonders gefährlich sei.[363] Auch von einer lauen Sommernacht möge man sich nicht verführen lassen, weiß Ottokar Reichards *Handbuch für Reisende*; die Nachtluft, »mit schädlichen Ausdünstungen der Pflanzen, Bäume und Moräste angefüllt«, sei nämlich »nach dem Urteil der größten Naturlehrer« ungesund.[364]

Darf man den medizinischen Traktaten, den Apodemiken und den Reisebeschreibungen glauben, dann war der Süden also auch eine physiologische Erfahrung: die Erfahrung einer Differenz, die, wenn sie glückte (und in vielen Fällen ist sie nicht geglückt), zu jenem Hochgefühl führte, das uns in nicht wenigen Berichten von Italienfahrern entgegenschlägt. Goethe spricht von seiner »Wiedergeburt« in Rom,[365] Herder möchte in Neapel »nur atmen«, hofft, »gesund und gestärkt zurückzukehren«,[366] Schinkel fühlt sich auf Capri »unbeschreiblich glücklich« in der »ätherisch reinen Luft«.[367] Auch die erzählende Literatur beschwört immer wieder ähnliche Erfahrungen einer »Luftveränderung« im Süden: »Es ist, als wenn ich mit der weichen, ermattenden und doch erfrischenden Luft Italiens eine andere Seele einzöge«, schreibt der südwärts wandernde Künstler in Ludwig Tiecks Roman *Franz Sternbalds Wanderungen*.[368] Man hat sich angewöhnt, solche Sprache metaphorisch zu verstehen, die Rede von Genesung oder Gesundung im Süden zu spiritualisieren, ihre Ursachen in ästhetischen Erfahrungen zu suchen, in der Begegnung mit der Antike oder der Kunst. Drücken sich in ihr nicht auch sehr viel elementarere, physiologische Erfahrungen aus? »Das Klima weckt den Geist auf«, weiß Herder[369] und: »Wir leben vom Hauch der Luft; allein der Balsam in ihr, unsre Lebensspeise, ist uns ein Geheimnis.«[370]

Myrte und Lorbeer. Das Schauspiel der Vegetation

»Ein Palmbaum zeichnet sich aus und ward begrüßt«, notierte Goethe am 23. Februar 1787 in der Ebene von Fondi, auf dem Weg von Rom nach Neapel.[371] Es war nicht der erste, den er auf seiner Reise zu Gesicht bekam, wohl aber der erste in freier Natur. Eine andere Palme hatte er bereits im Botanischen Garten in Padua bestaunen können, der uralte Baum trägt noch heute den Namen »Goethe-Palme«. Eine weitere, aus einem Dattelkern gezogene – auch sie später »Goethe-Palme« genannt – soll der Dichter bei seinem Abschied aus Rom im Garten der Villa Malta gepflanzt haben, Gregorovius hat sie 1852 dort noch gesehen.[372]

Palmen, zu Goethes Zeit in Italien noch relativ selten,[373] sind heute dort als öffentliche Zierbäume weit verbreitet. Der Tourist wird ihnen normalerweise kaum große Aufmerksamkeit schenken, ähnlich wie jenen anderen mediterranen Gewächsen, die Goethe ebenfalls in der Ebene von Fondi begeistert begrüßte (und die heute längst in nördlichen Breiten anzutreffen sind): Narzissen, Adonisröschen, Myrten, Opuntienkakteen, Öl- und Granatäpfelbäume – »noch nie gesehene Blumen und Sträuche«, ein »Schauspiel neuer Vegetation«.[374] In Sizilien erneuert Goethe dann diese Erfahrung – »ein Weltgarten hatte sich aufgetan.«[375]

Goethes botanische Interessen und Forschungen sind bekannt, seine Idee der »Urpflanze« verdichtete sich beim Anblick der ihm fremden Vegetation Süditaliens. Aber auch zahlreiche andere, weniger prominente Reisende berichten bei ihrer Annäherung an den Süden von der überwältigenden Erfahrung einer neuen, unbekannten Flora. Süden und Norden waren zwei verschiedene Welten, und bereits der Blick auf die Vegetation machte das deutlich. Nicht umsonst ist Goethes *Mignon*-Lied zum Inbegriff der »Sehnsucht nach dem Süden« geworden (Fanny Hensel hat es auf ihrer Schweizerreise 1822 unter eben diesem Titel vertont[376]). Es preist Italien als Land der blühenden Zitronenbäume und der Goldorangen, als Heimat der Myrte und des Lorbeers. Auch die Reisehandbücher vermittelten dem Besucher, der mit dem Vetturino, dem »Lohnkutscher«, auf der Via Appia nach Süden unterwegs war, daß sich jenseits der Pontinischen Sümpfe die Welt einer anderen Vegetation auftat – heute, in der Zeit der Zimmerpalmen und der Versandhäuser für exotische Pflanzen, würde man dergleichen detaillierte botanische Beobachtungen allenfalls in einem Führer für ein sehr weit entferntes Land auf dem Erdball finden.

Die ganze Gegend scheint ein irdisches Paradies
Johann Jacob Volkmann (1771)

Fondi, die erste kleine Stadt im Neapolitanischen, liegt in einer erwünschten Gegend. Zur Rechten übersieht man eine an Getreide und
alleenweise gepflanzen Weinstöcken reiche Ebene, die sich mit der Aussicht über das Meer endigt. Auf der linken Seite sieht man Öl-, Zitronen-
und Pomeranzenbäume, die mit ihren gelben Früchten prächtig ins
Auge fallen. Zu Ende des März werden die reifen Stücke abgelesen, um
der frischen Blüte Platz zu machen. Unter den Bäumen bringt der Boden Feldfrüchte. Die ganze Gegend scheint ein irdisches Paradies zu sein,
zumal im März, wo alles frisch grün ist und wo die Narzissen und andere Blumen wild auf dem Felde wachsen; reiset man zur Zeit der Ein-
sammlung der Pomeranzen, so lebt die ganze Gegend. Einige sammeln
sie von den Bäumen, andere setzen sie in kleine Haufen, noch andere
tragen sie fort und bieten sie den Reisenden um ein kleines Trankgeld [!]
an. Ein anderer in unseren Gegenden unbekannter Baum wächst hin
und wieder als Gebüsche am Wege. Es ist die Myrtella oder der männliche Myrtenbaum, der beständig grünt und ein längliches, zartes, grünes
Blatt hat, zum Unterschiede der weiblichen Myrte mit einem kürzern,
dunkelgrünen Blatte. Die Frucht (Myrtilla) gleicht den Holunderbeeren,
hat aber einen lieblicheren Geschmack.

Johann Jacob Volkmann: Historisch-kritische Nachrichten von Italien, welche eine genaue Beschreibung dieses Landes [...] enthalten, Bd. III. Leipzig 1771, 17–18.

Die eigentliche Grenzscheide zwischen dem Süden und dem Norden verlief daher in der Wahrnehmung vieler sensibler Reisender an eben jener
Vegetationsgrenze: in der Gegend zwischen Terracina und Fondi, zwei
Tagereisen südlich von Rom. Zur Rechten öffnete sich hier der Blick aufs
Meer, zur Linken umfaßte er die fruchtbare Ebene mit ihren Agrumen-
gärten. »Hier beginnt eigentlich erst Italien und der wahre Süden«,
schreibt Friedrich Heinrich von der Hagen 1819.[377] Und Franz Grillparzer, der im gleichen Jahr die Tour unternahm, hält in seinem Gedicht
Zwischen Gaeta und Kapua das Erlebnis des Eintritts in den Süden in eben
jener Gegend fest:

Schöner und schöner
Schmückt sich der Plan,
Schmeichelnde Winde
Wehen mich an.

Fort aus der Prosa
Lasten und Müh,
Flieg ich zum Lande
Der Poesie.

Goldner die Sonne,
Blauer die Luft,
Grüner die Grüne,
Würz'ger der Duft.

Dort an dem Maishalm,
Schwellend von Saft,
Sträubt sich der Aloe
Störrische Kraft.

Ölbaum, Cypresse,
Blond du, du braun,
Nickt ihr wie zierliche,
Grüßende Fraun?[378]

Der Süden, der »wahre Süden«: Das war das Italien der Myrten, der Feigenkakteen und der Agaven, der »herrlichen Palmen mit ihren schlanken Stämmen« und der »Orangenbäume mit den goldenen hesperischen Äpfeln«. Es war, wie von der Hagen empfindet, die Begegnung des Reisenden aus dem Norden mit den »Boten des alten Paradieses im Morgenlande«.[379]

In dem Freskenzyklus, mit dem Hans von Marées 1873 die Bibliothek der Zoologischen Station in Neapel[380] ausschmückte, kommt diese »vegetabilische« Idee des Paradieses im Süden noch einmal besonders schön zum Ausdruck. Er stellt ein ideal überhöhtes Panorama des Golfs von Neapel dar. Die eine der beiden Längswände des Saals zeigt eine Meeresszenerie, die andere einen Orangenhain, in dem Kinder, ein junger Mann und ein alter Mann – die Vertreter der drei Lebensalter – auf je unterschiedliche Weise mit den goldenen Früchten befaßt sind: spielend die Kinder, rasch zupackend der junge, bedächtig pflegend der alte Mann. Die Darstellung verweist auf die berühmten Orangengärten von Sorrent, evoziert allerdings im ikonographischen Programm des Künstlers auch die Thematik des Goldenen Zeitalters, das in den hesperidischen Gärten des Südens Gestalt annimmt.[381] An einer der beiden Schmalseiten des Raums hat der Künstler eine Gruppe von Ausländern dargestellt, darunter sich selbst, den Bildhauer Adolf von Hildebrand und den Gründer der

Zoologischen Station, Anton Dohrn. In bürgerlicher Kleidung betrachten sie von einer Trattoria am Posillipo aus
die Szenerie, in Distanz und jeder in sich selbst versunken:
Künstler und Wissenschaftler aus dem Norden als Kontra-
punkt zur Welt des Südens.

Böse Menschen unter einem guten Himmel

Daß die Gegend von Neapel ein »irdisches Paradies« sei,
dieser Meinung mochte man sich leicht anschließen, sofern von der Pflanzen- und Blumenpracht der Region die
Rede war. Kamen allerdings die Menschen ins Spiel, wurde
es schwierig. »Da überall ist das Paradies der Erde«, schreibt
der Bildhauer Ernst Rietschel in einem Brief 1830 aus der
Gegend am Golf, »oder es würde es sein, wenn keine Menschen dort wären, die die niedrigste Brut ist, die mir je vorgekommen.«[382] Auch diese Auffassung orientiert sich an
einem anthropologischen Parameter, der mit dem Gegensatz von Norden und Süden zu tun hat.

In einem dem Thema »Reisen« gewidmeten Kapitel
seines Ratgebers *Über den Umgang mit Menschen* (1788) hatte
Adolph Freiherr von Knigge empfohlen: »Auch mische
man sich, wenn es uns ein Ernst ist, unsre Menschen- und
Länderkenntnis zu erweitern, unter Personen von allerlei
Ständen.«[383] In der Tat gehörte das Studium der verschiedenen »Menschenrassen« (wie man im 18. und 19. Jahrhundert auch im
Hinblick auf die Bevölkerungen Europas formulierte) zum Programm
der Grand Tour. Die Klimatheorie hatte dabei den »Menschen des Südens« aufgrund der günstigeren klimatischen Bedingungen eine größere
Nachlässigkeit im Hinblick auf ihre wirtschaftliche Zukunftsplanung at-
testiert: *l'insouciance de l'avenir*, wie es bei Bonstetten hieß.[384] Eine derartige
»Sorglosigkeit« ließ sich durchaus positiv verstehen. »Jedermann lebt in
den Tag hinein, weil ein Tag dem andern gleicht und man sich auf keine
Zeit des Mangels, keinen Winter vorzubereiten hat«: So erklärt Goethe
dem 15jährigen Fritz von Stein in Weimar die Mentalität der Menschen
im Süden.[385] Auf der anderen Seite mußte die Wahrnehmung ebendieser
»Sorglosigkeit« – ganz abgesehen davon, daß sie ein ideales Konstrukt
war – in Konflikt mit jenem protestantischen Arbeitsethos geraten, mit

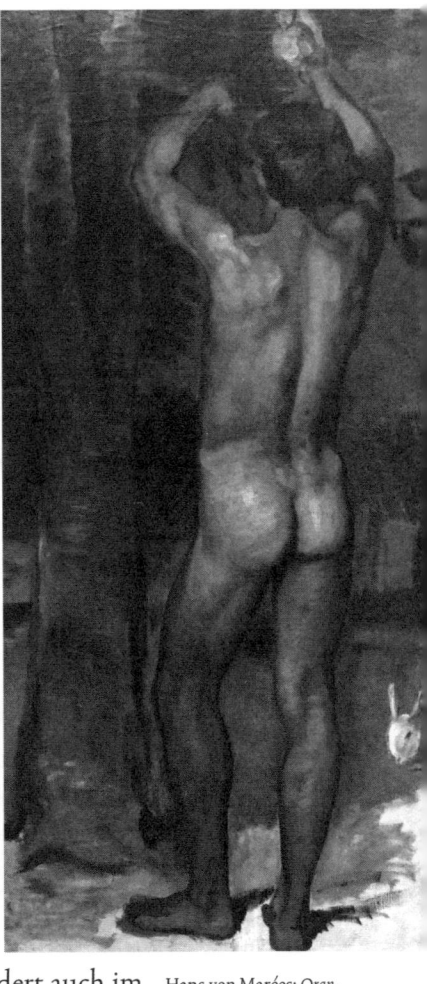

Hans von Marées: Oran-
genpflücker. Studie zu den
Fresken der Zoologischen
Station, Neapel, 1873.

dem die meisten bürgerlichen Reisenden aus dem Norden groß geworden waren. Die Berufung auf das Klima konnte also das eine wie das andere zum Ausdruck bringen: das Verständnis für die heitere Unbekümmertheit der Menschen im Süden ebenso wie die Kritik ihrer Nachlässigkeit und Faulheit. Es hing entscheidend von Charakter und Lebensideal des jeweiligen Beobachters ab, in welche Richtung sich sein klimakulturelles Urteil bewegte.

Enttäuschung klingt jedenfalls in vielen Reiseberichten an. Die Idealisierung der »Menschen des Südens« in der Literatur des Nordens mußte mit der erlebten Realität in Konflikt geraten. Ein eindrucksvolles Beispiel für diese Dialektik von Erwartung und Enttäuschung bietet der große Winckelmann selber. Wie sehr hatte er in seiner *Geschichte der Kunst des Altertums* die schönen Menschen Süditaliens, der *Magna Graecia*, gepriesen. Ihre edle Gesichtsbildung sei ebenso wie ihre freie Denkungsart von den Segnungen eines heiteren griechischen Himmels geprägt, fast jede Frau aus dem Volke könne hier dem Künstler zum Modell einer Juno stehen, und schon ihre wohllautende Sprache zeichne die Neapolitaner vor den Italienern aller anderen Regionen der Apenninenhalbinsel aus.[386] Wie herb muß Winckelmanns Enttäuschung gewesen sein, als er jenen Menschen zum ersten Mal leibhaftig begegnete, auf seiner Reise von Rom ins Königreich Neapel im Frühjahr 1758. Unverhüllt sprechen seine Briefe davon, wie widerwärtig er persönlich die Neapolitaner findet, deren »hohe Schönheit« er doch theoretisch postuliert hatte: »Unter [den] Creaturen sind die Pferde die schönsten; denn die Menschen haben sehr viel Africanisches, und sie werden noch schrecklicher, wenn sie reden, denn der Dialekt ist noch schlechter als der bologneser.«[387] Wie grundlegend hatte sich seine Meinung geändert. Das edle »griechische« Neapel erscheint ihm jetzt als eine »volkreiche Stadt von bösen Menschen«.[388] Und gern verläßt er sie, um in die Bibliothek von Kardinal Albani im stillen Rom zurückzukehren.

Die Religionen der Sonne und der Dunkelheit

Zu den wiederkehrenden Themen in der älteren Reiseliteratur gehörte auch die Auseinandersetzung mit der fremden Religion des Südens, dem Katholizismus. Denn konfessionelle Gegensätze waren, anders als heute, auch als gefühlte präsent, als im Alltags- und im öffentlichen Leben vielfältig sichtbare Facetten einer anderen Kultur. Dabei konnte, wer in Rom die gleichsam offizielle Seite des Katholizismus kennengelernt hatte, bei seiner Reise ins Königreich Neapel auf Formen der Volksfrömmigkeit stoßen – in Leichenbegängnissen, populären Festen oder dem berühmten Blutwunder von San Gennaro –, die in ihrer Turbulenz irritierend wirkten. Johann Wilhelm von Archenholtz, der große Teile Europas bereist und dabei ein wachsames Auge auch auf die konfessionellen Unterschiede der einzelnen Länder gehabt hatte, beschreibt das anschaulich in dem Satz: »Ein Chineser, der, ohne Europa zu kennen, von Rom nach Neapel käme, würde schwerlich glauben, daß beide Städte ganz einerlei Religion haben, noch weniger, daß der Hauptsitz derselben in derjenigen von beiden sei, die sich bei allen Andachtsübungen am laulichsten zeigt.«[389]

Denn auch die konfessionelle Orientierung und die Formen der Ausübung der Frömmigkeit waren nach verbreiteter Meinung vom Himmelsstrich abhängig, unter dem die Völker lebten. Die »Religionen des Südens«, so die klimakulturelle Erklärung, »geboren unter dem Glanz der Sonne«,[390] neigten zum Kult der Sinne und der Verehrung des Sichtbaren; die nördlichen Religionen hingegen, also die verschiedenen protestantischen Konfessionen, seien aus dem »Dunkel« geboren, das Resultat eines »immer auf sich selbst konzentrierten Gefühls«.[391]

Katholizismus und Protestantismus als Gegensatz von südlicher Sonne und nördlicher Dunkelheit: Auch diese Polarität mußte in ihrer Wertung durchaus nicht eindeutig sein. So stellt etwa der erwähnte Oldenburger Gymnasialprofessor Karl August Mayer, der mehrere Jahre in Neapel gelebt hatte, die heitere Sinnlichkeit des dortigen Katholizismus einem eifernden nördlichen Protestantismus vom Schlage eines Hauptpastor Goeze gegenüber und erklärt: »Der Italiener und besonders der Neapolitaner ist wirklich fromm.«[392] Im allgemeinen war allerdings schnell von »finsterem Aberglauben« oder »blankem Heidentum« die Rede, wenn die Sprache auf die Religionsausübung im Süden kam. Karl Friedrich Benkowitz, einer der vehementesten Italien-Kritiker, stellt sogar eine an der Nord-Süd-Achse gemessene Sympathie-Skala auf, die im Charakter der Frömmigkeit der Menschen ihre Ursache habe. In seinem Buch *Reise von Glogau nach Sorrent* (1804) stellt er die provozierende Frage: Warum werden die Menschen immer schlimmer, je weiter man nach Süden kommt? Seine Antwort: Es liegt an der Religion. Denn: »Je mehr die Religion Gelegenheit gibt, durch Zeremonien und äußere Handlungen Andacht zu üben und sein Gewissen zu bestechen, um so mehr führt sie von Übung der wahren Andacht oder Tugend ab.«[393] Und genau dies könne ein Reisender auf dem Weg von Norden nach Süden erleben.

Warum werden die Menschen immer schlimmer, je weiter man nach dem Süden kömmt?
Karl Friedrich Benkowitz (1804)

Wenn jemand, er sei evangelisch oder katholisch, von Stralsund aus durch die Mitte von Deutschland reiste und sodann weiter durch die Schweiz und Italien bis Neapel oder Sizilien, so würde er mit einigem Beobachtungsgeiste die unfehlbare Bemerkung machen, daß die Menschen stufenweise schlimmer würden, je weiter er auf seiner Reise käme. In Pommern würde er treuherzige, gute Menschen mit schlichtem Menschenverstande, in den preußischen Staaten würde er höhere Kultur, jedoch mit Rechtschaffenheit im Ganzen verbunden, finden. Weiter in Deutschland hinein würde er die Kultur mit List, ganz in dem Süden dieses Landes mit Unredlichkeit vermischt sehen. In den Städten der Schweiz würde er Eigennutz und Mangel an Kultur finden, schon in Verona würde er unter Menschen von niedriger, gewissenloser Denkungsart sein, und dies würde durch ganz Italien durch alle Nuancen steigen bis er zuletzt in Rom und Neapel den Abschaum der Menschen, den Gipfel der Verworfenheit fände.

Der Reisende kann den ungeheuren Abstand von den Menschen im Süden bis zu denen in dem gemäßigten Norden nicht ganz empfinden, weil er allmählich auf den hohen Grad von Verdorbenheit, oder, wenn er gegen Norden reiset, von besserer Denkungsart vorbereitet wird. Aber wenn jemand aus Rom plötzlich in eine Stadt des nördlichen Deutschlands unter einen gewöhnlich guten Schlag von Menschen versetzt würde, so müßte er, ceteris paribus [= wenn sonst alles gleich bliebe] glauben, daß er sich unter Engeln befände, so wie jemand, der von hier plötzlich nach Rom oder Neapel käme, notwendig glauben müßte, unter Teufeln zu sein.

Woher diese Erscheinung? Liegt sie am Klima? O nein, wahrlich nicht! Das italienische Klima ist von der Art, daß es eher die Menschen besser und sanfter machen sollte. Es ist etwas Anderes, und dies muß ich vorzüglich den Herren Zensoren in Wien ins Ohr sagen: Es ist die Religion, und zwar die katholische Religion, welche die Menschen im Süden so abscheulich macht. Eine schreckliche Erfahrung lehrt nämlich: Je eifriger die katholische Religion an irgend einem Ort herrscht, umso schlechter sind die Menschen.

Karl Friedrich Benkowitz: Reise von Glogau nach Sorrent über Breslau, Wien, Triest, Venedig, Bologna, Florenz, Rom und Neapel, Bd. 3. Berlin 1804, 324–326. – Benkowitz wurde 1764 in Uelzen geboren, studierte Theologie und war als Hauslehrer in Barkow bei Stargard in Pommern tätig, lebte später in Glogau in Schlesien.

Die Region der Lüste und der Laster
Der dekadente Süden

Männerliebe und der Süden der schönen Körper

Während des 19. und zu Beginn des 20. Jahrhunderts wird die Reise in den heißen Süden für viele auch zur idealtypischen Begegnung mit Ausdrucksformen einer libertären Erotik, wie sie im kalten Norden eher tabuisiert waren. Es war der Charme der schönen Körper, zumal der männlichen, der sich hier vor aller Augen präsentieren konnte. Neben Nordafrika (dies vor allem unter französischen Reisenden) wird Süditalien zum Eldorado männlicher Erotik. Die Bilder der nackten Knaben und jungen Männer, die sich am Strand und an den Hafenquais von Neapel tummelten und vor den Augen der entzückten Touristen anmutige Schwimmkunststücke vollführten, gehören seit alters zu den Charakteristika der Stadtbeschreibung. Und wer Augen hatte zu sehen, fand das keineswegs nur kurios. »Man badet hier öffentlich, vor den Augen der Welt«, berichtet Gregorovius von Santa Lucia in Neapel,[394] und das bedeutete natürlich: Man badete nackt. Denn »Badekleidung« im modernen Sinn war unbekannt; erst 1863 wurde von der Quästur in Neapel eine Verordnung erlassen, die – offiziell – *mutande*, »Unterwäsche«, als Bekleidung am Strand vorschrieb.[395]

Der warme Himmel bringt die Nacktheit wieder zu Ehren
Ferdinand Gregorovius (1851)

Man badet hier [in Neapel] öffentlich, vor den Augen der Welt. Von dem Quai am Castel dell' Ovo sieht man zu jeder Stunde Scharen von Buben und Jünglingen in das Wasser springen und köpflings ihre Schwimmkünste produzieren. Die Neapolitaner schwimmen gleich Delphinen. Das Element erhält den Menschen im ursprünglichen Naturzustande; der warme Himmel bringt die Nacktheit wieder zu Ehren, und die herrlichsten Studien des Nackten lassen sich hier auf der Straße machen. Dieser Gegensatz ist sehr grell; es rollen am Quai die luxuriösen Equipagen mit den elegantesten Menschen der höchsten Gesellschaft, und vor den Augen des besternten Prinzen, der feinsten Dame aus dem Salon von Paris oder London springen Scharen nackter Menschen in paradiesischer Unschuld in die Wellen. Die Fischerbuben laufen nackt selbst auf die Straße und begrüßen mit vielen graziösen Verbeugungen und lebhafter Gestikulation den Fremden, der ihnen dann und wann einen Gran [= eine kleine Münze] zu schenken pflegt. Ich machte mir oft das Vergnügen, vom vierten Stock meiner Wohnung herab diese nackten Buben mit einem Gran auf die Straße zu locken. Auf einen Wink sprangen sie ins Wasser, produzierten ihre Künste und kehrten wassertriefend wieder zurück, um den Lohn zu empfangen. Den Anblick des Nackten wird man im ganzen Golf nicht los. Selbst auf die eisernen Gitter des Hafens klettern nackte Knaben, um sich dann von oben kopfüber in das Meer zu stürzen.

Ferdinand Gregorovius: Neapel. In: Wanderjahre in Italien, Bd. 3. Leipzig 1872, 23-24.

Die »herrlichsten Studien des Nackten« (Gregorovius) ließen sich im Süden auch an den Fischern machen. In der Dichtung und Musik der Romantik wurde die Figur des Fischers, auch des »Fischerknaben« (Franz Liszt) und des »Fischermädchens« (Wilhelm Müller) populär – und man denkt dabei gern an Deutungen, die deren Unschuld und Nähe zur Natur beschwören. In der Mythologie des Südens evozieren die Fischer jedoch häufig Bilder männlicher Erotik. »Nur mit Schwimmhosen bekleidet« haben sie mit ihren »herrlich gebauten Glieder[n], goldbraun vor Sonne« nicht nur Hans Christian Andersen den Kopf verdreht.[396] Denn auch die Fischer waren bei der Arbeit oft nur spärlich bekleidet: ein Anblick, wie er im Norden nur selten zu haben war. Im Süden hingegen machte die Sonne – falls sie es denn war – Szenen einer »Indezenz« möglich, die in den Zeiten schicklicher Kleiderordnungen – noch dazu in Gegenwart einer Dame – aufregend wirken mußten. »Einige [Ruderer] warfen, trotz der Gegenwart Mathildens, das Hemd ab, denn die Sonne brannte heiß, und da sie auch das kurze Beinkleid aufgerollt hatten, so war ein handbreiter Streif Leinwand um den Leib und ein seidnes Tuch oder die rote Mütze auf dem Kopfe ihre einzige Bekleidung. Mit Vergnügen betrachteten Werner und ich die schöngebildeten, kräftigbewegten Glieder.«[397]

Der Süden wird auf diese Weise zum Inbegriff eines homoerotischen Schönheitskultes – »Schönheit selbst, wie sie blüht tausendgestaltig hier/ Wollustrausch im Gefolg äußerster Weichlichkeit ...«[398] –, eines Kultes, der diese »Wollust« nicht nur zu besingen, sondern manchmal auch zu genießen wußte. »Fremdling, komm in das große Neapel, und sieh's und stirb!/Schlürfe Liebe ...«: So lädt August von Platens Ode *Bilder Neapels* ein.[399] Anders als in den deutschen Ländern, deren Gesetzgebung dem Preußischen Landrecht folgte, gab es in den italienischen Staaten (die sich am Napoleonischen *Code Pénal* orientierten) keinen Paragraphen, der Homosexualität unter Erwachsenen mit Strafe bedroht hätte. Daß, wie Platen schreibt, »hier in Neapel die Liebe zwischen Männern so häufig ist, daß man selbst bei den kühnsten Forderungen keinen Korb zu gewärtigen hat«:[400] Auch dies

Carl Blechen:
Fischer auf Capri, 1829.

bezeichnete einen Gegensatz zwischen Süden und Norden. Daß im Süden größere »Freiheit« herrsche, davon waren vor allem diejenigen überzeugt, die diese Freiheit im Norden am schmerzlichsten vermißten, nicht nur auf dem Gebiet der Sexualität.

Ein starkes und schönes Geschlecht
Erich Mühsam (1905)

Eine gesunde, durch keine Gesetzesparagraphen gebändigte Sinnlichkeit steckt den Italienern im Blut; ob solche Paragraphen, wie sie unter 175 etwa das deutsche Strafgesetzbuch zieren, in Italien oder in dem Schweizer Kanton Tessin überhaupt vorhanden sind, weiß ich nicht. Das aber weiß ich, daß die jungen Arbeiter hier miteinander tanzen und sich küssen, ohne daß irgend jemand das geringste Böse darin sieht – und daß trotz dieser Sittenverderbnis hier ein temperamentvolles, starkes und schönes Geschlecht heranblüht, dem die dem deutschen Proletariat eigene Moralitätsduselei in tiefster Seele fremd ist, das weiß ich erst recht. Und ein wilder revolutionärer Haß gegen ihre Bedrücker wogt diesen Menschen in den Fibern. Wie würden sie lachen, wollte man ihnen damit kommen, daß sie einen der ihren ins Parlament wählen sollen [...]. Hier weiß das Volk, daß eine Befreiung von allem Staats- und Kirchendruck nur möglich ist durch das Einsetzen jeder einzelnen Persönlichkeit, durch Verweigerung der Arbeitskraft – durch den Auszug auf den heiligen Berg.

Erich Mühsam: Ascona. Zürich 1979, 15. Erich Mühsam schrieb den Text nach seinen Erfahrungen auf dem Monte Verità bei Ascona.

Auf den sizilianischen Knabenbildern von Wilhelm von Gloeden (1856-1931) posieren die Modelle gern in antikisierendem Ambiente. Im Süden scheint die Freiheit der Römischen Welt weiterzuleben.

Die Bilder der schönen nackten Knaben und jungen Männer im Süden leben nicht nur in Zeichnung und Malerei weiter. Sie machten Furore vor allem in einer Form der Photographie, die sich in der Zeit um 1900 bei Eingeweihten höchster Wertschätzung erfreute: Es sind die Akt-Photos aus den Studios von Wilhelm von Gloeden und Wilhelm Plüschow.[401] Sie stellen Knaben und junge Männer in antikisierenden Posen dar, oft mit antiken Accessoires oder in südlicher Landschaft: mit Amphoren, auf Säulenstümpfen, in den Ausgrabungen von Pompeji oder im Theater von Taormina. Nach einem Aufenthalt am Golf von Neapel hatte sich Gloeden, aus Mecklenburg gebürtig, 1876 nach Sizilien zurückgezogen, natürlich auch er, wie schon Platen, offiziell aus gesundheitlichen Gründen, angezogen aber im Grunde vom Mythos der »heidnischen Sinnlichkeit« der Insel.[402] Diesen wiederum beförderten seine Photographien dann in ganz besonderer Weise. Sie schienen darzutun, daß Nacktheit und homoerotische Freuden unter dem warmen Himmel des Südens seit der Antike ungebrochen weiterlebten und daß es süditalienische Bauern- und Fischerjungen in Schönheit und erotischer Unbekümmertheit mit einem Lysis oder einem Antinous aufnehmen könnten. Gloedens Studio in Taormina (»Landschaften und figürliche Studien, Kunstatelier, photographischer Bedarf« – so der Baedeker von 1911[403]) war Anziehungspunkt nicht nur für Touristen.[404] Auch die Namen zahlreicher Prominenter aus Wirtschaft, Politik und Literatur finden sich in seinem Gästebuch.[405] Nach seiner Internierung im Ersten Weltkrieg kehrte Gloeden nach Taormina zurück, bis zu seinem Tod 1931 der Schönheit südlicher Knabenkörper verfallen. »Dieser Siebzigjährige war bei der dritten Generation junger Modelle angelangt und zeigte manchmal nebeneinander die Aktbilder des Großvaters, des Vaters und des Sohns, alle mit fünfzehn Jahren fotografiert, alle mit Blumenkränzen.«[406] So Roger Peyrefitte, der Gloeden eine biographische Skizze widmete.[407] Noch nach dem Zweiten Weltkrieg findet der französische Schriftsteller, auf den Spuren Gloedens in Taormina weilend, dort »sein Paradies der jugendlichen Promiskuität«.[408]

Die dekadente Erbschaft der Antike

Auch der Mythos vom libertären Süden beruft sich gern auf klimakulturelle Argumente. Es sei die »glühende Sonne« – schreibt der Sexualforscher Iwan Bloch 1904 –, welche »die höchste Leidenschaft im Genusse der Liebe« begünstige, es sei das »heiße, erschlaffende Klima«, welche »das Physische in der Liebe« mehr hervortreten lasse als das »Ideale«.[409] Bloch, Mitarbeiter im Berliner Institut für Sexualwissenschaft und ebenso wie dessen Gründer Magnus Hirschfeld Vorkämpfer für die öffentliche Akzeptanz von Homosexualität und für Toleranz gegenüber ungewöhnlichen erotischen Praktiken, beruft sich in diesem Sinne auf die Natur des Südens als Instrument der Befreiung der Sinne. Das Institut wurde 1933 von den Nationalsozialisten verwüstet – die »südliche« Sexualethik mußte dem Terror der »nördlichen« weichen.

Neben der Sonne stand natürlich auch das Altertum auf der Seite der Freunde der freien Liebe. Die Wiederentdeckung der römischen Antike in ihrer lebendigsten und anschaulichsten Form, nämlich in den Ausgrabungen von Herculaneum und Pompeji, hatte über eine allgemeine Antikebegeisterung dann seit der Mitte des 19. Jahrhunderts eine Rezeption der Antike begünstigt, bei der diese zunehmend als Welt des Luxus und der Dekadenz verstanden und glorifiziert wurde, als die glanzvolle, wenn auch dem Untergang geweihte Epoche von Sinnlichkeit, Verschwendungssucht und Lust an der Gewalt. Begleitet von den Strömungen des zeitgenössischen Orientalismus (erneut verfließen die Grenzen zwischen Osten und Süden), wird die Antike zum Gegenentwurf einer durch Leibfeindlichkeit, Prüderie und Kollektivismus geprägten christlichen Mitleidsreligion. Nicht mehr die griechische Klassik steht dabei im Zentrum dieser neuen Antikebegeisterung, sondern die epigonale Kultur des Hellenismus und der römischen Kaiserzeit. »So will ich kein lullendes lied/ Der mädchen attischer lande/Was mir vor monden gefiel./Nun schlingt mich in eure bande/Flötenspieler vom Nil«, heißt es in Stefan Georges *Algabal*[410] mit Anspielung auf die dekadente Luxuskultur des Orients. Figuren wie Kleopatra oder Messalina, die liebestolle Frau des römischen Kaisers Claudius, die sich nachts aus ihrem Palast stiehlt und in den Bordellen der Stadt prostituiert, avancieren zu Heldinnen in der Literatur der Decadence. Kaiser Tiberius, von seinen antiken Biographen Tacitus und Sueton als Scheusal gezeichnet, wird rehabilitiert.

Der Gegensatz von Christentum und antikem Heidentum, als Gegensatz von Norden und Süden bereits in der Literatur der Romantik

Dekadente Spiele vor der
Kulisse Capris. Jean-Léon
Gérome (1824–1904):
*Junge Griechen beim
Hahnenkampf*, 1847.

vorgebildet (etwa in Eichendorffs Erzählung *Das Marmorbild*, in der eine in
einem nächtlichen italienischen Garten wieder zum Leben erwachte Venus den frommen deutschen Jüngling zu verführen sucht) – dieser Gegensatz wird zu einem wiederkehrenden Motiv in der Literatur von Decadence und Symbolismus. »Im Frühling des Jahres 1835 überkam mich ein
lebhaftes Verlangen, Italien zu besuchen«: So beginnt eine Erzählung von
Gérard de Nerval.[411] Der Held der Geschichte macht dort, und zwar auf
dem Posillipo bei Neapel, die flüchtige nächtliche Bekanntschaft einer
schönen, unbekannten Frau, die ihm in einem exotisch-antiken Ambiente gegenübertritt. In Théophile Gautiers Erzählung *Arria Marcella* ist es ein
französischer Student, der im nächtlich wiederauferstandenen Pompeji
dem Phantasma einer verführerischen Bewohnerin der Stadt verfällt – bis
während der Liebesnacht ein würdiger pompejanischer Christ dazwi-
schentritt und den Zauber zerstört. Denn die »Welt der alten Götter, die
das Leben, die Jugend, Schönheit und Heiterkeit liebten,«[412] ist mit dem
Christentum untergegangen. Um das Motiv der antiken Statuenliebe und
den Gegensatz von christlichem Norden und heidnischem Süden geht es
auch in Norman Douglas' Pompeji-Erzählung *Nerinda* (1901); und auch
dort erscheint die Antike, so der Erzähler, als »eine Welt freier Menschen«,
geschändet durch den plumpen Kult des Christentums.[413]

Der christliche Norden und der heidnische Süden: Diese Opposition
liegt auch Richard Wagners Oper *Parsifal* (1882) zugrunde, wenngleich
dort die moralischen Wertungen anders gesetzt werden. Die Handlung

bewegt sich ja zwischen zwei Schauplätzen, die zugleich eine geistige Spannung zum Ausdruck bringen: Montsalvat, die Burg der christlichen Gralsritter auf der einen Seite, Klingsors Zauberschloß mit der heidnischen Kundry und den verführerischen Blumenmädchen auf der anderen. Über die geographische Verortung sagt die Bühnenanweisung der Oper:

Ort der Handlung auf dem Gebiete und in der Burg der Gralshüter ›Montsalvat‹; Gegend im Charakter der nördlichen Gebirge des gotischen Spaniens. Sodann: Klingsors Zauber-Schloß, am Südabhange derselben Gebirge, dem arabischen Spanien zugewandt anzunehmen.[414]

Die christliche Gralsburg und Klingsors teuflisches Zauberschloß sind also landschaftlich an einer mythischen Grenze von Norden und Süden lokalisiert, die zugleich die Grenzen von Okzident und Orient, von »Gotischem« und »Arabischem« markiert und die idealtypisch in einem Spanien vor oder während der Reconquista zu denken ist. Auffinden wird Richard Wagner die Szenerie von »Klingsors Zaubergarten« im zweiten Akt des *Parsifal* in der Villa Rufolo im süditalienischen Ravello.

Die Vorstellung vom Weiterleben eines sinnenfrohen Heidentums im italienischen Süden machte sich auch in der populären Ethnologie breit. Schon Sir William Hamilton hatte geglaubt, in den Abruzzen auf die Reste eines christlichen Phalluskultes gestoßen zu sein, er schickte sogar einige diesbezügliche Devotionalien, offiziell verehrt als der »große Zeh« des heiligen Cosmas, an das Britische Museum in London.[415] Die Vorstellung, daß in Süditalien, durch christliche Formen nur überlagert und gleichsam notdürftig verdeckt, antike Kulte und heidnische Religiosität weiterlebten, wird im 19. Jahrhundert zum Leitgedanken der Italien-Ethnologie und bestimmt bis über den Zweiten Weltkrieg hinaus die Süditalien-Wahrnehmung europäischer Intellektueller. *Christus kam nur bis Eboli*: Der Titel des 1945 erschienenen Erfolgsromans von Carlo Levi bringt dies sinnfällig zum Ausdruck. Wieder wird, jetzt mit dem Namen des kleinen kampanischen Landstädtchens, eine magische Grenze benannt: die Grenze zu, wie es im Roman heißt, »vorchristlicher und nicht mehr christlicher Kultur«.[416] Jenseits dieser Grenze (und der dorthin verbannte Autor meint damit in erster Linie die Landschaft Lukanien) lebten archaische Strukturen weiter, die von den Verkehrsformen und der Moral Europas noch nicht berührt worden seien.[417] Bei anderen Autoren ist es die Beobachtung von kirchlichen und populären Festen, von Sitten und Gebräuchen, die kulturphilosophische Kontinuitäts-Thesen entstehen ließen, so etwa in Gustav René Hockes Süditalienbuch mit dem bezeichnenden Titel *Magna Graecia* (1960).

Gottheiten, die ihr Antlitz, nicht aber ihr Wesen verwandeln können
Gustav René Hocke (1960)

Priestergewänder, roter Samt, meerschaumfarbene Spitzen, blaue Seide! Eine andere Welt, die auf den Trümmern der versunkenen steht, entfaltet sich hier im Zuge der Trauer, der Demut, der Hoffnung. Doch ist auch hier das Alte nicht restlos vergangen. Eine derbe Sinnlichkeit der magischen Praktiken, die Metamorphose des Olymps in einer Heiligenprozession, Maria sopra Minerva, sopra Junone, das Bild der christlichen Gottesmutter auf Trümmern dorischer Tempel – eine mystische Analogie unter Singen, Beten, Beschwören vollzieht sich hier täglich. Bitten um Glück und Regen, um Geld, Kinder, Treue, Gesundheit, alles das steigt auf aus einem flehenden Murmeln zu Urbildern der Gottheiten, die ihr Antlitz, nicht aber ihr Wesen verwandeln können.

Gustav René Hocke: *Magna Graecia. Wanderungen durch das griechische Unteritalien.* Herrenalb 1960, 25-26. – Die Szene spielt in Tarent in Kalabrien.

Kolonien des Südwehs. Capri und der Schatten des Tiberius

Der Sehnsucht folgen diesmal die Siedler auf dem Fuße. In Italien entstehen um die Wende vom 19. zum 20. Jahrhundert Kolonien des Südwehs, in denen sich Emigranten zusammenfinden, die – zum ersten Mal in der Geschichte – nicht durch wirtschaftliche Not oder politische Enttäuschung zur Auswanderung aus ihren Heimatländern veranlaßt worden waren, sondern durch Frustration im Hinblick auf die Möglichkeiten freier, libertärer Lebensgestaltung. Auch die Grand Tour bekommt damit eine neue Facette: Der Reisende bleibt, baut sich in der Fremde ein Haus. Die Sehnsucht nach dem Süden wird zum Immobilientraum.

Neben dem Monte Verità bei Ascona ist es vor allem die Insel Capri, die englische *expatriates*, amerikanische Europasüchtige, russische Revolutionäre und deutsche Lebensreformer anzieht: Künstler und Lebenskünstler, Weltflüchtige und Weltverbesserer, Aussteiger und Sinnsucher. Das kleine Felseneiland im Golf von Neapel, gleichsam getrennt von der *terra ferma* des Gewöhnlichen, wird zum Experimentierfeld libertärer Lebensgestaltung jenseits bürgerlicher Ordnungen. Wieder einmal ist es die Idee der Insel im fernen Süden, welche die Sinne bezaubert. »Und, sonderbar: fast jeder dieser Besucher erfuhr das Leben im Süden als Offenbarung, als hätte ihre eigentliche Bestimmung von vornherein im Süden gelegen und als wäre der Norden ein furchtbarer, über viele Generationen akkumulierter Irrtum.«[418]

Essentiell für diesen Süden ist gerade hier die Nähe der Antike. Unterhalb der Ruinen der Villa Jovis, in der sich einst Kaiser Tiberius seinen wollüstigen Vergnügungen hingegeben hatte, läßt sich Jacques d'Adelswärd-Fersen, in Paris gerade einem Skandalprozeß wegen Schwarzer Messen und »Verleitung von Minderjährigen zu Ausschweifungen« entkommen,[419] 1903 eine neoklassizistische Villa mit römischer Therme und Opium-Salon bauen, der er den Namen *Villa Lysis* gibt, nach der Titelfigur des platonischen Dialogs über die Freundschaft.

> Quand viendra la vendange aux flancs du mont Tibère
> Et que Capri, sonore aux arpèges du vent,
> Se couronnera d'or comme un faune vivant
> Et que la bacchanale enivrera la terre,
>
> Je veux, que tu sois nu, couché sur un grand lit
> De laine bleu saphir avec des grecques brunes ...

– so feiert er Capri, die Antike und die Liebe in einem seiner symbolistischen Sonette:[420]

> Wenn die Weinlese anhebt an den Flanken des Tiberius-Berges
> Und Capri, tönend von den Harfen des Windes,
> Sich gürten wird mit Gold wie ein munterer Faun
> Und im Bacchanal die Erde taumelt:
> Dann will ich, daß du nackt bist, hingestreckt auf großem Bett
> Aus saphirblauer Wolle, braun mäandert ...

Der »muntere Faun« hat sein Urbild in Pompeji, und auch diese Landschaft stimulierte die Phantasien. In seinem Roman *Et le feu s'éteignit sur la mer ...* (1909) erzählt Fersen, wie ein misogyner junger Mann vor den nackten Jünglingsstatuen im Archäologischen Nationalmuseum in Neapel die Schönheiten der Männerliebe entdeckt. Es scheint, als wirke das Fluidum antikischer Sinnlichkeit und Zügellosigkeit hier über die Jahrtausende hinweg weiter. Capri wird zur »magischen Insel« (Werner Helwig) für die Liebhaber von Männern und Knaben, für Frauen, die Frauen lieben, für ungleiche Paare, Hedonisten, Dandys und Exzentriker jeder

Couleur. Oder für jenen narzißtischen Typus von Männern, von denen Somerset Maughams Capri-Novellen *Mayhew* und *The Lotus Eater* erzählen. Da kauft sich ein angesehener Rechtsanwalt aus Detroit, einer plötzlichen Eingebung folgend, ein Haus auf Capri. »Denn die Insel ist reich an Geschichten, und auf ihr lastet beständig die rätselhafte Erinnerung an den Kaiser Tiberius.«[421] Den Rest seines Lebens verbringt er, zum menschenscheuen Einsiedler geworden, mit dem verzweifelten Versuch, ein Buch zur Rehabilitation von Kaiser Tiberius zu schreiben.[422] Zwei Generationen später wird sich der englische Schriftsteller Norman Douglas darum bemühen,[423] auch er ein Liebhaber der Insel und der Knaben.

Der Süden der freien Geister

Der Süden wird auf diese Weise – weit über erotische Transgressionsphantasien hinaus – im *Fin de siècle* zum Himmelsstrich der vitalen Freiheit. Die Sonne des Südens heilt die Gebrechen der Zivilisation, unter ihrem Glanz verblassen die Schatten der im Norden verinnerlichten Pflicht- und Askesemoral. In André Gides autobiographisch gefärbtem Roman *Der Immoralist* (1902) macht Michel diese Erfahrung, ein in Frankreich streng puritanisch erzogener junger Mann. In Algerien wird ihm während einer schweren Krankheit die Nähe der Eingeborenen zur Offenbarung, im maurischen Ravello erfährt er, nackt in der Sonne liegend, das Glück seiner Körperlichkeit und eines neuen Lebens, einer wahren Wiedergeburt.

Erfahrungen dieser und ähnlicher Art lesen sich am ehesten als poetische. In ihnen kommt eine fast magische Opposition von *Norden* und *Süden* zum Ausdruck, erscheint der Süden als Eldorado der Vitalität, als Raum der Freiheit, als Traumziel der Schönheit und der Selbstverwirklichung all jener, die von einer neuen Welt träumen und an ihr bauen. »Freie Geister« hat sie Friedrich Nietzsche in *Menschliches Allzumenschliches* genannt, »die Söhne von morgen und übermorgen«,[424] und ihnen jenen universellen magischen Süden als Heimat zuerkannt. Denn der Süden: das war Genesung, war die Zukunft, war der neue Mensch des kommenden Zeitalters. »Ich bin so dankbar, in den Süden gekommen zu sein«, schreibt D. H. Lawrence aus Taormina, »der Norden macht einen innerlich kaputt.«[425] Nicht mehr einzelne »Kurorte« mit »Heilanzeigen« für spezifische Leiden sind es jetzt, an denen Gesundung geschieht, statt dessen ist der Süden selber zur universellen Heilanzeige geworden. Er verspricht »Vogel-Freiheit, Vogel-Umblick, Vogel-Übermut«,[426] wie ihn Nietzsche in den *Liedern des Prinzen Vogelfrei* (1887) mit seinem Gedicht *Im Süden* gefeiert hat.

Im Süden
Friedrich Nietzsche

So häng' ich denn auf krummem Aste
Und schaukle meine Müdigkeit.
Ein Vogel lud mich her zu Gaste,
Ein Vogelnest ist's, drin ich raste.
Wo bin ich doch? Ach, weit! Ach, weit!

Das weiße Meer liegt eingeschlafen,
Und purpurn steht ein Segel drauf.
Fels, Feigenbäume, Turm und Hafen,
Idylle rings, Geblök von Schafen, –
Unschuld des Südens, nimm mich auf!

Nur Schritt für Schritt – das ist kein Leben,
Stets Bein vor Bein macht deutsch und schwer.
Ich hieß den Wind mich aufwärts heben,
Ich lernte mit den Vögeln schweben, –
Nach Süden flog ich über's Meer.

Vernunft! Verdrießliches Geschäfte!
Das bringt uns allzubald an's Ziel!
Im Fliegen lernt' ich, was mich äffte, –
Schon fühl' ich Mut und Blut und Säfte
Zu neuem Leben, neuem Spiel ...

Einsam zu denken nenn' ich weise,
Doch einsam singen – wäre dumm!
So hört ein Lied zu eurem Preise
Und setzt euch still um mich im Kreise,
Ihr schlimmen Vögelchen, herum!

So jung, so falsch, so umgetrieben,
Scheint ganz ihr mir gemacht zum Lieben
Und jedem schönen Zeitvertreib?
Im Norden – ich gesteh's mit Zaudern –
Liebt' ich ein Weibchen, alt zum Schaudern:
»Die Wahrheit« hieß dies alte Weib ...

Friedrich Nietzsche: Gedichte. Zürich 1994, 93–94.

Faun aus dem Süden, der
sich in die Schnee-Regio-
nen des Nordens verirrt
hat. Franz von Stuck:
Verirrt, um 1891.

Den Aufbruch in den Süden hat Nietzsche selbst immer wieder auf dem Weg über die Alpen prakti-
ziert.[427] In Sorrent will er »eine Art Kloster für freiere
Geister« gründen,[428] er träumt von einem Haus in
Anacapri, spürt den »langsamen Pfeil der Schönheit«
auf dem Posillipo in Neapel.[429] Aber in alledem ist
dieser Süden philosophische Idee einer freigeistigen
Existenz.

»Die große Loslösung« – so heißt der Aufbruch
aus dem Norden.[430] Die Idee der Grand Tour weitet
sich zur existentiellen Metapher eines anderen, eines
besseren Lebens.

Und das wird sie im Lande der Nebelkrähen und
Sumpfdotterblumen auch nach Nietzsche und der
Literatur des *Fin de siècle* noch lange Zeit bleiben.

Wer allerdings noch weiter in Richtung Süden
vordringen wollte, mußte sich sehr warm anziehen.

Kälte und Finsternis
Der polare Süden

Die verborgenen Gestirne des Südens

Weiter konnte die Reise nicht gehen, größer die Entfernung nicht sein, sei es geographisch, sei es in der inneren Erfahrung des Südens. Und wenn es in der Geschichte dieser Himmelsrichtung immer wieder den magischen Punkt zu erreichen und zu überwinden galt, hinter dem neue Welten sich öffneten, dann war mit dem Südpol die letzte Grenze markiert. Erst zu Beginn des 20. Jahrhunderts wird sie erreicht, aber über Jahrtausende hinweg hatte sie Gedanken und Phantasien der Menschen bewegt.

»Den Südpol schauen der düstere Styx und die Geister der Tiefe«, heißt es in Vergils *Georgica*.[431] Von den fünf Zonen des Erdballs ist dort die Rede, und nach antiker Auffassung trennte der glühendheiße, unpassierbare Äquatorialgürtel die südliche von der nördlichen Hemisphäre. Der Südpol war unerreichbar. *Ant-Arktis*: Das war das Land in Gegenrichtung zum Großen Bären, *arktos*, dem vertrauten Sternbild des Nordens.

Für die mittelalterliche Theologie war es dann nicht so sehr eine natürliche Grenze als vielmehr der Ratschluß Gottes, der den Südpol und die Gestirne des Südens den Blicken der Menschen im Norden entzogen hatte. *Polus Australis numquam potest esse conspicuus*, schreibt Thomas von Aquin, »den Südpol können wir niemals erblicken«; er gehöre mit den Gestirnen des Südens zu den von Gott gesetzten *inscrutabila*, den »unerforschlichen Dingen«. Der Scholastiker führt das in seinem Kommentar zu zwei Versen im Buch Hiob aus, in dem es um die verborgene Größe der göttlichen Werke in den Sternbildern der vier Himmelsrichtungen geht.[432]

Den Südpol können wir niemals erblicken
Thomas von Aquin

»Er macht den Großen Bären und den Orion, die Hyaden und die verborgenen Gestirne des Südens. Er tut große und unerforschliche und wunderbare Dinge, deren keine Zahl ist.« [Hiob 9,9–10] Was die »verborgenen Gestirne des Südens« betrifft, so ist zu bedenken, daß die Menschen, die in der Äquatorialzone wohnen, sofern denn überhaupt dort irgendwelche Menschen wohnen, beide Pole erblicken, teilt doch der Horizont im rechten Winkel die Tag- und Nachtgleiche [...]. Wendet man sich aber, von der Äquatorialzone ausgehend, Richtung Norden, so erhebt sich der Nordpol über dem Horizont, wohingegen der Südpol versinkt, je nachdem wie weit man sich vom Äquator entfernt. Daher können wir, die wir im Norden leben, den Südpol niemals erblicken, und ähnlich sind uns, je nach Entfernung vom Äquator, die dem Südpol benachbarten Gestirne verborgen. Das ist mit der Rede von den »verborgenen Gestirnen des Südens« gemeint, sofern sie nämlich tief unter dem Horizont verborgen liegen.

Thomas von Aquin: *Commentarius in Iob, 9,9–10* (Übersetzung D. R.).

Towards the South Pole

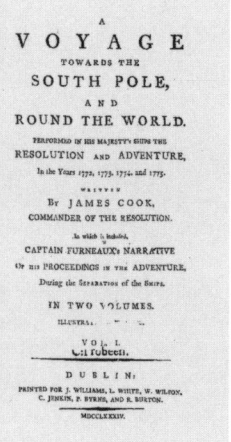

Auf der Suche nach dem Südpol. James Cooks Bericht über seine Fahrt mit der »Resolution«.

Daß mit der Südhalbkugel und ihren Gestirnen sich auch der Südpol menschlichen Blicken und menschlicher Forschung entziehen müsse, das galt freilich im Zeitalter der Entdeckungen längst nicht mehr. Mit den portugiesischen Erkundungen der Südhemisphäre und der Entdeckung ihrer Gestirne, darunter der berühmte *Cruzeiro do Sul*, das »Kreuz des Südens« – »ein neuer Stern in nie gesehnem Glanze«[433] –, wuchs auch die Neugier nach der Beschaffenheit des Südpols. »Ob andres Land beginnt, das Meer dort endet?«, das ist für Camões in den *Lusiaden* noch eine offene Frage.[434] Auch zwei Jahrhunderte später ist das Rätsel nicht gelöst: »Noch ist es keinem Seefahrer gelungen, auf der Achse unserer Erde zu stehen«, schreibt Johann Gottfried Herder 1784.[435] Dabei hatten sich englische Entdeckungsreisende dieser »Achse« bereits ziemlich weit angenähert. James Cook war 1773 von Neuseeland aus über den südlichen Polarkreis hinaus bis weit ins Packeis vorgestoßen, »in search of a Continent«, wie er in seinem 1784 erschienenen Bericht *A voyage toward the South Pole and round the world* schreibt.[436] Nachdem er bis zum 66. Breitengrad vorgedrungen war (und scherzhaft »der Antipoden unserer Freunde in London«[437] gedacht hatte), kehrt er aus der Zone des immer dichter werdenden Treibeises wieder nach Norden um, überzeugt von der »Unwahrscheinlichkeit,

Cooks Schiffe kämpfen sich durch das Treibeis. Kupferstich aus Views in the South Seas, *1808.*

weiter südwärts noch irgendwelches Land zu finden«.[438] Wieder einmal war auf der Suche nach dem Süden eine Grenze erreicht worden, die unüberwindlich schien.

War nicht enttäuscht, auf diese Grenze zu stoßen
James Cook (1784)

Ich will nicht behaupten, daß es unmöglich gewesen wäre, irgendwo weiter nach Süden vorzudringen; es zu versuchen wäre aber ein gefährliches und leichtfertiges Unternehmen gewesen, und kein Mann in meiner Situation, so glaube ich, hätte es gewagt. Denn es war meine Überzeugung ebenso wie diejenige der meisten an Bord, daß dieses Eis sich ganz bis zum Pol erstreckt oder möglicherweise auch an irgend ein Land stößt, mit dem es seit Urzeiten verbunden ist; und daß das ganze Eis, das wir zertrümmert nach Norden treibend fanden, sich hier, südlich dieses Breitengrades, zunächst bildet und anschließend durch Sturmböen oder andere Ursachen zerbrochen und durch die Strömungen nach Norden getragen wird. [...] Ich, der ich den Vorsatz gefaßt hatte, nicht nur weiter vorzudringen, als jemals ein Mensch vorgedrungen war, sondern auch so weit, wie Menschen überhaupt vordringen können, war nicht enttäuscht, auf diese Grenze zu stoßen, erleichterte sie uns doch in gewisser Weise die Entscheidung und verminderte schließlich die Gefahren und Nöte, die untrennbar mit einer Seefahrt in die südlichen Polarregionen verbunden sind.

James Cook: A voyage towards the South Pole, vol. I. Dublin 1784, 264–265 (Übersetzung D. R.).

Poesie des Eises

Die Hoffnung, auf die märchenhafte *Terra Australis* zu stoßen, war mit Cooks geographischen Forschungen endgültig geschwunden. Die Südpolarregion hatte dadurch zunächst wenig Verlockendes mehr. Sie schien ein von treibenden Eisbergen besetztes Meer zu sein, das sich in Kälte und Dunkelheit verlor. So waren es zunächst nur Robben- und Walfänger, die sich in die Antarktis vorwagten.[439] Erst um die Mitte des 19. Jahrhunderts setzten neue Forschungen ein. Aber hochgemuter Enthusiasmus, wie er in früheren Jahrhunderten die Entdeckungsfahrten in den Süden geprägt hatte, war jetzt nicht mehr im Spiel. Die Eroberung der Südpolarregion stellte sich eher als ein »naturwissenschaftlich-geographisches Problem«[440] dar.

Einzig in den Vereinigten Staaten, einem Land, für dessen Bewohner der Stolz auf das Vordringen in unerforschte Regionen im 19. Jahrhundert zum nationalen Selbstbild gehörte, wird die Erkundung des äußersten Südens noch einmal zu einem großen Mythos. Die 1838/42 unter dem Kommando von Charles Wilkes durchgeführte *United States Exploring Expedition* zur Erforschung der Südpolarregion löste in den USA eine Woge der nationalen Begeisterung aus. Es scheint, als starte das verspätet in den Kreis der Entdeckernationen eingetretene Land jetzt seine künftige Karriere im Wettlauf um die Erforschung des Universums. »Die Erforschung der Antarktis war ein symbolischer Akt mit einer mythischen Bedeutung, welche die materiellen oder wissenschaftlichen Ziele der Expedition weit überragte; es war eine Erforschung der Ursprünge, des Nationalcharakters, der eigenen Identität und künftiger individueller und nationaler Träume.«[441] Der neu entstehenden Weltmacht wurde die Antarktis (das letzte noch unerforschte große Territorium des Planeten) zu dem Traumziel, das den Seefahrernationen der frühen Neuzeit die Kontinente Afrikas und Asiens gewesen waren. Zwar entstanden dabei keine neuen *Lusiaden*, wohl aber die Strophen eines amerikanischen Antarktis-Epos, in denen der Süden – jetzt der kalte Süden – noch einmal Gegenstand hymnischer Literatur wird: *Thulia. A Tale of the Antarctic* (1843) von James Croxal Palmer:

> Deep in a far and lonely bay,
> Begirt by desert cliffs of snow,
> A little bark at anchor lay,
> In southern twilight's fiery glow.

Die »kleine Bark« ist die Heldin des Poems. Sie trägt – nach dem antiken *Thule* – den Namen *Thulia*, und wagemutige Männer segeln, den Schrekken der Kälte und der Finsternis trotzend, mit ihr in die Eiswüsten des Südens:

> Cold, cold as death – the sky so bleak
> That even daylight seems to shiver,
> And starting back from icy peak
> The blinking sunbeams quail and quiver.

Aber die schöne »Poesie des Eises«, die hier aufblitzt, darf nicht täuschen. Der kalte Süden erscheint in Palmers Epos vor allem in den mythischen Bildern einer bösen, dem Menschen radikal feindlichen Natur, die dennoch am Ende durch die heroische Kraft des menschlichen Willens bezwungen wird:

> The baffled monsters fall behind,
> Nor longer urge pursuit so vain:
> One moment more, and rest we find,
> 'Tis past – she's safe, she's safe again.[442]

Die »Monster«, als welche die riesigen Eisberge auftauchen, müssen die kleine Bark freigeben, David hat über Goliath gesiegt. Der kalte Süden ist nicht länger der Feind des Menschen.

Länder, Meere, Küsten, Inseln. Imaginäre Nomenklaturen

Der amerikanischen Expedition von Charles Wilkes folgte 1839/41 die Forschungsreise des Engländers James Clark Ross. Sie machte endgültig deutlich, daß die Antarktis, anders als die Arktis, eine ungeheure, hochgebirgige Landmasse darstellt, einen wahren sechsten Kontinent. Ross entdeckte dort nicht nur ein eigenes Binnenmeer (die *Ross Sea*), sondern auch einen 3800 Meter hohen, Rauch und Flammen auswerfenden Vulkan, dem Ross nach seinem Forschungsschiff den Namen *Mount Erebus* gab.[443]

Der Erforschung dieses sechsten Kontinents, dessen geographische Umrisse jetzt in groben Zügen feststanden, widmeten sich in der Folgezeit zahlreiche Expeditionen. Die Südpolarregion war die letzte Landmasse der Erde, auf der noch geographische Entdeckungen möglich waren: Grund genug für Nationen wie Deutschland, Rußland oder Norwegen, die sich bislang kaum als Entdeckernationen hervorgetan hatten, sich am Wettlauf um die territoriale Erfassung des Gebietes zu beteiligen und dort wenigstens nominelle Spuren zu hinterlassen. Hatten Portugal, Spanien und Frankreich, die katholischen Entdeckernationen der frühen Neuzeit, die neuen Inseln und Landstriche jenseits der Meere mit einem Netz christlicher Heiligennamen markiert, so durften jetzt im ewigen Eis die Namen von gekrönten Häuptern oder verdienten Forschern weiterleben. Mit je eigenen »Ländern«, »Inseln« oder wenigstens »Küsten« schmückt sich dort das Andenken an Zar Alexander I. von Rußland, an Queen Victoria von Großbritannien, an den deutschen Kaiser Wilhelm II., an König Leopold und Königin Astrid von Belgien und an König Harald von Norwegen.[444] »Meere« erinnern an die Polarforscher Fabian von Bellingshausen (Rußland), James Clark Ross (Großbritannien) und Roald Amundsen (Norwegen),[445] eine »Küste« an Ernest Shackleton, den ersten antarktischen Ballonfahrer (1902), und wenigstens eine »Insel« an den unglücklichen Robert Scott.[446] Eher durch einen schönen Zufall ist der deutsche Geograph und Mathematiker Carl Friedrich Gauß (bei seinen Landvermessungen ja immer auf der Suche nach erhöhten Standpunkten im Gelände) zu der verdienten Ehre gekommen, daß der 370 Meter hohe Gaußberg (*Mount Gauss*), ein erloschener Vulkan, seit 1901 seinen Namen trägt.[447] Aber auch einige weniger bekannte, jedoch sicher von den Entdeckern hochgeschätzte Damen haben in der Antarktis ihre Spuren hinterlassen – woran das *Mary Byrd Land* (1929), die *Sabrina Coast* (1931) und die *Ingrid Christensen Coast* (1935) erinnern. Es scheint, als sei der menschenleere Kontinent voller imaginärer Bewohner, als gelte es, wenigstens nominell alle jene Territorien zu besetzen, die kaum je ein menschlicher Fuß betreten hatte. Dabei tun sich in jüngster Zeit vor allem die Vereinigten Staaten hervor (die keinerlei territoriale Grenzen innerhalb der Antarktis anerkennen): Das *Advisory Committee on Antarctic Names*, ein Ausschuß des *United States Board on Geographic Names*, bemüht sich um eine »angemessene« Nomenklatur für die zahlreichen, zum Bedauern der Verantwortlichen noch immer namenlosen kleineren Küsten, Plateaus, Berge und sonstigen geographischen Merkmale in der gesamten Antarktis.

16. Januar 1912. Am trostlosesten Ort dieser Welt

Je genauer der Südkontinent erkundet wurde, um so näher rückte das letzte Ziel: der Südpol selber. Ein unsinniges, mit Menschenaugen überhaupt nicht wahrnehmbares, nur instrumentell zu fixierendes Ziel. Und dennoch ein Ziel, das in die Geschichte der Suche nach dem Süden gehört. In den dramatischen Worten von Stefan Zweig erscheint es als klassischer Ort der Abenteuer, als feste Burg in den Eiswüsten des Südens: »Frost und Sturm halten herrisch den Zugang ummauert, Grauen und Gefahr scheuchen mit Todesdrohung den Kühnen. Flüchtig nur darf selbst die Sonne diese verschlossene Sphäre schauen und niemals ein Menschenblick.«[448] Eine »Sternstunde der Menschheit« hat Zweig den »Kampf um den Südpol« genannt, und vermutlich ist es dem österreichischen Autor zu verdanken, daß in diesem Fall die Sympathien nicht auf seiten des Siegers, sondern des Verlierers im besagten »Kampf« stehen: nicht bei Roald Amundsen, dem »Entdecker« des Südpols, sondern bei Robert Falcon Scott, der dieses Ziel als zweiter, aber eben nur als zweiter erreichte, vier Wochen nach dem Norweger. Und der dann auf dem Rückmarsch zusammen mit seinen vier Gefährten im Eis den Tod fand. Mit seinen seit 1912 unter dem apokalyptischen Titel *Last Expedition* (deutsch *Letzte Fahrt*) vielgelesenen Tagebuchaufzeichnungen hat »Kapitän Scott« die Phantasien weit mehr beflügelt als Roald Amundsens im gleichen Jahr erschienene *Eroberung des Südpols*. Der für Scotts Aufzeichnungen charakteristische Gestus des eisernen, disziplinierten Durchhaltens bis zum bitteren Ende spielt dabei gewiß eine Rolle, auch die Erinnerung an Lawrence Oates, einen der Expeditionsteilnehmer, der auf dem Rückmarsch, von den Strapazen erschöpft, freiwillig in den Tod ging, um die anderen nicht zu behindern. Heroische Szenarien dieser Art gehören zum Geist des 20. Jahrhunderts, und seltener sind sie anrührender dargestellt worden als in Scotts *Last Expedition*.

Die eigentliche »Entdeckung«, das Erreichen des gesuchten »Ortes« durch Robert Falcon Scott, war indessen – in Scotts eigenen Worten – eine niederschmetternde Enttäuschung gewesen. Der südlichste Süden des Planeten zeigte sich als »der trostloseste Ort dieser Welt«.[449]

An diesen entsetzlichen Ort haben wir uns mühsam hergeschleppt
Aus Robert Falcon Scotts Tagebuch

Mittwoch, 17. Januar. Lager 69. Temperatur beim Aufbruch 30 Grad, in der Nacht 29 Grad. Der Südpol. Unter wie anderen Umständen hatten

Das Grab Robert Falcon Scotts und seiner Gefährten in der Antarktis.

wir diesen Augenblick seit Monaten herbeigesehnt! Ein grauenhafter Tag liegt hinter uns – einmal die Enttäuschung, dann ein Wind, der bei 30 Grad Kälte mit Stärke 4 bis 5 uns entgegenwehte. Wir brachen um 7 Uhr 30 auf, denn keiner von uns hatte in dieser schauderhaften Nacht geschlafen, und folgten eine Strecke weit den Schlittengleisen der Norweger [...]. Die Luft ist voll von jener seltsamen kalten Feuchtigkeit, die binnen weniger Augenblicke das Mark in den Knochen erstarren läßt. Wir sind wieder etwas abwärts gezogen, wie mir scheint; aber vor uns geht es offenbar von neuem bergan. Sonst ist hier nichts zu sehen – nichts, was sich von der schauerlichen Eintönigkeit der letzten Tage unterschiede. Großer Gott! Und an diesen entsetzlichen Ort haben wir uns mühsam hergeschleppt und erhalten als Lohn nicht einmal das Bewußtsein, die ersten gewesen zu sein.

Robert Falcon Scott: Letzte Fahrt. Kapitän Scotts Tagebuch. Stuttgart u.a. 1992, 257–258.

Der südlichste Punkt der Erde, erst einmal erreicht, hatte damit seinen Zauber verloren. Erst 1956, im Zusammenhang mit der Gründung einer Forschungsstation, wurde er wieder von Menschen betreten. Und denjenigen, die ihn in der Folgezeit als »Abenteurer« erreichten, ging es dabei nicht so sehr um den Ort selber als um die spektakulären Umstände der Tour. So passierten Arved Fuchs und Reinhold Messner 1989 den Südpol im Rahmen einer Erst-Durchquerung des gesamten antarktischen Kontinents – zu Fuß und in der »Rekordzeit« von 92 Tagen.

Kein Süden

Am Südpol, dem einzigen Ort auf der Welt, von dem man nicht nach Süden sehen kann, kennzeichnet heute eine Meßlatte die genaue Position des »geographischen« Pols, auf 2800 Meter Höhe über dem Meeresspiegel; daneben weht die US-amerikanische Flagge. In der Nähe befindet sich der sogenannte »Zeremonielle Südpol«: eine Metallkugel, die von den Flaggen der Unterzeichnerstaaten des Antarktis-Abkommens umgeben ist. Etwa hundert Meter davon entfernt liegt die von den Vereinigten Staaten 1956 errichtete *Amundsen-Scott South Pole Station*, eine Forschungsstation, auf der in den polaren Sommermonaten rund 200 Mitarbeiter leben.

Werner Herzog hat dort im Jahr 2008 einen Film mit dem Titel *Encounters at the End of the World* gedreht. In einem Interview mit *Associated Press* hat er auf die Frage, ob er am Pol eine Art von Endpunkt erreicht habe, geantwortet: »Ich habe etwas gegen diese Art von absurdem Wettrennen:

Wer ist als erster zum Südpol gekommen? Meiner Meinung nach endet damit, kulturell gesehen, jeder Begriff von menschlichem Abenteuer.«[450]

Eher am Anfang steht hingegen das politische Abenteuer, das mit dem 1961 in Kraft getretenen Antarktis-Vertrag (Antarctic Treaty System) gestartet wurde. Der Vertrag sieht vor, daß der antarktische Kontinent jenseits des 60. Breitengrades ein internationales Territorium sei, in dem keine nationalen Souveränitätsansprüche gelten. Wie weit damit die zahlreichen, historisch reklamierten Hoheitsrechte einzelner Staaten (zu denen übrigens mit »Neuschwabenland« auch Deutschland gehört[451]) tatsächlich annulliert sind oder nur ruhen, bleibt allerdings eine offene Frage. Außerdem, so der erste Artikel des Vertrags, solle das Gebiet ausschließlich für friedliche Zwecke genutzt werden und ohne militärische Präsenz bleiben.

Damit wäre die uralte Idee von einem Wunderland im Süden doch noch nicht ganz verschwunden.

Traum vom Glück und Last der Geschichte
Der allgegenwärtige Süden

O sonniger Süden!

Wer mag sie aufgebracht haben, die Rede vom *sonnigen Süden*?[452] Hundert-
tausendfach blinkert die Formel durchs Internet, geistert über Reklame-
wände, spukt durch Hotelanzeigen, Wellnessversprechungen und Ga-
stronomieführer, lockt auf den Angeboten zahlloser Reiseveranstalter.
Und wo liegt er, dieser sonnige Süden? Seit Josef B. Malinas illustriertem
Italienbuch von 1932, das die gefällig stabreimende Formel populär gemacht hat,[453] seit den »Gesellschaftsreisen« der 1930er Jahre – *Über die Alpen
zum sonnigen Süden* – ist längst nicht mehr nur Italien das südlich-sonnige
Ziel. Spanien, Dalmatien, die Balearen und die Kanarischen Inseln gehören heute ebenso zu dieser Süd-Offerte wie Südtirol oder Südfrankreich.
Der Süden ist ubiquitär geworden, er ist das Land, in dem die Sonne

Reiseprospekt 1938.

scheint. Ein Märchen wird also erzählt: das Märchen vom
gelobten Land, Schlaraffenland, der Anderswelt. Der Süden
liegt dort, wo alle Märchenländer liegen: in der Macht des
Wünschens. Das schließt – und auch dies gehört zur Logik
des Märchens – die Suche nach dem Wunderland nicht aus,
im Gegenteil.

Die Königin dieses Südens ist die Sonne – *'O sole mio* lautet die Huldigungsformel –, und längst führt sie ihr Zepter
auch im Norden: in Sonnenstudios, in Kosmetiksalons, in
der Solartherapie. Die Selbstbräunungscreme ist ihr jüng-
stes Kind, *do it yourself like the sun*. Vergeblich kämpfen ihre
Widersacher aus der kritischen Zunft der Ärzte, empfehlen
Sonnenschutz und Ganzkörperbadeanzug. Die Sonne bleibt
Siegerin, *Sol invictus*. Denn längst ist aus dem jahrtausende-
alten Stigma der dunklen Haut ein Schönheitsideal geworden, ist der südliche Mensch zum schönen Menschen avan-

Die Mühen des Strandes.

ciert. Welchen Aufwandes und welcher Ausdauer es bedarf, um diesem Ideal nahezukommen, kann man an jedem Mittelmeerstrand beobachten.

Denn der Strand, das ist heute das Reich des Südens *par excellence*.[454] Hier lebt die alte Idee des Paradieses weiter. Es ist der Ort der nackten Körper, der Freiheit von Arbeit, des Fehlens sozialer Distinktionen, der Harmonie zwischen Mensch und Natur. Und nur die Herrschaft der Sonne ist es, die all das möglich macht. Die alte, einst elitäre »Sehnsucht nach dem Süden«[455] ist heute für Millionen die Sehnsucht nach Strand und Sonne geworden. Und mit den künstlichen Sonnen, aber auch dank der Möglichkeiten beschleunigten Reisens trägt der allgegenwärtige Süden stark voluntaristische Züge. Wenn wir wollen, sind wir im Süden, wenn wir wollen, sind wir im Norden. Reisend wie Peter Schlemihl, der Mann ohne Schatten, in Siebenmeilenstiefeln.

Nord und Süd
Max Herrmann-Neiße (1937)

Wenn wir wollen, sind wir hoch im Norden:
Schutthalden fallen von dem kahlen Hang
und enden in den einsam düstren Fjorden.
Doch wenn wir wollen, ist der Überschwang
des Tropischen an unsern Tag verschwendet
mit Farbenfreudigkeit, Musik und Duft;
die eben noch so karge Landschaft wendet
sich jäh in südlich lebensfrohe Luft
und schmückt sich mit Agaven und mit Palmen
und hängt Oliven in das Laubgerank.
Da singt dem Pan mit heidenhaften Psalmen
für Nord und Süd der Föhn den Erntedank.

Max Herrmann-Neiße: Um uns die Fremde. Gedichte 2, Frankfurt 1986, 495. – Aus dem 1937 im Tessin entstandenen Zyklus »Bilderbogen Lugano«.

Die Mythologie der Himmelsrichtungen hat sich auf diese Weise neu strukturiert. Der *Westen* ist nach wie vor der Himmelsstrich des Politischen, auch wenn seit dem Ende des Kalten Krieges diesem Westen ein klar umrissener Gegenpol im Osten abhanden gekommen ist, die »westliche Welt« sich eher vage gegen Bedrohungen ihrer Identität aus allen möglichen Richtungen zu schützen versucht. Der *Osten* hat den Charakter des feindlichen Himmelsstriches verloren; zudem sind, aufgrund der Erweiterung der politischen und militärischen Bündnisse, die Grenzen zwischen Osten und Westen fließend geworden. Vom *Norden* ist außerhalb lokaler Emotionen und Konstellationen nicht weiter die Rede. Der *Süden* aber leuchtet. Dorthin zeigt die Kompaßnadel des Glücks. Wir leben im Westen und wir träumen vom Süden. Dort und nicht mehr im Osten liegt das Paradies. Niemals in der vieltausendjährigen Geschichte des Südens hatte diese Himmelsrichtung einen solchen Rang wie in der Freizeitgesellschaft von heute.

Armer Süden, reicher Norden

Nicht idealischer, sondern realer Süden erzwingt freilich Wanderungs-, präziser gesagt Fluchtbewegungen in genau die entgegengesetzte Richtung. Es wandern heute erstmals mehr Menschen in süd-nördlicher Richtung über das Mittelmeer als umgekehrt von Norden nach Süden, wie einst. Auf der Suche nach Arbeit und besseren Lebensbedingungen ist der Norden zum lockenden Ziel geworden, und die Hoffnungs- und Grenzmarken der Flüchtlinge aus dem Süden heißen Lampedusa oder Ceuta. Auch auf dem amerikanischen Kontinent führt die Straße der Hoffnung von Süden nach Norden: Millionen von Flüchtlingen emigrieren über die mexikanische Grenze in die Vereinigten Staaten. Die Wanderungsbewegungen sind sichtbarer Ausdruck dessen, was als *Nord-Süd-Konflikt* seit dem Ende des Kolonialismus in Erscheinung getreten ist. Es ist ein System globaler Ungleichheit, in dem *Norden* und *Süden* weltgeschichtlich in ein neues Verhältnis getreten sind. Während sich der wirtschaftliche Reichtum auf der Nordhalbkugel konzentriert, in den in der Organisation für wirtschaftliche Zusammenarbeit und Entwicklung (OECD) zusammengeschlossenen Industriestaaten, liegen die armen, sogenannten Entwicklungsländer auf der südlichen Hemisphäre. Benachteiligt von der herrschenden Weltwirtschaftsordnung und leidend an den Spätfolgen kolonialer Ausbeutung, dem Bevölkerungswachstum und zunehmend ungünstigeren klimatischen Verhältnissen ist dieser Süden zur Elendsregion der Welt geworden. Allgegenwärtig - auf makabre Weise - ist auch er: Immer wieder bewegen schnell übermittelte

Katastrophen-Bilder aus dem armen Süden für kurze Zeit die Bewohner des reichen Nordens. Insgesamt ist dieser Süden jedoch im allgemeinen Bewußtsein kaum präsent. Aus nördlicher Perspektive scheint es, als verliere sich dieser Süden wieder – wie einst – in dunklen Fernen.

Abschied vom klimakulturellen Denken?

Vielleicht liegt es an der Verfügbarkeit des künstlichen Klimas, der Allgegenwart des Südens, daß die alte Idee der klimatischen Prägung des Menschen – Herder hatte sie die »Klimatologie aller menschlichen Denk- und Empfindungskräfte«[456] genannt – heute so gut wie keine Rolle mehr spielt. Das soziologische Verstehens-Paradigma hat längst das klimakulturelle verdrängt, ein Denken in Kategorien wie »soziale Schicht«, »Einkommensgruppe«, »Ausbildungsniveau« hat die alte Definition von Menschen nach ihrer landschaftlichen Umgebung abgelöst. Auch im Hinblick auf die Vergangenheit scheint, was einst als Nationalcharakter galt, nichts anderes zu sein als die »Konstruktion« eines solchen (wie es der Titel eines 2007 erschienenen Sammelbandes formuliert), scheinen, wie es dort heißt, nationale Charakterisierungen von Menschen »eher Gemeinplätze und Gerüchte als empirische Beobachtungen oder Feststellungen von Tatsachen«.[457] Gutgläubige Erfindungen also, die allenfalls als literarische Topoi Bestand haben.

An dieser Situation waren die Nationalsozialisten nicht ganz unschuldig, die eben jenes landschaftliche Paradigma zum ideologischen Programm erhoben und in aggressiver Weise radikalisiert haben. Von »nordischer« Art, von »slawischer« Seele zu sprechen oder auch nur die Idee einer Literaturgeschichte der deutschen »Stämme« und »Landschaften« zu verfolgen, wie es einst Josef Nadler getan hatte, mußte danach für immer tabu sein. Mußte es?

Wer heute von »den« Italienern, »den« Türken oder »den« Schwarzen spricht, gerät schnell in den Verdacht, ein politischer Banause zu sein. Allenfalls bei sehr kleinen Völkern (»den« Eskimos oder, politisch korrekt, »den« Inuit) mag das noch durchgehen oder, mit einer gewissen Häme, wenn nicht Polemik, gegenüber den Angehörigen sehr großer, weit entfernter Nationen (»den« Amerikanern, »den« Chinesen). Der Begriff »südländisch« taucht allenfalls noch im Polizeibericht auf, wenn es um die Personenbeschreibung von Tätern geht, deren äußere Merkmale an Türken oder Iraner denken lassen. Ein entsprechendes Pendant »nordlän-

disch«, gar »nordisch« bei hiesigen Tat-
verdächtigen würde wohl zu Irritationen
führen.

Im sonnigen Süden

Auch die Deutschen selber definieren
sich nicht mehr als Bewohner eines ir-
gendwie gearteten Nordens. Wer Zusammenhänge zwischen Landschaften und
Mentalitäten herzustellen versucht, findet wenig Zustimmung. Daß die Hamburger aufgrund der Nähe des Meeres li-
berale, weltoffene Menschen seien: ein
solcher Satz mag allenfalls in einer nicht

Bildpostkarte, um 1900.

sehr originellen Festrede durchgehen. Daß in den engen Tälern der Alpen Heimatsinn und Nachbarschaftsgeist blühten, wird eher in den Ver-
lautbarungen der örtlichen Fremdenverkehrsvereine behauptet. Und
daß die Dresdner bis 1989 im »Tal der Ahnungslosen« lebten (sie konnten
aufgrund der geographischen Lage kein Westfernsehen empfangen), ist
ein Kuriosum aus der Vergangenheit. Sieht man sich die in jüngster Zeit
erschienenen Veröffentlichungen an, die, manchmal ein wenig ver-
schämt, über »die Deutschen« sprechen,[458] spielen Faktoren wie Wetter,
Wind, Geologie oder Landschaft – kurzum das Klima – als prägende Elemente des Wesens der Menschen kaum eine Rolle; und ebensowenig
jene Faktoren, die für die klimatologisch akzentuierte Anthropologie
des 18. und 19. Jahrhunderts durchaus zur Gesamtheit dessen gehörten,
was man unter dem Begriff des *Himmelsstrichs* verstand, also zum Beispiel
die Religion oder die jeweilige Küche.

Insgesamt scheint sich also eine Auffassung durchgesetzt zu haben,
wie sie schon Jean-Jacques Rousseau in seiner berühmten Antwortschrift
auf die Preisfrage nach dem »Ursprunge der Ungleichheit unter den
Menschen« formuliert hat. Dem Klima widmet er dort keine einzige
Zeile. Die »Ungleichheit« der Menschen ist für ihn Folge der gesellschaftlichen Organisation, vor allem der Einführung des Privateigentums und
der Herrschaft der Gesetze. »Ich habe gefunden, daß keine Ungleichheit
im Stande der Natur statt finde« ist sein Fazit.[459]

Haben also klimakulturelle Überlegungen keine Chance mehr? Ist,
was ehedem die Menschen des Südens und die Menschen des Nordens
waren, aufgegangen in einer undifferenzierten, globalen Spezies? Gibt es
zwischen Wetter und Charakter, Landschaft und Seele, Küche und Geist,
Religion und Temperament keine Zusammenhänge mehr?

Wechselt man die Perspektive, setzt man an die Stelle der Eigen- die Fremdwahrnehmung, so kann man allerdings beobachten, daß nationale Zuschreibungen nach wie vor lebendig sind (wie ja Nationalklischees sich ohnehin vorwiegend dem fremden Blick verdanken). Ganz unbefangen kann eine 2004 in Italien erschienene kultursoziologische Studie über Eigentümlichkeiten des deutschen Wortschatzes die *anima tedesca*, die »deutsche Seele« im Titel führen.[460] Ebenso unbefangen sprechen Italiener oder Spanier im Alltagsdiskurs über »die« Deutschen. Für sie liegt Deutschland im Norden, im Norden ist es kalt, und im Winter liegt dort Schnee. Wobei für einen Süditaliener dieser kalte Norden schon ein paar hundert Kilometer südlicher beginnen kann. In einer komischen Szene in Totos Film *Totò, Peppino e la Malafemmena* steigen drei Neapolitaner bei einer Reise nach Mailand im Hochsommer dort mit schweren Pelzmänteln, Mützen und Handschuhen aus dem Zug. Denn Mailand liegt für einen Neapolitaner im Norden, und natürlich ist es dort immer kalt. Wobei die nördliche »Kälte« durchaus eine mentale Bedeutungsnuance hat, Klima und Charakter also ineinanderspielen.

Landschaftlich-klimatische Gegebenheiten werden gern auch auf regionaler Ebene genannt, vor allem wenn es um die Abgrenzung gegenüber den Nachbarn geht. Die Oberfranken, im »bayerischen Sibirien« lebend, seien rauh, aber herzlich, die Unterfranken, von sonnenbeschienenen Weinbergen umgeben, heiter und gesellig, die Bewohner der Mecklenburger Seenplatte schwerblütig, die Friesen an der stürmischen Waterkant eigenbrötlerisch und verschlossen. Heinrich Böll, aus Köln gebürtig, unterscheidet zwischen dem »Weintrinkerrhein« und dem »Schnapstrinkerrhein«, spricht von den »Grenzen der Brotform, Bräuche, Konfessionen«. »Hüben backt man das Brot lang, drüben rund; hier hat der Katholizismus eine trierische, dort eine kölnische Färbung, die kölnische Färbung bedeutet: Liberalität, Souveränität.«[461] Aber aus trierischer Perspektive stellt sich das vermutlich anders dar.

Und Süden und Norden – seit Madame de Staëls Schrift *De l'Allemagne* (1813) die wichtigste Kategorie zur Unterscheidung der Deutschen[462] – spielen in der regionalen Selbstdefinition natürlich immer noch eine Rolle, wenn es im populären Diskurs um »die Norddeutschen« und »die Süddeutschen« geht, wobei vor allem Klima, Küche und Konfession die jeweiligen Stereotypen begründen. Diese Unterscheidung scheint auf längere Sicht beständiger zu sein als die seit 1989 gern beobachtete Differenz zwischen Ost- und Westdeutschen. Die mentale Definition der Deutschen funktioniert stellar, nicht solar.

Zivilisation und Klima oder
Ging der Weg der Kultur von Süden nach Norden?

Vielleicht dürfte aber gerade im Zeitalter globaler Diskurse der Versuch lohnen, die klimakulturellen Ideen der Aufklärung aufzunehmen und neu über den Zusammenhang von Klima und Zivilisation nachzudenken – auch wenn dabei leicht die Gefahr besteht, in die Fallen des Determinismus zu tappen. Der amerikanische Geologe und Klimaforscher Ellsworth Huntington (1876–1947), der bereits 1922 den Begriff des »Klimawandels« (Climatic Changes) in die Diskussion brachte, hat mit seinem Buch Civilization and Climate (1915) einen solchen großangelegten Versuch unternommen. Anders als bei der in Deutschland unter dem Begriff der Geopsychologie bekannt gewordenen Forschungsrichtung, der es eher um die Systematisierung des Verhältnisses von »Klima und Seele« oder »Landschaft und Seele«[463] ging, verfolgt Huntington eine dezidiert historische Fragestellung: diejenige nach Entstehung und Ausbreitung der Kultur. Seine These ist, »daß das Klima ein bestimmender Faktor in der geographischen Ausbreitung des menschlichen Fortschritts gewesen ist«.[464] Auf der Suche nach der »klimatischen Energie«[465] einer Gesellschaft widmet er sich dem Zusammenhang von Arbeitseffizienz und Wetter,[466] der Wirkung jahreszeitlicher Klimaschwankungen auf die menschlichen Aktivitäten und den Folgen klimatischer Veränderungen für die kulturelle Organisation historischer Gesellschaften. Klimakatastrophen oder einschneidende klimatische Veränderungen – so eine seiner Thesen – führten bei den betroffenen Bevölkerungen zu steigender Akzeptanz religiös-fundamentalistischer Heilsbotschaften.[467] Insgesamt vertritt Huntington die Auffassung, daß die Kultur im Prozeß ihrer Höherentwicklung vom Süden in den Norden gewandert sei, in epigonalen Perioden sich hingegen wieder mehr nach Süden »zurückgezogen« habe.[468] Kritische Einwände drängen sich hier natürlich schnell auf. Dabei korrespondiert Huntingtons These überraschend mit der in jüngster Zeit von Paläontologen und Genanalytikern vertretenen out of Africa-Theorie, also der Auffassung, daß der homo sapiens seine Urheimat im Südkontinent gehabt habe.

Die Klima-Parabel vom Zivilisationsprozeß
Ellsworth Huntington (1925)

Die Antwort auf diese Fragen [zum Zusammenhang von Klima und Zivilisation] läßt sich in der Form einer Parabel geben. Vor Urzeiten verließ eine Gruppe von nackten Wilden, die weder Häuser noch den Gebrauch des Feuers kannten, ihre warme Heimat in der äquatorialen Zone, um von Beginn des Frühlings bis zum Ende des Sommers beständig in Richtung Norden zu wandern. Sie hatten nicht bemerkt, daß sie den gleichmäßig warmen Landstrich verlassen hatten, bis sie auf einmal im September in der Nacht eine unangenehme Kälte zu spüren begannen. Von Tag zu Tag wurde es schlimmer. Sie wußten nicht, was die Ursache war, und zogen, um zu entkommen, in verschiedene Richtungen weiter. Einige wandten sich nach Süden, aber nur eine Handvoll kehrte schließlich wieder zu ihren früheren Wohnstätten zurück. Dort nahmen sie die alte Lebensweise wieder auf, und ihre Nachkommen leben bis zum heutigen Tag als brave Wilde weiter. Von denen, die in andere Richtungen weiterzogen, kamen alle um, mit Ausnahme einer kleinen Gruppe. Deren Mitglieder kapierten, daß es nicht möglich war, der kalten Luft zu entgehen, und nutzten die edelste aller menschlichen Fähigkeiten, die Kraft bewußter Erfindung. Einige suchten Schutz, indem sie sich in den Boden eingruben, andere sammelten Zweige und Blätter, um sich Hütten und warme Betten zu machen, andere wickelten sich in die Häute von erlegten Tieren. Und bald hatten diese Wilden einige der wichtigsten Schritte hin zur Zivilisation gemacht. Die Nackten waren gekleidet, die Hauslosen geschützt und die früher keine Vorsorge getroffen hatten, lernten jetzt, Fleisch zu trocknen und es mit Nüssen für den Winter aufzubewahren. Und schließlich wurde auch die Kunst, Feuer zu machen, als Mittel entdeckt, es warm zu haben. So überlebten sie, nachdem sie zunächst geglaubt hatten, es wäre mit ihnen zu Ende. Und im Prozeß ihrer Anpassung an eine harte Umgebung machten sie gewaltige Fortschritte und ließen den in den Tropen lebenden Teil der Menschheit weit hinter sich.

Ellsworth Huntington: *Civilization and Climate* [1915], Nachdruck der 3. Auflage (1925). Hamden, Conn. 1971, 405 (Übersetzung D. R.).

Wandeln sich mit dem Klimawandel auch die Charaktere?

Der aktuelle Begriff der »Umwelt« scheint, insofern er die Gesamtheit der den Menschen beeinflussenden Faktoren seiner physischen Umgebung bezeichnet, am ehesten dem zu entsprechen, was die Klimatheorie der Aufklärung unter dem »Himmelsstrich« verstand. Dabei könnte die un-

ter dem Stichwort des Klimawandels prognostizierte oder bereits dia-
gnostizierte Veränderung dieser Umwelt die Probe aufs Exempel sein: ob
sich nämlich im Prozeß dieses Wandels auch die von ihm betroffenen
Menschen und ihre Verhaltensweisen ändern. Denn wenn in der »Weltgeschichte der Umwelt« (Joachim Radkau)[469] das Verhältnis von Natur,
Kultur und Herrschaft immer wieder neu definiert wird, dann können
Wandlungen dieser Umwelt auch für kulturelle, soziale und politische
Bereiche nicht folgenlos bleiben. Daß Klimaveränderungen zum Negativen, etwa die zunehmende Versteppung auf der Südhalbkugel, »die globalen Ungleichheiten in den Lebenslagen und Überlebensbedingungen«
vertiefen, führt Harald Welzer in seinem Buch *Klimakriege* aus.[470] Überhaupt ist die aktuelle Umwelt- und Klimadebatte ja vor allem ein apoka-
lyptisches Szenario in planetarischen Dimensionen. Aber könnte sich
mit dem Klima auch der Alltag der Menschen verändern,[471] könnten ihre
Gespräche, Ideen, Geschichten, Vorlieben, Moden und Verhaltensweisen
einen neuen Zuschnitt bekommen? »Das Wetter in einem Land ist eine
Art Gerüst, es liefert die Grundparameter für eine kollektive Psychologie«,
schreibt der aus Bangladesch gebürtige britische Autor Sukhdev Sand-

hu.[472] Was wird geschehen, wenn diese Parameter sich verschieben? Genügen nicht bereits ein paar ungewohnte, gnadenlos heiße Sommertage, wie jetzt im Juli 2008, um nicht nur unsere Arbeitsmoral rapide sinken zu lassen und unsere Kleiderordnungen durcheinanderzubringen, sondern auch unserer Liebe zur südlichen Sonne einen deutlichen Dämpfer zu verpassen? Könnte es nicht sein, daß Norden, Süden, Osten und Westen einmal ganz andere Qualitäten bekommen werden als jene, die wir seit dem Ende der letzten Eiszeit mit ihnen verbinden?

Nord oder Süd! Wenn nur ...?

Nord oder Süd! wenn nur im warmen Busen
Ein Heiligthum der Schönheit und der Musen,
Ein götterreicher Himmel blüht! [...]
Nord oder Süd,
Wenn nur die Seele glüht!

So beginnt ein Lied von Robert Schumann,[473] und wer könnte seinem Zauber widerstehen. Auch und gerade dann, wenn die Seele nicht glüht, sondern friert, weil götterreicher südlicher Himmel *ach so weit, so weit*. Die Relativierung der Himmelsrichtungen hat eine lange Tradition, die trotzige Mißachtung der Windrose und ihrer geistigen Koordinaten. *Nord, Süd, Ost, West? – Zu Haus ist's am best!* Das sagt man natürlich zu Hause, und nicht selten sagen es diejenigen, die das Haus nie verlassen haben. Da konnte Angst oder Resignation im Spiele sein. *Tutius est peregrinari domi*, »Sicherer ist's, zu Hause zu reisen«: So weiß es bereits das Titelkupfer einer *Geographischen Beschreibung von Europa* aus dem Jahre 1710. Oder es war, nicht zuletzt in Deutschland, der Mangel an äußeren Freiräumen, der dazu nötigte, sich auf die innere Landkarte zu konzentrieren. Und war denn die Sehnsucht nach dem Süden nicht gerade dann am stärksten, wenn sie Sehnsucht blieb oder bleiben mußte? War nicht der Kompaß der Seele verläßlicher als die Magnetnadel? Waren Süden und Norden nicht Aggregatzustände des Geistigen? »Jeder wird *mit* seinem Norden oder Süden gleich geboren, ob *in* einem äußern dazu – das macht wenig«: So antwortet in Jean Pauls *Titan*-Roman der Held aus dem Norden, als ihm ein Freund von den Schönheiten des Südens schwärmt.[474] Jean Paul war bekanntlich nie in Italien und hat dennoch einen der schönsten Italien-Romane geschrieben. Er kannte den Süden aus Büchern.

Aber *compassare*, das italienische Wort, dem der Kompaß seinen Namen verdankt, heißt »abschreiten«. Und die Geschichte des Südens bleibt eben doch die Geschichte eines Abschreitens. *Da siehst du schon noch mehr.*[475]

Doch jetzt im Eselkarrn
Da siehst du schon noch mehr:
Und daß die Wolken Wolken sind,
Das blaue Meer ein Meer.

Und gar nicht ein Symptom,
Und nicht ein Stück, ein Biß,
Und nicht ein Katalyt und nicht
Ein Schattenriß.

Jetzt gehts nach Süden zu.
Von Eseln klipp und klapp.
Und endlich fällt von deinem Schuh
Der Nordbär ab.
Walter Höllerer

Der Nordbär? Der wird schon nicht aussterben.

Anmerkungen

Norden, Süden, Osten, Westen
Die Mythologie der Himmelsrichtungen

1   C. Wessels-Mevissen, *The Gods*, 2001, 113.
2   *Altägyptische Dichtung*, 1996, 120 u. 182.
3   So bei den Propheten Jesaja (11,12) und Ezechiel (7,2).
4   K. Tallqvist, »Himmelsgegenden«, 1928, 106.
5   Ebd., 123 f.
6   A. Podossinov, »Himmelsrichtungen«, 1991, 271.
7   C. Ott, »Paradies«, 2006, 11.
8   Vgl. U. Knefelkamp, *Suche*, 1986. – Der Verfasser des »Briefes« war möglicherweise ein Kleriker aus dem Westen (Knefelkamp, ebd., 52).
9   Plinius, *Naturalis historia* XII, 84 (»Wir importieren aus Indien, China und Arabien jährlich für 100 Millionen Sesterze«).
10   W. M. Watt, *Einfluß*, 1988, 24 ff.
11   Euripides, *Bakchen*, 63 f.
12   Vgl. H. Kloft, *Mysterienkulte*, 2003.
13   Vgl. J. Vogt, *Kulturwelt*, 1967.
14   Ursprünglich ein niederländisches Liebeslied des 19. Jahrhunderts, dann in veränderter deutscher Fassung in zahlreichen Soldaten- und Parteiliederbüchern 1933-45 abgedruckt (Information Deutsches Volksliedarchiv Freiburg).
15   W. Wippermann, *Die Deutschen*, 2007, 8.
16   *Odyssee* XI, 14–19 (Übersetzung Anton Weiher).
17   Herodot, *Historien* IV, 11.
18   J. W. v. Goethe, *Faust* II, VV. 6923 ff.
19   J. W. v. Goethe, *Italienische Reise*, 1961, 430 (= Zweiter Römischer Aufenthalt, Oktober 1787, Bericht).
20   Strabon, *Erdbeschreibung* I, 4, 2 und IV, 5, 5.
21   *Naturalis historia* IV, 16.
22   *Germania* 45.
23   Ebd.
24   Ebd., 22.
25   *Epist.* 60, 16, 4 (*Corpus Scriptorum Ecclesiasticorum Latinorum* [CSEL] 54, 571): Brief an Bischof Heliodor aus dem Jahr 396.
26   Hrabanus Maurus, *De universo* IX, prologus (»De mundo et quatuor plagis ejus«, *Patrologia Latina* [PL] 111, 261).
27   A. Lauha, *Zaphon*, 1943, 86 u. 88.
28   Jean Paul, *Dr. Katzenbergers Badereise*, 1986, 173 (= III, 45).
29   Vgl. M. Andrews, *The Search*, 1989.
30   *Herders Werke*, hrsg. v. Theodor Matthias, Bd. 2. Leipzig/Wien o. J., 43 u. 45.
31   J. W. v. Goethe, *Italienische Reise*, 1961, 184 (Neapel, 25. Februar 1787 [»Immer Schnee, hölzerne Häuser, große Unwissenheit; aber Geld genug«]).
32   *Kritias* 112e.
33   Hesiod, *Theogonie* 215 ff.
34   *Germania* 34.
35   *Altägyptische Dichtung*, 1996, 129.
36   H. Kees, *Totenglauben*, 1980, 24 f.
37   Ebd., 60.
38   *Odyssee* XI, 13.
39   Lukian, *Hauptwerke*, 331 f.

40 *St. Brandans wundersame Seefahrt*, 1987, 38 (nach einem mittelhochdeutschen Text aus dem 15. Jahrhundert).

41 *A Middle English Anthology*, 1969, 375.

42 Vgl. D. Richter, *Schlaraffenland*, 1995.

43 Ch. Columbus, *Dokumente seines Lebens*, 1991, I, 51.

44 Ebd., Bd. I, 279–286; Bd. II, 127–129.

45 Vgl. K. H. Börner, *Auf der Suche*, 1984, 73–76.

46 W. Irving, *Life and Voyages of Christopher Columbus*, 1892, V, 88.

47 The Abby Aldrich Rockefeller Folk Art Museum, Williamsburg.

48 E. Geibel, *Gedichte*, 70 (aus *Zeitstimmen*).

49 T. Mann, *Betrachtungen eines Unpolitischen*, in: ders., *Politische Reden und Schriften*, 1968, I, 48.

50 H. A. Winkler, *Der lange Weg nach Westen*, 2000.

Ferne Himmelsbreiten
Der Süden in der antiken Welt

51 Herodot, *Historien* IV, 42.

52 Seneca, *Naturales quaestiones* IV, 2, 1.

53 Herodot, *Historien* II, 28.

54 Herodot, *Historien* IV, 43.

55 A. Podossinov, »Himmelsrichtungen«, 1991, 233 ff.

56 Das folgende nach H. Nissen, *Orientation*, 1906, 253 u. ö; K. Tallqvist, »Himmelsgegenden«, 1928, 118 ff.; A. Podossinov, »Himmelsrichtungen«, 1991, 236, 239, 242 f. u.ö.

57 A. L. Frothingham, »Ancient Orientation«, 1917, 69 f.

58 L. D. Morenz, »Mytho-Geographie«, 2002, 29 u. 31; K. Sethe, »Namen«, 1907, 1 ff.; K. Tallqvist, »Himmelsgegenden«, 1928, 118 f.

59 Vgl. J. Vogt, »Orbis«, 1960, 157–162.

60 Cicero, *De re publica* III, 24.

61 Aus Numidien kamen bevorzugt der *Giallo antico*, aus Phrygien der weiße *Pavonazzo*, der wegen seiner blau-violetten Einsprengsel seinen Namen dem Pfau, *pavo*, verdankt. Der Import dieser Sorten unterstand kaiserlichem Monopol. Außer in repräsentativen Gebäuden (wie z. B. dem Traiansforum in Rom) wurden diese »exotischen« Sorten auch für Statuen von Barbaren oder fremdländischen Tieren benutzt.

62 Plinius, *Naturalis historia* II, 80, 190.

63 Sallust, *Bellum Iugurthinum* 19, 6.

64 Strabon, *Geographica* II, 5, 14.

65 Ebd. II, 5, 5. – *Omnis terra quae volitur a vobis parva quaedam est insula*, heißt es in Macrobius' *Commentarius in somnium Scipionis* (2, 9, 6).

66 J. Vogt, »Orbis«, 1960, 153.

67 Plinius, *Naturalis historia* II, 65, 159.

68 Strabon, *Geographica* II, 5, 13 (Übersetzung A. Forbiger).

69 I. Calvino, *Fiabe*, 1956, Nr. 119 (»La Borea e il Favonio«).

70 Einhard, *Vita Caroli Magni*, cap. 29. – Für den *auster* (Südwind) erfand er *sundroni*, den *septentrio* (Nordwind) nannte er *nordroni*.

71 K. Tallqvist, »Himmelsgegenden«, 1928, 105 f.

72 In der Offenbarung des Johannes 7,1–2, werden »die vier Winde der Erde« von vier Engeln an den Enden der Erde festgehalten.

73 Seneca, *Naturales quaestiones* V, 16, 1.

74 Plinius, *Naturalis historia* II, 48, 128.

75 Ovid, *Metamorphosen* VII, 532.

76 Horaz, *Oden* III, 27, 22.

77 Seneca, *Naturales quaestiones* V, 16, 1.

78 Varro, *De re rustica* XXIX, 1.

79 Herodot, *Historien* II, 32; III, 107–109.

80 Plinius, *Naturalis historia* VIII, 30, 72–74.

81 Plinius, *Naturalis historia* VIII, 17, 42. – Das Sprichwort gab es in Deutschland noch im 19. Jahrhundert (Wilhelm Raabe, *Abu Telfan*, Kap. 1).

82 Pomponius Mela, *De situ orbis* I, 23 (*Kreuzfahrt*, 1994, 43).

83 Plinius, *Naturalis historia* VI, 35, 188 und VII, 2, 26.

84 Homer, *Ilias* III, 6 (2–7).

85 Plinius, *Naturalis historia* VII, 2, 26.

86 Pomponius Mela, *De situ orbis* III, 81 (*Kreuzfahrt*, 1994, 177).

87 E. Cantarella, *Pompeji*, 1999, 146 f.

88 A. Cappel, *Untersuchungen*, 1994, 60 f.

Noahs Fluch und der warme Wind der Gnade
Der christliche Süden

89 Herodot, *Historien* IV, 37–39; Pomponius Mela, *De situ orbis* I, 8 (*Kreuzfahrt*, 1994, 35).

90 Hrabanus Maurus, *De universo* XII, 2 (PL 111, 333).

91 Vgl. H. Kugler, »Symbolische Weltkarten«, 1994, 33–57.

92 Auch die mittelalterliche Kartographie greift, in den sogenannten »Noachidenkarten«, auf diese Einteilung der Welt zurück (J.-G. Arentzen, *Imago mundi*, 1984, 112–115).

93 Hrabanus Maurus, *De universo* II, 1 (PL 111, 34).

94 D. U. Rottzoll, *Rabbinischer Kommentar*, 1994, 184 f.

95 Zedler, *Universal-Lexicon* V (1733), 1961 (hier bereits distanziert kolportiert).

96 Vgl. F. M. Snowden, *Blacks*, 1970, 169 ff. und 216 f.

97 P. Martin, *Schwarze Teufel*, 1993, 20 ff.

98 Ebd., 19.

99 *Rolandslied* V. 6346.

100 *Monumenta*, 1881, 346. Zum Zusammenhang D. Richter, *Vesuv*, 2007, 42.

101 *Minnesangs Frühling* 211, 5.

102 *Lexikon der christlichen Ikonographie*, Bd. VII. Rom/Freiburg 1990, 610–613.

103 München, Alte Pinakothek.

104 F. Siepe, *Marienverehrung*, 2002, 159 ff. Siepe vertritt die These, die schwarzen Madonnen seien gleichsam theologisch gereinigte Kultbilder einer erdnahen, populären, an das »Staubige« (S. 189) der menschlichen Existenz erinnernden Figur aus Frömmigkeits-Kulturen der »Erniedrigung«.

105 E. Kantorowicz, *Kaiser Friedrich der Zweite*, 1995, 180.

106 Wolfram von Eschenbach, *Parzival*, Bücher I und XVI. Zitate Verse 17, 24 f.; 20, 6; 28, 10–14; 35, 21; 817, 1 f.

107 Bernhard von Clairvaux, *Sämtliche Werke*, Bd. V, 1994, 163 f. (*Sermo in Cantica* XXV).

108 Grimm, *Deutsches Wörterbuch* XII, 2472 ff.

109 K. A. Hahn, *Passional*, 1845, 67.

110 *Herzog Ernst*, 1979, 305 (VV. 5442 f.).

111 Augustinus, *De civitate Dei* XVI, 8.

112 H. Schedel, *Weltchronik*, 1979, XII.

113 So das Versepos von *Herzog Ernst*, 1979, VV. 2879 ff. u.ö.

114 M. Haupt, *Liber monstrorum*, 1876, 221 ff.

115 Augustinus, *De civitate Dei* XVI, 7.

116 Albertus Magnus, *De animalibus* XXI, 1, 2 und VII, 1, 6 (nach P. Janni, *Etnografia*, 1978, 151).

117 Augustinus, *De civitate Dei* XVI, 9 (Übersetzung Alfred Schröder).

118 Berthold von Regensburg, *Predigten*, 1965, 393 (Nr. 25).

119 Patrologia Latina 210, 579A.

120 Hrabanus Maurus, *De universo* IX, Prologus (PL 111, 261).

121 Hildegard von Bingen, *Scivias* I, 3 (PL 197, 408).

122 San Giovanni in Laterano, Rom; Santa Maria Maggiore, Rom; San-Gennaro-Katakomben, Neapel.

123 A. Podossinov, »Himmelsrichtungen«, 1991, 272.

124 Hrabanus Maurus, *De universo* IX, Prologus (PL 111, 261).

125 Thomas von Aquin, *Catena in Matthaeum* XII, 13.

126 J. W. v. Goethe, Faust II, VV. 6950f.

127 Vgl. B. Maurmann, *Himmelsrichtungen*, 1976, 38 ff. (*Liber divinorum operum* I, 3); ähnlich Hildegard von Bingen, *Welt und Mensch*, 1965, 48 ff. (*De operatione Dei* II, 20 ff.) und *Scivias* (PL 197).

128 Hildegard von Bingen, *Liber divinorum operum* I, 2 (PL 197, 768).

129 Hildegard von Bingen, *Scivias* I, 3 (PL 197, 406).

130 Hildegard von Bingen, *Welt und Mensch*, 1965, 39.

131 Vgl. B. Maurmann, *Himmelsrichtungen*, 1976, 59 ff.

132 L. D. Morenz, »Mytho-Geographie«, 2002, 26.

133 Plinius, *Naturalis historia* VIII, 1.

134 *Physiologus*, 1998, 80–84.

135 Plinius, *Naturalis historia* VIII, 19.

136 *Physiologus*, 1998, 6.

Genese der mediterranen Routen
Der Süden der Pilger

137 E. J. Leed, *Erfahrung*, 1993, 159.

138 J. Assmann, *Gedächtnis*, 1997, 59 f.

139 Walther von der Vogelweide, *Lieder*, 1967, 8.

140 U. Müller, *Kreuzzugsdichtung*, 1969, 9 (Nr. 8).

141 Vgl. Ch. K. Zacher, *Curiosity and Pilgrimage*, 1976, 53.

142 K. Strecker, *Poetae Latini*, 2000, 618 f.

143 R. Röhricht, *Pilgerreisen*, 1900, 10 f.

144 Ebd., 18.

145 F. E. Peters, *Jerusalem*, 1985, 169 (6. Jh.).

146 Bernhard von Breydenbach, *Die fart*, 1488, 290–339.

147 Ebd., 299.

148 Ebd., 302.

149 Ebd., 313.

150 Ebd., 305.

151 Weitere polnische Heiligtümer dieser Art sind der »Heilige Berg« bei Mikulov in Mähren und der Kalvarienberg in Zebrzydowo in Kleinpolen.

152 Vgl. I. Anders/M. Winzeler, *Lausitzer Jerusalem*, 2005.

153 Die postumen Stiftungs-Epitaphien stammen aus dem Jahr 1578, die Tatsache der Stiftung wird seit kurzem angezweifelt (I. Anders/M. Winzeler, *Lausitzer Jerusalem*, 2005, 18).

154 Ein frühes »Bethlehem-Memorial« ist die Kirche S. Maria Maggiore in Rom, die im 5. Jahrhundert über einer »Geburtsgrotte« Jesu errichtet wurde.

155 L. Bagrow/R. A. Skelton, *Kartographie*, 1973, 191–193.

156 W. Goez, »Manuali«, 1988, 156.

157 J. W. v. Goethe, *Italienische Reise*, 1961, 17 (Auf dem Brenner, 8.9.1786).

158 Fassade der San Carlo-Kapelle in Hospental von 1719. Nach Stiftung Pro St. Gotthard, *Gotthard-Museum*, 1989, 121.

159 R. Zweidler, *Frankenweg*, 2003; A. Esch, *Wege*, 2003, 16 ff.

160 Homilia 72, in: *Sancti Maximi Opera*, 1872, PL 57, 405.

161 N. R. Miedema, »Mirabilia Romae«, 1996, 441 ff.

162 Ch. Hibbert, Rom, 1987, 142 ff.; D. O'Grady, Jubeljahre, 1999, 77 ff.

163 U. Ganz-Blättler, Andacht, 2000, 4–7, resümiert die Quellen und spricht für das Heilige Jahr 1300 von einer Zahl von 30.000 Neuankömmlingen pro Tag und insgesamt rund 2 Millionen Besuchern. Rom hatte damals höchstens 50.000 Einwohner.

164 Schon frühe Synoden beklagen, daß viele unter dem Vorwand der Pilgerschaft die kirchlichen Hilfseinrichtungen in Anspruch nähmen (B. Kötting, Peregrinatio, 1980, 378).

165 J. W. v. Goethe, Italienische Reise, 1961, 65 (28. 9. 1786).

166 J. Gernentz, Religiöse Dichtung, 1965, 320.

167 H. Böhmer, Luthers Romfahrt, 1914, 160.

168 Ulrich von Hutten, Schriften, 1970, 139 (»Klag und Vermanung gegen dem übermässigen unchristlichen Gewalt des Papsts in Rom«).

169 Dazu gehört neben der Verehrung der Haupt-Heiligen Petrus und Paulus zum Beispiel diejenige der Heiligen Cosmas und Damian, von Stephanus, Laurentius, Sebastian, Agnes und Cäcilia, deren Kirchen sich allerorten finden.

170 W. Hoenerbach, »Jakobsweg«, 1993, 47 ff.

171 K. Herbers/G. Jung, Jakobspilger, 2004, 8.

172 L. Erk/F. M. Böhme, Liederhort, 1963, Nr. 2091.

173 Elend in der ursprünglichen Bedeutung »Ausland« changiert in dieser Zeit schon in seiner Bedeutung.

174 Vgl. K. Herbers/R. Plötz (Hrsg.), Straß zu Sankt Jakob, 2004, 20 ff.

175 Ebd., 57 (Übersetzung K. Herbers).

176 K. Herbers, Jakobsweg, 1986, 61 f.

177 A. v. Harff, Pilgerfahrt, 1860, 233 f.

178 Nach den Angaben der »Deutschen St. Jakobus Gesellschaft« in Aachen wurden im Jahr 2003 in Compostela 75.000 Pilger registriert, 2005 bereits 93.000 und 2007 schon 114.000. Als Pilger registriert wird dabei, wer mindestens 100 km zu Fuß oder 200 km auf dem Fahrrad zurückgelegt hat (Website der Gesellschaft, Februar 2008).

Durch Meere, nie zuvor befahren
Der entdeckte Süden

179 D. Gottschall/G. Steer (Hrsg.), Lucidarius, 1994, 35–36 (= I, 60).

180 Ebd., 18 (= I, 47).

181 G. Hamann, Eintritt, 1968.

182 R. Krüger, »Transozeanischer Aufbruch«, 53 ff.

183 Lusiaden X, 91 (Übersetzung H. J. Schaeffer).

184 G. Hamann, Eintritt, 1968, 36–37.

185 Lusiaden I, 1.

186 G. Hamann, Eintritt, 1968, 41.

187 S. Münster, Cosmographey, 1578, 37 (»Von dem irdischen Paradyß«).

188 J.-G. Arentzen, Imago Mundi, 1994, 206 f.; A.-D. von den Brincken, Fines Terrae, 1992, 119 (Modena-Weltkarte: Ostafrika).

189 G. Hamann, Eintritt, 1968, 40; A.-D. von den Brincken, Fines Terrae, 1992, 119 (Modena-Weltkarte: Ostafrika), 177 (an der Westküste Afrikas); M. Kraus/H. Ottomeyer (Hrsg.), Novos Mundos, 2007, 587 (am Gambiafluß), 588.

190 F. Alvarez, Viaggio, in: G. B. Ramusio, Navigationi, 1563, 189.

191 F. Petrarca, Das einsame Leben, 2004, 197 f.

192 Lukian, Verae Historiae, 1977, 103 ff.

193 J. de Barros, Asia, 1844, 20 (= I, 4).

194 Zum folgenden G. Hamann, Eintritt, 1968, 26–28.

195 A. Schmeller, Leo von Rozmital, 1844, 88 f.

196   G. Hamann, *Eintritt*, 1968, 28.

197   J. de Barros, *Asia*, 1844, 18.

198   Die Daten (zu denen gelegentlich Abweichungen genannt werden) nach der chronologischen Tafel in: M. Kraus/H. Ottomeyer (Hrsg.), *Novos Mundos*, 2007, 587 ff.

199   J. de Barros, *Asia*, 1844, 21 (= I, 4).

200   G. Forster, *Noch etwas über die Menschenrassen*, in: *Werke*, 1969, II, 82 (»… daß die Hautfarbe der Menschen, zwar spät und mit unmerklichen Schritten, aber dennoch unfehlbar in die Länge, dem Einfluß des Klimas gehorcht, daß im brennenden Afrika die Abkömmlinge weißer Menschen schwärzlich werden …«).

201   G. Hamann, *Eintritt*, 1968, 31 f.; K. H. Börner, *Suche*, 1984, 92 f.

202   L. de Camões, *Lusiaden* I, 50 (Übersetzung H. J. Schaeffer).

203   J. de Barros, *Asia*, 1844, 79 (= III, 4).

204   L. de Camões, *Lusiaden* X, 138 f.

205   Die genaue Position ist umstritten. Es handelt sich vermutlich um die Alexander Bay südlich des Oranje-Flusses (nach G. Hamann, *Eintritt*, 1968, 294 ff.).

206   G. Hamann, *Eintritt*, 1968, 299 f.

207   J. de Barros, *Asia*, 1844, 78 f. (= III, 4); G. Hamann, *Eintritt*, 1968, 294 ff. – Wahrscheinlich handelte es sich dabei um die Gegend zwischen der Fish Bay und der Mossel Bay.

208   Vermutlich am Cape Padrone (in dessen Namen der Begriff *padrão* weiterlebt) bei Port Elizabeth; Barros spricht von der Ilha do Cruz.

209   J. de Barros, *Asia*, 1844, 76 f. (= III, 4).

210   Ebd., 79 (= III, 4).

211   L. de Camões, *Lusiaden* V, 40 (Übersetzung H. J. Schaeffer).

212   Ebd. V, 50.

213   Ebd. V, 43.

214   Ebd. V, 51.

215   Leo Africanus, *Descrittione*, 1563, 11–12.

216   *Navigation da Lisbona*, 1563, 116.

217   Ariost, *Orlando furioso* VII, 28 (Übersetzung D. R.).

218   T. Tasso, *Gerusalemme* XVI, 30 (Übersetzung J. D. Gries).

219   G. Boccaccio, *De Canaria*, 1992, 977. Vermutlich handelte es sich realiter um den vulkanisch aktiven Pico de Teide.

220   T. Tasso, *Gerusalemme* XVI, 18 u. 19.

221   Ebd. XVI, 62.

222   L. de Camões, *Lusiaden* IX, 51.

223   Ebd. IX, 22 (Übersetzung H. J. Schaeffer).

224   Ebd. IX, 40.

225   Ebd. IX, 84.

226   D. Richter, *Schlaraffenland*, 1995, 44.

227   L. de Camões, *Lusiaden* IX, 83.

228   Ebd. IX, 21.

229   Ebd. IX, 89 ff.

Zu Diensten von den vier Enden der Erde
Der exotische Süden

230   So der Chronist Matthias von Kemmnath in: C. Hofmann (Hrsg.), *Quellen*, 1862, 82.

231   G. M. Müller, *Germania generalis*, 2001, 102 (Vers 191) und 372 f.

232   C. Hofmann (Hrsg.), *Quellen*, 1862, 82.

233   So im Titel der Beschreibung seiner Grand Tour (Bayreuth 1676).

234   W. Helmberger/M. Staschull, *Tiepolos Welt*, 2006, 25 ff.

235 J. R. Paas, *Unbekannte Gedichte*, 1990, 333 f. und Abb. 42.

236 Byzantinische Kanzel-Löwen in süditalienischen Kirchen (Ravello, Salerno) sind deutlich als männliche und weibliche Tiere dargestellt.

237 *Physiologus*, 1998, 8.

238 *Zedler, Universal-Lexicon I* (1732), 734.

239 Vgl. V. Hehn, *Kulturpflanzen*, 1894, 262 ff.

240 Die Palme ist der Symbolbaum der Märtyrer und kann auch als architektonisches Element erscheinen: In der Kirche von Tiefurt (18. Jh.), nahe dem Schloß der Herzogin Anna Amalia, tragen Palmen den Altaraufsatz.

241 Die erste Palme in Europa soll 756 in einem Garten bei Córdoba gepflanzt worden sein (nach V. Hehn, *Kulturpflanzen*, 1894, 271).

242 A. Henkel/A. Schöne (Hrsg.), *Emblemata*, 1967, 195.

243 A. Stahr, *Ein Jahr*, Bd. 1, 1863, 350.

244 V. Hehn, *Kulturpflanzen*, 1894, 437 f.

245 Florenz, Uffizien. – Vgl. C. Gröschel, »Götterfrucht«, 1999, 137 ff.

246 H. Bredekamp, *Botticelli*, 2002.

247 G. B. Ferrari, *De Hesperides sive malorum aureorum cultura et uso*. Rom 1646 (nach M. Heilmeyer, »Äpfel«, 1999, 18 ff.).

248 Kulturstiftung Dessau Wörlitz, *Oranien*, 1999, 143.

249 H. v. Oosten, *Niederländische Garten*, 1728, 6.

250 J. V. Sickler, *Orangerie-Gärtner*, 1815, 11.

251 E. Mörike, *Sämtliche Werke*, 1976, I, 579.

252 Beispiel: Lorenzo Costa 1490 in der Capella Bentivoglio in S. Giacomo Maggiore in Bologna. Vgl. W. Weisbach, *Trionfi*, 1919, 91.

253 Dazu S. Oettermann, *Schaulust*, 1982, 28 ff. und 102 ff.

254 Petrarca, *Trostspiegel*, zit. nach S. Oettermann, *Schaulust*, 1982, 28.

255 S. Oettermann, *Schaulust*, 1982, 105.

256 S. A. Bedini, *Elefant*, 2006, 101 ff.

257 S. Oettermann, *Schaulust*, 1982, 32.

258 »Sapientis Aegypti insculptas obelisco figuras ab elephanto, belluarum fortissima, gestari quisquis hic vides documentum intellige robustae mentis esse solidam sapientiam sustinere«.

259 S. Oettermann, *Schaulust*, 1982, 109 ff.; R. Halbritter, »Hellafandt«, 2002, 189 ff.

260 R. Halbritter, »Hellafandt«, 2002, 191.

261 Mehrere Gasthöfe (Brixen, Sterzing, Salzburg) tragen bis heute den Namen »Zum Elefanten«, auch als Haus-Bezeichnung (Linz, Wien) ist der »Elefant« bekannt.

262 R. Halbritter, »Hellafandt«, 2002, 196 f.

263 Ausführlich dazu P. Martin, *Schwarze Teufel*, 1993, 41 ff. und 82 ff.

264 U. v. d. Heyden, *Rote Adler*, 2001, 81.

265 *Herzog Ernst*, 1994, VV. 5000 f., 5641, 5692 u.a.

266 Ebd., V. 5458.

267 H. Bredekamp, *Antikensehnsucht*, 1993, 77.

268 W. Seipel, *Exotica*, 2000.

269 W. Sombart, *Liebe*, 1983, 89 ff.

270 M. Fansa, *Kaiser Friedrich II.*, 2008, 168 ff.

Auf der Suche nach der ›Terra Australis‹
Der Süden der Südsee

271 *Lusiaden* X, 141.

272 Ebd. X, 131.

273 Es ist nicht sicher, ob er oder erst der Niederländer Willem Cornelisz Schouten 1616 das eigentliche Kap Hoorn umsegelte.

274 G. Hamann, *Eintritt*, 1968, 442.

275 »Südsee« (oder analoge Bezeichnungen in anderen europäischen Sprachen) konnte vorher auch den gesamten Stillen Ozean meinen oder, im Deutschen, das Mittelmeer.

276 L.-A. de Bougainville, *Voyage*, 2001, 221.

277 Ebd., 203.

278 L.-A. de Bougainville, *Reise*, 1980, 366 (Mercure de France, 1769).

279 L.-A. de Bougainville, *Voyage*, 2001, 223.

280 G. Forster, *Reise*, 2007, 183.

281 Vergil, *Aeneis* VI, 638 f.

282 G. Forster, *Reise*, 2007, 375.

283 Ebd., 370.

284 Ebd., 200 und 194.

285 Ebd., 201.

286 J. Cook, *A voyage*, 1784, II, 183.

287 G. Forster, *Reise*, 2007, 201.

288 L.-A. de Bougainville, *Reise*, 1980, 434.

289 Nach H. Ritz, *Sehnsucht*, 1983, 72 ff., Zitate 75 u. 76.

290 J. Meißner, *Südsee*, 2006, 203 ff.

291 Ch. L. S. de Montesquieu, *Gesetze* XVIII, 1891, 5.

292 G. Forster, *Werke*, 1969, II, 248.

293 Dazu H. Hinterhäuser, *Utopie*, 1957, 29 ff.

294 D. Diderot, *Supplément*, 1961, 503.

295 J. W. v. Goethe, *Gespräche*, 1999, 664 (Gespräch mit Eckermann am 12. März 1828).

296 Eine »taheitische Partie« mit einem Badehaus gab es im Englischen Garten in Garzau (Mark Brandenburg), ein »otaheitisches Bad« im Schloßpark von Dieskau (bei Halle), ein »otaheitisches Kabinett« ist noch heute auf der Pfaueninsel in Potsdam zu sehen.

297 J. Geyer-Kordesch, *Englandreise*, 2007, 203.

298 F.-A. Bechtoldt/Th. Weiss, *Weltbild Wörlitz*, 1996, 371 f.

299 A. v. Rode, *Beschreibung*, 1814, 96.

Der Mensch der kalten und der Mensch der heißen Zonen
Der Süden der Mentalitäten

300 Seneca, *Ad Lucilium* 51, 5; Silius Italicus, *Punica* XII.

301 Für Aristoteles leben in den kalten Regionen tapfere, aber weniger intelligente Menschen, die Völker Asiens seien hingegen intelligent, aber kraftlos und daher die geborenen Untertanen; erst die griechische Mittellage befördere mit dem Streben nach Freiheit die ideale Staatsverfassung (*Politika* VII, 7).

302 Vergil, *Georgica* I, 237 f. Vgl. auch Kap. I.

303 Zur Wiederaufnahme der Klimatheorie seit der Renaissance siehe W. Zacharasiewicz, *Klimatheorie*, 1977; über Vorläufer klimatheoretischer Vorstellungen in der arabischen Medizin des Mittelalters vgl. M. Beller, *Herders Völkerbilder*, 2006, 244–247.

304 Ch. L. S. de Montesquieu, *Gesetze*, 1891, 194. Er experimentierte mit dem Gewebe einer Hammelzunge, die er unterschiedlichen Temperaturen aussetzte, um deren Reaktionen zu messen.

305 Ch. L. S. de Montesquieu, *L'esprit des lois*, 1845, 209 (= XIX, 14).

306 Ebd., 154 (= XIV, 1).

307 Ch. L. S. de Montesquieu, *Gesetze*, 1891, 194 (= XIV, 2).

308 Ebd., 196 und 195 (= XIV, 3 und 2).

309 Ebd., 195 (= XIV, 2).

310 Ebd., 194 (= XIV, 2).

311 Ebd., 223 (= XVI, 8).

312 Ebd., 194 f. (= XIV, 2).

313 Chr. Meiners, *Grundriß*, 1793, 39.

314 Vgl. M. Beller, *Herders Völkerbilder*, 2006, 239 ff.

315 J. G. Herder, *Ideen zur Philosophie*, 1879, X, 51 (= VII, 3).

316 J. J. Winckelmann, *Geschichte*, 1972, 35.

317 Ebd., 39.

318 J. J. Winckelmann, *Kleine Schriften*, 1960, 298 (Brief an Berendis, Rom, 29.1.1757).

319 Zu den Lesern gehörten Goethe und Alexander von Humboldt, zu dessen Anregungen vgl. F. de la Motte-Fouqué, *Mensch des Südens*, 1829, 1–4.

320 K. V. v. Bonstetten, *Mensch im Süden*, 1825, 29.

321 Vgl. D. Richter, »Neapolitaner«, 1992; K. Kufeke, *Himmel und Hölle*, 1999, 226 ff.

322 K. V. v. Bonstetten, *Mensch im Süden*, 1825, 21.

323 Ebd., 23.

324 Ebd., 15, 26 und 92.

325 Ebd., 66.

326 Ebd., 72–75.

327 J. G. Seume, *Spaziergang*, 1985, 159; K. A. Mayer, *Neapel*, 1840, I, 321 f.

328 J. Evelyn, *Diary*, 1955, 353.

329 K. V. von Bonstetten, *Mensch im Süden*, 1825, 76 und 15.

330 Ebd., 3.

331 F. de la Motte-Fouqué, *Mensch des Südens*, 1829, 37.

332 Ebd., 4.

333 W. Waiblinger, *Werke*, 1980, I, 276.

334 Ebd.

335 Vgl. außer den genannten Werken von Bonstetten und Fouqué auch die einschlägigen Artikel bei Grimm, *Deutsches Wörterbuch* XIII, 893 ff. und XX, 950 ff.

336 G. Forster, *Werke*, 1969, II, 416 (Ansichten vom Niederrhein).

337 E. Geibel, *Gedichte*, 1915, 252–253.

338 Bayerische Staatsgemäldesammlungen München, Neue Pinakothek.

339 Frankfurt, Goethe-Museum.

Über die Alpen nach Italien reisen
Der Süden der Sehnsucht

340 Zur »Drehung« dieser Nord-Süd-Achse in die West-Ost-Richtung während des 19. Jahrhunderts vgl. B. Struck, *Nicht West, nicht Ost*, 2006, 173 ff. – Daß, wie Struck schreibt, der Ost-West-Gegensatz der bis heute weitgehend gültige in Europa sei, trifft für den Zusammenhang von Reise und Tourismus allerdings nicht zu.

341 J. G. Seume, *Mein Sommer*, 1805, III (Einleitung).

342 J. D. F. Neigebaur, *Nur nicht nach Norden!*, 1840.

343 Stiftung Preußischer Kulturbesitz, Mendelssohn-Archiv MA Ms. 163, 1.

344 Zum folgenden vgl. D. Richter, *Neapel*, 2005, 73 ff.

345 E. Förster, *Handbuch*, 1848, 56.

346 H.-W. Jäger, »Goethe reist«, 1990, 67.

347 J. W. v. Goethe, *Italienische Reise*, 1961, 18 (Auf dem Brenner, 8.9.1786).

348 H. v. Huyssen, *Reiß-Beschreibung*, 1701, III, 87.

349 Nach W. Zacharasiewicz, *Klimatheorie*, 1977, 422.

350 J. W. v. Goethe, *Italienische Reise*, 1961, 18 f. (Auf dem Brenner, 8.9. 1786).

351 Vgl. D. Richter, *Neapel*, 2005, 101.

352 J. J. Volkmann, *Nachrichten*, 1771, III, 195.

353 V. Klemperer, *Curriculum vitae*, 1989, II, 251.

354 G. Nicolai, *Italien*, 1835, I, 5 f.

355 Ebd., I, 4.

356 Ebd., I, 94, 228, 240.

357 J. F. Gmelin, *Entdeckungen*, 1784.

358 Chr. W. Hufeland, *Absterben der Länder*, 1817, 81. – Hufeland stützt seine Argumentation auf die Luft-
     messungen seines medizinischen Kollegen Koref und dessen Schrift *De regionibus italicis aere pernicioso
     contaminatis*. Berlin 1817.

359 K. F. Benkowitz, *Helios*, 1802, 7. – Die Luft am Golf von Neapel galt insgesamt als besonders gut (vgl.
     D. Richter, *Neapel*, 2005, 180 f.).

360 Hamberger/Meusel, *Das gelehrte Deutschland* XIII (1808), 91.

361 E. v. d. Recke, *Tagebuch*, 1815, I, 287 f.

362 W. Chr. Müller, *Briefe*, 1824, II, 821.

363 Chr. W. Hufeland, *Absterben der Länder*, 1817, 91.

364 H. A. O. Reichard, *Handbuch für Reisende*, 1784, 644.

365 J. W. v. Goethe, *Italienische Reise*, 1961, 147 (Rom, 3.12.1786).

366 Briefe an Karoline Herder, Neapel, 6.1. und 12.1.1789 (in: J. G. Herder, *Bloß für Dich geschrieben*, 1980,
     203 u. 207).

367 K. F. Schinkel, *Reisen*, 1982, 71.

368 L. Tieck, *Sternbald*, 1988, 371 (= II, 2, 3).

369 Brief an Karoline Herder, Neapel, 27.1.1789 (in: J. G. Herder, *Bloß für Dich geschrieben*, 1980, 214).

370 J. G. Herder, *Ideen zur Philosophie*, 1879, X, 51 (= VII, 3).

371 J. W. v. Goethe, *Italienische Reise*, 1961, 181 (Fondi, 23.2.1787).

372 Ebd., 548 (Zweiter Römischer Aufenthalt, April 1788); F. Gregorovius, »Die Villa Malta in Rom«, in:
     ders., *Kleine Schriften*, 1887, II, 25.

373 V. Hehn, *Kulturpflanzen*, 1894, 271 f.

374 J. W. v. Goethe, *Italienische Reise*, 1961, 180 f. (Fondi, 23.2.1787).

375 Ebd., 267 (Palermo, 17.4.1787).

376 H.-G. Klein, *Die Mendelssohns in Italien*, 2002, 58.

377 F. H. von der Hagen, *Briefe*, 1819, III, 56. – Ganz ähnlich Felix Mendelssohn Bartholdy, *Briefe*, 1899,
     108: »Von Terracina fängt nun der eigentliche Süden an. Dort ist ein anderes Land, und jede Pflanze,
     jeder Busch erinnert daran.« (Brief vom 18.4.1831)

378 F. Grillparzer, *Gedichte*, 1925, 30 f. (*Zwischen Gaeta und Kapua*).

379 F. H. von der Hagen, *Briefe*, 1819, III, 56.

380 Zur Zoologischen Station vgl. D. Richter, *Neapel*, 1999, 222 ff.; zu den Fresken Chr. Groeben, *Fresken-
     saal*, 1995.

381 Vgl. Chr. Lenz, »Marées«, 2005, 45 ff.

382 Brief an Christian Daniel Rauch, 19. 11. 1830, nach E. Haufe (Hrsg.), *Deutsche Briefe*, 1965, 288.

383 A. v. Knigge, *Umgang*, 1977, 267 f. (= II, 12).

384 Ch. V. de Bonstetten, *L'homme*, 1824, 42.

385 Brief Goethes an Friedrich von Stein, Neapel, 10. 3. 1787. In: *Werke*, Weimarer Ausgabe, IV, 8, 208.

386 Vgl. dazu das vorhergehende Kapitel und J. J. Winckelmann, *Geschichte*, 1972, 35 ff. – Winckelmann
     hatte bereits vor seiner Übersiedlung nach Italien an der 1764 erschienenen *Geschichte der Kunst des
     Altertums* gearbeitet.

387 J. J. Winckelmann, *Briefe*, I, 1952, 353 (Brief vom 26.4.1758 aus Neapel an Bünau).

388 Ebd., 352 (Brief vom 26.4.1758 aus Neapel an Bünau).

389 J. W. v. Archenholtz, *England und Italien*, 1787, IV, 171.

390 Ch. V. de Bonstetten, *L'homme*, 1824, 47 f.

391 Ebd., 47.

392 K. A. Mayer, *Neapel*, 1842, II, 2 f.

393 K. F. Benkowitz, *Reise*, 1804, III, 327.

Die Region der Lüste und der Laster
Der dekadente Süden

394   F. Gregorovius, *Wanderjahre*, 1872, III, 23.

395   D. Richter, *Neapel*, 2005, 240.

396   H. Chr. Andersen, *Tagebücher*, 1980, I, 196.

397   K. A. Mayer, *Neapel*, 1842, II, 388.

398   A. v. Platen, *Werke*, 1895, I, 178 (Aus der Ode *An August Kopisch*).

399   Ebd., I, 238.

400   A. v. Platen, *Tagebücher*, 1900, II, 836 (Juli 1827).

401   Vgl. T. G. Natter/P. Weiermair, *Wilhelm von Gloeden*, 2000.

402   E. Osterkamp, »Sizilienwahrnehmung«, 1987, 154.

403   Baedeker, *Unteritalien*, 1911, 388.

404   Gloeden erhielt unter anderen Auszeichnungen 1911 auch eine solche »für die beste Photographie zur Hebung des Tourismus« (J. Kiermeier-Debre/F. F. Vogel, *Gloeden*, 2007, 44).

405   V. Sigusch, *Neosexualitäten*, 2005, 123 f. (»Perversion als Kunstwerk«).

406   R. Peyrefitte, *Exil*, 1960, 354.

407   R. Peyrefitte, *Gloeden*, 1949.

408   Zit. nach J. Kiermeier-Debre/F. F. Vogel, *Gloeden*, 2007, 8.

409   I. Bloch, *Einleitung*, 1904, 1–3.

410   S. George, *Hymnen*, 1987, 70 (»Da auf dem seidenen Lager...«).

411   G. de Nerval, *Töchter*, 1991, 171 (*Octavia*).

412   Th. Gautier, *Jettatura*, 1925, 246.

413   N. Douglas, *Three of Them*, London 1930.

414   R. Wagner, *Dichtungen*, 1983, IV, 281.

415   I. Jenkins/K. Sloan, *Vases*, 1996, 238 f.

416   C. Levi, *Christus*, 1982, 220.

417   Zur Bedeutung des Buchs für die Süditalienethnologie vgl. Th. Hauschild, *Magie*, 2002, 485 ff.

418   Th. Steinfeld, *Arzt*, 2007, 17.

419   W. Setz (Hrsg.), *Jacques d'Adelswärd-Fersen*, 2005, 43 ff.

420   J. d'Adelswärd-Fersen, *Oppio*, 1990, 56.

421   W. S. Maugham, *Mayhew*, in: *Short Stories*, 1951, III, 1277.

422   Hinter der Figur steckt der amerikanische Anwalt Thomas Spencer Jerome (Saginaw/Michigan 1854 – Capri 1914), der mit seinem postum erschienenen Buch *Aspects of the Study of Roman History* (1923) eine Rehabilitation von Tiberius versuchte.

423   N. Douglas, *Footnote*, 1952, 15–17.

424   F. Nietzsche, *Menschliches*, 1972, 5 (Vorrede).

425   D. H. Lawrence, *Letters*, 1987, 97 (Brief vom 9.10.1921).

426   Ebd., 8.

427   Vgl. G. Grimm et al., *Ein Gefühl*, 1990, 189 ff.; T. Buddensieg, *Nietzsches Italien*, 2002.

428   F. Nietzsche, *Briefe*, 1986, V, 188.

429   T. Buddensieg, *Nietzsches Italien*, 2002, 19 und 14.

430   F. Nietzsche, *Menschliches*, 1972, 6 (Vorrede).

Kälte und Finsternis
Der polare Süden

431   Vergil, *Georgica* I, 231.

432   Hiob 9,9–10. – In Thomas von Aquins Fassung weichen die Verse leicht von der Vulgata-Version ab.

433   L. de Camões, *Lusiaden* V, 14.

434   Ebd.

435 J. G. Herder, *Ideen zur Philosophie*, 1879, X, 5 f. (= VI, 1).

436 J. Cook, *A voyage*, 1784, I, 247.

437 Ebd., I, 248.

438 Ebd., I, 250.

439 Zur Entdeckungsgeschichte H. Härlin, *Südpol*, 1933, 6 ff; K. Hassert, *Polarforschung*, 1956, 204 ff.

440 G. Hamann, *Eintritt*, 1968, 443.

441 W. E. Lenz, *Poetics*, 1995, XXVIII.

442 J. C. Palmer, *Thulia*, 1843, 13, 30, 38.

443 J. C. Ross, *Voyage*, 1847, I, 216–218.

444 Alexander I.-Insel (F. v. Bellingshausen, 1821), South Victoria Land (J. C. Ross, 1841), Kaiser-Wilhelm-Land (E. v. Drygalski, 1901), Leopold and Astrid Coast (L. Christensen, 1934), Prince Harald Coast (L. Christensen, 1935).

445 Bellingshausen Sea, Ross Sea, Amundsen Sea.

446 Shackleton Coast, Scott Island.

447 Die Benennung geht auf den Namen des Forschungsschiffes der deutschen Südpolarexpedition 1901 unter Erich von Drygalski zurück.

448 S. Zweig, *Sternstunden*, 1927, 57.

449 R. F. Scott, *Letzte Fahrt*, 1992, 304.

450 »What I mind is this kind of absurd race: Who was going to be the first one on the South Pole. Culturally speaking, in my opinion, it ended all notion of human adventure. That was the end of it.« (Interview mit Werner Herzog, *Associated Press*, 29.6.2008)

451 *New Swabia* (Neuschwabenland) ist ein 600.000 Quadratkilometer großes Territorium, das 1938/39 durch die dritte deutsche Antarktis-Expedition rudimentär erkundet und für das Deutsche Reich »in Besitz genommen« wurde. Nach dem *Antarctic Treaty System* gehört auch die Bundesrepublik offiziell zu den antarktischen claim-Staaten; sie erhebt jedoch keine Besitzansprüche. – Auf dem Gebiet von *New Swabia* liegt die »Neumayer-Station«, die deutsche Antarktis-Forschungsstation.

Traum vom Glück und Last der Geschichte
Der allgegenwärtige Süden

452 Der früheste Beleg, den ich kenne, ist das Büchlein von Rudolf von Tavel, *Reiseerinnerungen aus dem sonnigen Süden*. Bern (Berner Tagblatt) 1896. Im Jahr 1911 bringt die Firma Liebigs Fleischextrakt eine Sammelbilderserie »Wintertage im sonnigen Süden« heraus.

453 Das Buch war weit verbreitet, vermutlich vor allem wegen der zahlreich beigegebenen, ausdrucksstarken Photographien im Kupfertiefdruck.

454 E. Kreitlhuber, »Körper«, 2003.

455 So der Titel eines hymnischen Essays in Wackenroder-Tiecks *Herzensergießungen eines kunstliebenden Klosterbruders* von 1797.

456 J. G. Herder, *Ideen zur Philosophie*, 1879, X, 51 (= VII, 3).

457 M. Beller/J. Leerssen, *Imagology*, 2007, XIII.

458 H.-J. Gamm, *Deutsche Identität*, 2001; H. Bausinger, *Typisch deutsch*, 2002; F. Dieckmann, *Was ist deutsch?*, 2003.

459 J.-J. Rousseau, *Von dem Ursprung der Ungleichheit*, 2000, 182.

460 V. Vannuccini/F. Predazzi, *Piccolo viaggio*, 2004.

461 H. Böll, *Rom*, 1987, 105 und 120.

462 A. G. de Staël, *Über Deutschland*, 1985, 26 ff., 47 ff. u.ö. – Das Urteil der Autorin fällt dabei deutlich parteiisch gegen die Süddeutschen aus, die »in einem Zustand eintönigen Wohlbefindens« (S. 48) dahinlebten, wohingegen im Norden Tätigkeit, Geist und vor allem die Poesie blühe.

463 W. Hellpach, *Geopsyche*, 1965, 84 ff. und 168 ff.

464 E. Huntington, *Civilization*, 1971, 387.

465 Ebd., 402.

466 Ebd., 136 ff. – Bei höheren Temperaturen sinke die Arbeitseffizienz deutlich, bei niedrigeren nehme sie hingegen nicht in gleicher Weise ab.

467 Huntington versteht auf diese Weise den Siegeszug des Islam im Zusammenhang mit Versteppungen von Teilen des Mittelmeerraums.

468 E. Huntington, *Civilization*, 1971, 397 ff. – Als eine solche Regressionsperiode sieht er zum Beispiel die Spätantike und das frühe Mittelalter mit ihren kulturellen Zentren in Nordafrika und im islamischen Arabien.

469 Dies der Untertitel von J. Radkau, *Natur und Macht*, 2002.

470 H. Welzer, *Klimakriege*, 2008, 14 f. – Auch das Anwachsen der Flüchtligsströme von Afrika nach Europa erklärt der Autor mit Klimaveränderungen (S. 18 ff.).

471 Soeben (21./22. Juni 2008) startet die *Süddeutsche Zeitung* eine Serie »Wetterbericht« zu ebendiesem Thema.

472 S. Sandhu, »Das Bangladesch Europas«, in: *Süddeutsche Zeitung*, 21./22.8.2008, 13.

473 K. Lappe, *Sämmtliche poetische Werke*, 1. Th. Rostock 1836, 10 (*So oder So*). Lappe war ein pommerscher Theologe und Schulmeister (1773–1843). Auch Ludwig van Beethoven hat die Verse vertont.

474 J. Paul, *Werke*, 1975, VI, 610 (= *Titan*, 28, 108).

475 W. Höllerer, *Gedichte*, 1964, 36 f. (*Jetzt gehts nach Süden zu*).

Quellen

Altägyptische Dichtung, ausgewählt, übersetzt u. erläutert von Erik Hornung. Stuttgart 1996.

Amundsen, Roald: *Die Eroberung des Südpols. Die norwegische Südpolfahrt mit dem Fram 1910–1912.* 2 Bde. München 1912 (= *Sydpolen, den Norske Sydpolsfaerd med Fram 1910–1912*. Oslo 1912, dt.).

Andersen, Hans Christian: *Aus Andersens Tagebüchern*, hrsg. v. Heinz Barüske, 2 Bde. Frankfurt 1990.

Anna Amalia von Sachsen-Weimar-Eisenach: *Briefe über Italien*, hrsg. v. Heide Hollmer. St. Ingbert 1999.

Archenholtz, Johann Wilhelm von: *England und Italien*, 4 Theile. Leipzig 1787.

Ariosto, Ludovico: *Orlando furioso*, a cura di Marcello Turchi. Milano 1974.

Baedeker, Karl: *Unteritalien. Handbuch für Reisende*, 15. Aufl. Leipzig 1911.

Benkowitz, Karl Friedrich: *Helios der Titan oder Rom und Neapel. Eine Zeitschrift aus Italien.* Leipzig 1802.

Benkowitz, Karl Friedrich: *Reise von Glogau nach Sorrent über Breslau, Wien, Triest, Venedig, Bologna, Florenz, Rom und Neapel*, 3 Bde. Berlin 1804.

Bernhard von Clairvaux: *Sämtliche Werke*, hrsg. v. Gerhard B. Winkler, Bd. V: *Hohelied-Predigten*. Innsbruck 1994.

Berthold von Regensburg: *Vollständige Ausgabe seiner Predigten*, 2 Bde., neu hrsg. v. Kurt Ruh. Berlin 1965.

Bloch, Iwan: Einleitung zu: Salvatore Di Giacomo: *Die Prostitution in Neapel im fünfzehnten, sechzehnten und siebzehnten Jahrhundert*, bearb. und mit einer Einleitung versehen von Iwan Bloch. Dresden 1904.

Boccaccio, Giovanni: *De Canaria*. In: *Tutte le opere*, a cura di Vittorio Branca, vol. V/1. Torino 1992, 963–985.

Böll, Heinrich: *Rom auf den ersten Blick. Reisen, Städte, Landschaften.* Bornheim-Merten 1987.

Bonstetten, Charles Victor de: *L'homme du Midi et l'homme du Nord ou l'influence du climat.* Genf 1824 (dt. *Der Mensch im Süden und der Mensch im Norden oder über den Einfluß des Climas*, übersetzt von Friedrich Gleich. Leipzig 1825).

Bougainville, Louis-Antoine de: *Voyage autour du monde*, éd. par Michel Bideaux et Sonia Faessel. Paris 2001 (dt. *Reise um die Welt*. Stuttgart 1980).

Breydenbach, Bernhard von: *Die fart oder reisz über mere zu dem heylige[n] grab vnsers herren Jhesu cristi gen Jherusalem, Auch zu der heyligen inunckfrawen sant Katherinen grab auf dem berg Synai.* Augsburg 1488 (Wolfenbütteler Digitale Bibliothek).

Breydenbach, Bernhard von: *Die Reise ins Heilige Land. Ein Reisebericht aus dem Jahre 1483. Mit 17 Holzschnitten, 5 Faltkarten und 6 Textseiten in Faksimile.* Übertragung und Nachwort von Elisabeth Geck. Wiesbaden 1977.

Burckhardt, Jacob: *Gedichte.* Basel 1926.

Calvino, Italo: *Fiabe italiane,* 2 vol. Torino 1956.

Camões, Luis de: *Os Lusíadas. Die Lusiaden.* Aus dem Portugiesischen von Hans Joachim Schaeffer. Heidelberg 1999.

Columbus, Christoph: *Dokumente seines Lebens und seiner Reisen.* Frankfurt 1991.

Cook, James: *A voyage towards the South Pole and round the world, performed [...] in the years 1772, 1773, 1774 and 1775,* 2 vols. Dublin 1784.

D'Adelswärd-Fersen, Jacques: *Oppio. Poesie scelte.* Napoli 1990.

D'Adelswärd-Fersen, Jacques: *E il fuoco si spense sul mare,* Capri 1991 (= *Et le feu s'éteignit sur la mer,* 1909, ital.).

De Barros, João: *Asia,* por António Baião. Coimbra 1932 (dt. *Die Asia,* in wortgetreuer Übertragung von E. Feust. Nürnberg 1844. Nachdruck Frankfurt 1995).

De Staël, Anne Germaine: *Über Deutschland,* hrsg. v. Monika Bosse. Frankfurt 1985 (= *De l'Allemagne,* 1813, dt.)

Diderot, Denis: *Supplément au voyage de Bougainville.* In: *Oeuvres philosophiques.* Paris 1961, 455–516 (dt. *Nachtrag zu Bougainvilles Reise,* übersetzt von Theodor Lücke. Frankfurt 1965).

Douglas, Norman: *Unprofessional Tales,* in: *Three of Them.* London 1901.

Douglas, Norman: *Footnote on Capri.* London 1952.

Erhard, Andreas/Ramminger, Eva: *Die Meerfahrt. Balthasar Springers Reise zur Pfefferküste.* Mit einem Faksimile des Buches von 1509. Innsbruck 1998.

Erk, Ludwig/Böhme, Franz Magnus: *Deutscher Liederhort. Auswahl der vorzüglicheren Deutschen Volkslieder nach Wort und Weise aus der Vorzeit und Gegenwart,* 3 Bde. Leipzig 1894 (Nachdruck Hildesheim 1963).

Evelyn, John: *The Diary,* ed. by E. S. de Beer, vol. II. Oxford 1955.

Fabri, Felix: *Die Pilgerfahrt des Bruders Felix Faber ins Heilige Land,* hrsg. v. Helmut Roob. Berlin o. J. (um 1980).

Förster, Ernst: *Handbuch für Reisende in Italien,* 4. Aufl. München 1848.

Forster, Georg: *Reise um die Welt,* illustriert von eigener Hand. Frankfurt 2007.

Forster, Georg: *Werke in vier Bänden,* hrsg. v. Gerhard Steiner, Bd. 2: *Kleine Schriften zur Naturgeschichte, Länder- und Völkerkunde, Ansichten vom Niederrhein.* Frankfurt 1969.

Fouqué, Friedrich de la Motte: *Der Mensch des Südens und der Mensch des Nordens. Sendschreiben in Bezug auf das gleichnamige Werk des Herrn von Bonstetten an den Freiherrn Alexander von Humboldt.* Berlin 1829.

Gautier, Théophile: *Jettatura,* ins Deutsche übertragen von Alastair. Hellerau 1925.

Geibel, Emanuel: *Gedichte,* hrsg. v. Max Mendheim. Leipzig (1915).

George, Stefan: *Hymnen, Pilgerfahrten, Algabal.* Stuttgart 1987 (= *Sämtliche Werke in 18 Bänden,* II).

Gernentz, Joachim (Hrsg.): *Religiöse deutsche Dichtung des Mittelalters.* Heidelberg 1965.

Geyer-Kordesch, Joanna (Hrsg.): *Die Englandreise der Fürstin Luise von Anhalt-Dessau im Jahre 1775.* Berlin 2007.

Gmelin, Johann Friedrich: *Über die neuere [!] Entdeckungen in der Lehre von der Luft, und deren Anwendung auf Arzneikunst, in Briefen an einen Arzt.* Berlin 1784.

Goethe, Johann Wolfgang: *Italienische Reise* (= *Werke,* Hamburger Ausgabe, 1961, Bd. 11).

Goethe, Johann Wolfgang: *Faust. Der Tragödie zweiter Teil* (= *Werke,* Hamburger Ausgabe, 1961, Bd. 3).

Goethe, Johann Wolfgang: *Johann Peter Eckermann, Gespräche mit Goethe,* hrsg. v. Christoph Michel u.a. Frankfurt 1999.

Gottschall, Dagmar/Steer, Georg (Hrsg.): *Der deutsche Lucidarius,* Bd. I: *Kritischer Text nach den Handschriften.* Tübingen 1994.

Gregorovius, Ferdinand: *Wanderjahre in Italien,* 5 Bde. Leipzig 1874.

Gregorovius, Ferdinand: *Kleine Schriften zur Geschichte und Kultur,* 3 Bde. Leipzig 1887.

Grillparzer, Franz: *Gedichte.* Wien 1925.

Hagen, Friedrich Heinrich von der: *Briefe in die Heimat, aus Deutschland, der Schweiz und Italien,* 3 Bde. Breslau 1819.

Hahn, Karl August: *Das alte Passional.* Frankfurt 1845.

Hamberger, Georg Christoph/Meusel, Johann Georg: *Das gelehrte Teutschland oder Lexikon der jetzt lebenden teutschen Schriftsteller,* Teil XIII, 5. Aufl. Lemgo 1808.

Harff, Arnold von: *Die Pilgerfahrt des Ritters Arnold von Harff [...] wie er sie in den Jahren 1496 bis 1499 vollendet, beschrieben und durch Zeichnungen erläutert hat*, hrsg. v. Eberhard von Groote. Köln 1860 (Nachdruck Hildesheim 2004).

Haufe, Eberhard (Hrsg.): *Deutsche Briefe aus Italien*. Hamburg 1965.

Haupt, Moritz (Hrsg.): *Liber monstrorum de diversis generibus*. In: *Opuscula*, vol. II. Leipzig 1876, 218–251 (Anonymus, 10. Jh.).

Henkel, Arthur/Schöne, Albrecht (Hrsg.): *Emblemata. Handbuch zur Sinnbildkunst des 16. und 17. Jahrhunderts*. Stuttgart 1967.

Herbers, Klaus/Plötz, Robert (Hrsg.): *Die Straß zu Sankt Jakob. Der älteste deutsche Pilgerführer nach Compostela*. Ostfildern 2004.

Herder, Johann Gottfried: *Ideen zur Geschichte der Philosophie der Menschheit*. In: *Herders Werke*, hrsg. v. Heinrich Düntzer, Bde. 9–12. Berlin (1879).

Herder, Johann Gottfried: *Bloß für Dich geschrieben. Briefe und Aufzeichnungen über eine Reise nach Italien 1788/89*. Berlin 1980.

Herzog Ernst: Ein mittelalterliches Abenteuerbuch, in der mittelhochdeutschen Fassung B, hrsg. u. übs. von Bernhard Sowinski. Stuttgart 1994.

Hildegard von Bingen: *Opera omnia*. In: *Patrologia Latina* (PL), ed. Jacques-Paul Migne, vol. 197. Paris 1882.

Hildegard von Bingen: *Welt und Mensch. Das Buch »De operatione Dei«, aus dem Genter Kodex übersetzt und erläutert von Heinrich Schipperges*. Salzburg 1965.

Hocke, Gustav René: *Magna Graecia. Wanderungen durch das griechische Unteritalien*. Herrenalb 1960.

Hofmann, Conrad (Hrsg.): *Quellen zur Geschichte Friedrichs I. des Siegreichen*, Bd. I: Matthias von Kemnath. München 1862.

Höllerer, Walter: *Gedichte. Wie entsteht ein Gedicht*. Frankfurt 1964.

Hrabanus Maurus: *De universo*. In: *Patrologia Latina* (PL), ed. Jacques-Paul Migne, vol. 111. Paris 1864.

Hufeland, Christoph Wilhelm: *Über das Absterben der Länder, Italiens insbesondere, und dessen Vergiftung durch verdorbene Luft (Aria cattiva)*. In: *Journal der practischen Heilkunde*, 3. Stück. Berlin 1817, 79–93.

Hugo von St. Viktor: *Opera omnia*. In: *Patrologia Latina* (PL), ed. Jacques-Paul Migne, vol. 177. Paris 1879.

Hutten, Ulrich von: *Ulrici ab Hutten Opera quae extant omnia*, hrsg. v. E. J. H. Münch, vol. I. Berlin 1821.

Hutten, Ulrich von: *Deutsche Schriften*. München 1970.

Huyssen, Hendrik van: *Curieuse und vollständige Reiß-Beschreibung von gantz Italien*, 3 Bde. Freiburg 1701.

Irving, Washington: *Life and Voyages of Christopher Columbus*, New York/London 1892.

Jean Paul: *Werke*, hrsg. v. Norbert Miller, 12 Bde. München 1975.

Jean Paul: *Dr. Katzenbergers Badereise*, hrsg. v. Otto Mann. Stuttgart 1986.

Klaudios Ptolemaios: *Handbuch der Geographie*, hrsg. v. Alfred Stückelberger und Gerd Graßhoff, 2 Bde. Basel 2006.

Klemperer, Victor: *Curriculum vitae*, Bd. II. Berlin 1989.

Knigge, Adolph Freiherr von: *Über den Umgang mit Menschen*, hrsg. v. Gert Ueding. Frankfurt 1977.

Konrad von Megenberg: *Das Buch der Natur. Die erste Naturgeschichte in deutscher Sprache*, hrsg. v. Franz Pfeiffer [1861]. Nachdruck Hildesheim 1994.

Lawrence, D. H.: *The Letters*, vol. IV, ed. by W. Roberts and J. T. Boulton. Cambridge 1987.

Leo Africanus: *Della descrittione dell'Africa et delle cose notabili che quivi sono* [1526]. In: Gian Battista Ramusio: *Navigationi et Viaggi*, vol. I. Venezia 1563, 1ff. (Nachdruck Amsterdam 1970).

Levi, Carlo: *Christus kam nur bis Eboli*, übersetzt von Helly Hohenemser-Steglich. München 1982 (= *Cristo si è fermato a Eboli*, 1945, dt.).

Lukian von Samosata: *Verae Historiae*, hrsg. v. Matthew D. Macleod. Oxford 1977

Lukian: *Die Hauptwerke*, griech. u. dt., hrsg. v. Karl Mras, Stuttgart 1954.

Malina, J(osef) B(onifazius): *Im sonnigen Süden. Das Italienbuch. Mit 150 Bildern in Kupfertiefdruck nach eigenen Aufnahmen des Verfassers*. Berlin 1932.

Mann, Thomas: *Politische Reden und Schriften*. Frankfurt 1968.

Maugham, William Somerset: *The Complete Short Stories*, vol. III. London 1951.

Mayer, Karl August: *Neapel und die Neapolitaner oder Briefe aus Neapel in die Heimat*, 2 Bde. Oldenburg 1840.

Meiners, Christoph: *Grundriß der Geschichte der Menschheit*, 2. Aufl. Lemgo 1793 (Nachdruck Königstein 1981) (Erstausgabe 1785).

Mendelssohn Bartholdy, Felix: *Briefe aus den Jahren 1830 bis 1847*. Leipzig 1899.

A Middle English Anthology, ed. A. S. Haskell. New York 1969.

Des Minnesangs Frühling, bearb. v. Hugo Moser und Helmut Tervooren, 36. Aufl., Bd. I: *Texte*. Stuttgart 1977.

Montesquieu, Charles Louis Secondat de: *L'esprit des lois*. Paris 1845 (dt. *Der Geist der Gesetze*, übersetzt von A. Fortmann. Leipzig 1891).

Montesquieu, Charles Louis Secondat de: *Voyages*. Paris 2003.

Monumenta ad Neapolitani ducatus historiam pertinentia, a cura di Bartolommeo Capasso. Neapoli 1881.

Mörike, Eduard: *Sämtliche Werke in zwei Bänden*, Bd. I. München 1976.

Mühsam, Erich: *Ascona: Vereinigte Texte aus den Jahren 1905, 1930 und 1931*. Zürich 1979.

Müller, Ulrich (Hrsg.): *Kreuzzugsdichtung*. Tübingen 1969.

Müller, Wilhelm Christian: *Briefe an deutsche Freunde von einer Reise durch Italien*, 3 Bde. Altona 1824.

Münster, Sebastian: *Cosmographey oder Beschreibung aller Länder [...]*. Basel 1578.

Navigation da Lisbona all'isola di San Thomé posta sotto la linea, scritta per un pilota portoghese [1535/41]. In: Gian Battista Ramusio: *Navigationi et Viaggi*, vol. I. Venezia 1563, 116ff. (Nachdruck Amsterdam 1970).

Neigebaur, Johann Daniel Ferdinand: *Nur nicht nach Norden! Bemerkungen auf meinen Reisen in den Jahren 1839 und 1840*. Leipzig 1840

Nerval, Gérard de: *Die Töchter der Flamme. Erzählungen*. Aus dem Französischen von Anjuta Aigner-Dünnwald und Friedhelm Kemp. Reinbek 1991.

Nicolai, Gustav: *Italien wie es wirklich ist, Bericht über eine merkwürdige Reise in den hesperischen Gefilden, als Warnungsstimme für Alle, welche sich dahin sehnen*. 2. Aufl. Leipzig 1835 (Erstausgabe 1834).

Nietzsche, Friedrich: *Menschliches Allzumenschliches: Ein Buch für freie Geister*. Stuttgart 1972.

Nietzsche, Friedrich: *Sämtliche Briefe. Kritische Studienausgabe*, 8 Bde. München 1986.

Nietzsche, Friedrich: *Gedichte*, ausgew. v. Anton Friedrich. Zürich 1994.

Oosten, Henrik van: *Der Niederländische Garten, bepflantzet mit Blumen, Obst und Orangerien [...], ingleichen auch eine accurate Abhandelung, wie man alle Arten der Bäume solle säen, pflantzen, fruchtbar machen [...], aus dem Holländischen ins Hochteutsche übersetzet*, 4. Aufl. Wolfenbüttel 1728 (Erstausgabe 1706).

Paas, John Roger: *Unbekannte Gedichte und Lieder des Sigmund von Birken*. Amsterdam 1990.

Palmer, James Croxal: *Thulia. A Tale of the Antarctic*. New York 1843.

Petrarca, Francesco: *Das einsame Leben (De vita solitaria)*, hrsg. v. Franz Josef Wetz. Stuttgart 2004.

Peyrefitte, Roger: *Le Baron de Gloeden*. Paris 1949

Peyrefitte, Roger: *Exil in Capri*. Karlsruhe 1960 (= *L'exilé di Capri*, 1959, dt.).

Physiologus. Naturkunde in frühchristlicher Deutung, aus dem Griechischen übersetzt und hrsg. v. Ursula Treu. Hanau 1998.

Platen, August von: *Werke*, hrsg. v. G. A. Wolff und V. Schweizer, 2 Bde. Leipzig/Wien 1895.

Platen, August von: *Die Tagebücher des Grafen August von Platen*, hrsg. v. G. v. Laubmann und L. v. Scheffler, 2 Bde. Stuttgart 1900.

Polo, Marco: *Das Buch der Wunder*. Aus: *Le Livre des Merveilles du Monde*, Ms. fr. 2810 der Bibliothèque Nationale de France, Paris. Übersetzung der Handschrift: Marie-Helène Tesnière. München 1999.

Pomponius Mela: *Kreuzfahrt durch die antike Welt*, hrsg. v. Kai Brodersen. Darmstadt 1994.

Ramusio, Gian Battista: *Navigationi et Viaggi*, vol. I. Venezia 1563 (Nachdruck Amsterdam 1970).

Recke, Elisa von der: *Tagebuch einer Reise durch einen Theil Deutschlands und durch Italien in den Jahren 1804 bis 1806*, 3 Bde. Berlin 1815.

Reichard, Heinrich August Ottokar: *Handbuch für Reisende aus allen Ständen*. Leipzig 1784.

Rode, August von: *Beschreibung des Fürstlich Anhalt-Dessauischen Landhauses und Englischen Gartens zu Wörlitz*. Dessau 1814 (Neudruck 1996).

Das Rolandslied des Pfaffen Konrad, hrsg., übers. und kommentiert von Dieter Kartschoke. Stuttgart 1993.

Roob, Helmut (Hrsg.): *Die Pilgerfahrt des Bruders Felix Faber ins Heilige Land, anno 1483*. Berlin o. J. (um 1970).

Ross, James Clark: *A Voyage of Discovery and Research in the Souhtern and Antarctic regions during the years 1839-43*, 2 vols. London 1847 (Reprint 1969).

Rottzoll, Dirk U. (Hrsg.): *Rabbinischer Kommentar zum Buch Genesis. Darstellung der Rezeption des Buches Genesis in Mischna und Talmud*. Berlin/New York 1994 (= Studia Judaica, XIV).

Rousseau, Jean-Jacques: *Abhandlung von dem Ursprung der Ungleichheit unter den Menschen*. Aus dem Französischen von Moses Mendelssohn. Neu herausgegeben von Ursula Goldenbaum. Weimar 2000.

Rozmital, Leo von: *Des böhmischen Herrn Leo's von Rozmital Ritter-, Hof- und Pilgerreise durch die Abendlande 1465–1467, beschrieben von zweien seiner Begleiter,* hrsg. v. Andreas Schmeller. Stuttgart 1844.

Sancti Maximi Opera Omnia, in: *Patrologia Latina* (PL), ed. Jacques-Paul Migne, vol. 57. Paris 1862.

Schedel, Hartmann: *Weltchronik* [1495] (Nachdruck Dortmund 1978).

Schinkel, Karl Friedrich: *Reisen nach Italien. Tagebücher, Briefe, Zeichnungen, Aquarelle.* Berlin 1982.

Schröder, Christian: *Der Millstätter Physiologus. Text, Übersetzung, Kommentar.* Würzburg 2005.

Scott, Robert Falcon: *Letzte Fahrt. Kapitän Scotts Tagebuch. Tragödie am Südpol 1910–1912* [1913]. Stuttgart u.a. 1992 (= *Scott's Last Expedition,* 1913, dt.).

Seume, Johann Gottfried: *Mein Sommer.* In: *Sämmtliche Werke,* Bd. 10. Leipzig 1827.

Seume, Johann Gottfried: *Spaziergang nach Syrakus im Jahre 1802.* Nördlingen 1985.

Sickler, Johann Volkmar: *Der vollkommene Orangerie-Gärtner oder Vollständige Beschreibung der Limonen, Citronen und Pomeranzen, oder der Agrumi in Italien, und ihrer Cultur.* Weimar 1815.

Stahr, Adolf: *Ein Jahr in Italien,* 3 Bde., 3. Aufl. Oldenburg 1863.

St. Brandans wundersame Seefahrt, hrsg. und übertragen von Gerhard E. Sollbach. Frankfurt 1987.

Strecker, Karl: *Poetae Latini aevi Carolini,* vol. IV, 2 [1914]. Neudruck München 2000 (= Monumenta Germaniae Historica).

Tasso, Torquato: *La Gerusalemme liberata.* Firenze 1881 (dt. *Befreites Jerusalem,* übersetzt von J. D. Gries. Berlin 1880).

Tieck, Ludwig: *Franz Sternbalds Wanderungen,* hrsg. v. Alfred Anger. Stuttgart 1988.

Volkmann, Johann Jacob: *Historisch-kritische Nachrichten von Italien, welche eine genaue Beschreibung dieses Landes […] enthalten,* Bd. III. Leipzig 1771.

Wagner, Richard: *Dichtungen und Schriften,* hrsg. von Dieter Borchmeyer, 10 Bde. Frankfurt 1983.

Waiblinger, Wilhelm: *Werke und Briefe,* hrsg. v. Hans Königer, 5 Bde. Stuttgart 1980.

Walther von der Vogelweide: *Die Lieder,* hrsg. v. Friedrich Maurer. Bd. 1: *Die religiösen und die politischen Lieder.* Tübingen 1967.

Winckelmann, Johann Joachim: *Briefe,* hrsg. v. Walther Rehm, 4 Bde. Berlin 1952.

Winckelmann, Johann Joachim: *Kleine Schriften und Briefe,* Auswahl, Einleitung und Anmerkungen v. Wilhelm Senff. Weimar 1960.

Winckelmann, Johann Joachim: *Geschichte der Kunst des Altertums.* Darmstadt 1972.

Wintertage im sonnigen Süden. Liebig-Sammelbilderserie 1911 (6 Bilder: 1. Fahrradsegeln am Strande von Biarritz. 2. Ausblick auf die Pyramiden bei Kairo. 3. Blumen-Corso zu Bordighera. 4. Reisegesellschaft in der Umgebung von Athen. 5. Spazierritt an der algerischen Küste. 6. Auf der Promenade von Jalta).

Wolfram von Eschenbach: *Parzival,* hrsg. v. Paul Piper, 2 Bde. Stuttgart o. J. (= Deutsche National-Litteratur, Bd. 5 und 6).

Zweig, Stefan: *Sternstunden der Menschheit.* Leipzig [1927].

Literatur

Anders, Ines/Winzeler, Marius (Hrsg.): *Lausitzer Jerusalem. 500 Jahre Heiliges Grab zu Görlitz.* Görlitz 2005.

Andrews, Malcolm: *The Search for the Picturesque. Landscape Aesthetics and Tourism in Britain 1760–1800.* Stanford 1989.

Arentzen, Jörg-Geerd: *Imago Mundi Cartographica. Studien zur Bildlichkeit mittelalterlicher Welt- und Ökumenekarten, unter besonderer Berücksichtigung des Zusammenwirkens von Text und Bild.* München 1994 (= Münstersche Mittelalter-Schriften, 53).

Assmann, Jan: *Das kulturelle Gedächtnis. Schrift, Erinnerung und politische Identität in frühen Hochkulturen.* München 1997.

Bagrow, Leo/Skelton, R. A.: *Kartographie,* 4. Aufl. Berlin 1973.

Balsam, Simone u.a. (Hrsg.): *Allerley Sorten Orangerie.* Potsdam [2001] (= Schriftenreihe des Arbeitskreises Orangerien in Deutschland, 3).

Balsam, Simone/Ziesemer, John (Hrsg.): *Orangerien in Europa. Von fürstlichem Vermögen und gärtnerischer Kunst.* München 2007 (= ICOMOS. Hefte des deutschen Nationalkomitees, 43).

Bausinger, Hermann: *Typisch deutsch. Wie deutsch sind die Deutschen?* München 2002.

Bechtoldt, Frank-Andreas/Weiss, Thomas (Hrsg.): *Weltbild Wörlitz. Entwurf einer Kulturlandschaft.* Wörlitz 1996.

Bedini, Silvio A.: *Der Elefant des Papstes.* Stuttgart 2006.

Beller, Manfred: »Nord und Süd in der literarischen Anthropologie der deutschen Romantik« [1996]. In: Manfred Beller: *Eingebildete Nationalcharaktere. Vorträge und Aufsätze zur literarischen Imagologie.* Göttingen 2006, 149–160.

Beller, Manfred: »Johann Gottfried Herders Völkerbilder und die Tradition der Klimatheorie«. In: Manfred Beller: *Eingebildete Nationalcharaktere. Vorträge und Aufsätze zur literarischen Imagologie.* Göttingen 2006, 239–260.

Beller, Manfred/Leerssen, Joep (edd.): *Imagology. The cultural construction and literary representation of national characters. A critical survey.* Amsterdam/New York 2007.

Böhmer, Heinrich: *Luthers Romfahrt.* Leipzig 1914.

Börner, Klaus H.: *Auf der Suche nach dem irdischen Paradies. Zur Ikonographie der geographischen Utopie.* Frankfurt 1984.

Bredekamp, Horst: *Antikensehnsucht und Maschinenglauben. Die Geschichte der Kunstkammer und die Zukunft der Kunstgeschichte.* Berlin 1993.

Bredekamp, Horst: *Sandro Botticelli, La primavera. Florenz als Garten der Venus.* Berlin 2002.

Brincken, Anna-Dorothée von den: *Fines Terrae. Die Enden der Erde und der vierte Kontinent auf mittelalterlichen Weltkarten.* Hannover 1992.

Buddensieg, Tilmann: *Nietzsches Italien. Städte, Gärten und Paläste,* Berlin 2002.

Bumm, Peter: *August Graf von Platen. Eine Biographie.* Paderborn 1990.

Cantarella, Eva: *Pompeji. Liebe und Erotik in einer römischen Stadt.* Stuttgart 1999.

Cappel, Alexandra: *Untersuchungen zu Pygmäendarstellungen in der römischen Dekorationskunst.* Diss. Würzburg 1994.

Dieckmann, Friedrich: *Was ist deutsch? Eine Nationalerkundung.* Frankfurt 2003.

Esch, Arnold: *Wege nach Rom. Annäherungen aus zehn Jahrhunderten.* München 2003.

Fansa, Mamoun (Hrsg.): *Kaiser Friedrich II. (1194–1250). Welt und Kultur des Mittelmeerraums.* Ausstellungskatalog Oldenburg 2008. Mainz 2008.

Frothingham, Arthur Lincoln: »Ancient Orientation Unveiled«. In: *American Journal of Archaeology* 21 (1917), 55–76, 187–201, 313–336 und 420–448.

Gamm, Hans-Jochen: *Deutsche Identität in Europa.* Münster/New York 2001.

Ganz-Blättler, Ursula: *Andacht und Abenteuer. Berichte europäischer Jerusalem- und Santiago-Pilger (1320–1520).* Tübingen 2000.

Goez, Werner: »›Manuali di viaggio‹ medievali per il pelegrinaggio a Roma«. In: M. Enrica D'Agostini (Hrsg.): *La letteratura di viaggio. Storie e prospettive di un genere letterario.* Torino 1988, 151–160.

Grimm, Gunter E./Breymayer, Ursula/Erhart, Walter: »*Ein Gefühl von freierem Leben*«. *Deutsche Dichter in Italien.* Stuttgart 1990.

Groeben, Christiane: *Der Freskensaal der Stazione Zoologica Anton Dohrn. Biographie eines Kunstwerks.* Napoli 1995.

Gröschel, Claudia: »Von der Götterfrucht zum Konsumgut. Die Karriere der Zitrusfrüchte in der bildenden Kunst«. In: Kulturstiftung Dessau Wörlitz (Hrsg.): *Oranien – Orangen – Oranienbaum.* München/Berlin 1999, 137–148.

Halbritter, Roland: »›Hellafandt alhir‹. Der reisende Elefant Soliman. Vom lebenden Fürstengeschenk zum Kunstkammerobjekt«. In: *Jahrbuch für Volkskunde* 25 (2002), 189–199.

Hamann, Günther: *Der Eintritt der südlichen Hemisphäre in die europäische Geschichte. Die Erschließung des Afrikaweges nach Asien vom Zeitalter Heinrichs des Seefahrers bis zu Vasco da Gama.* Graz/Wien/Köln 1968.

Härlin, Hans: *Am Südpol. Die Entdeckungsgeschichte eines neuen Erdteils.* Stuttgart 1933.

Hassert, Kurt: *Die Polarforschung. Geschichte der Entdeckungsreisen zum Nord- und Südpol.* München 1956.

Haupt, Barbara/Busse, Wilhem G. (Hrsg.): *Pilgerreisen in Mittelalter und Renaissance.* Düsseldorf 2006.

Hauschild, Thomas: *Magie und Macht in Italien. Über Frauenzauber, Kirche und Politik.* Gifkendorf 2002.

Hehn, Victor: Kulturpflanzen und Hausthiere in ihrem Übergang aus Asien nach Griechenland und Italien sowie in das üb- rige Europa, 6. Aufl. Berlin 1894.

Heilmeyer, Marina: »Die goldenen Äpfel. Mythologisches rund um die Zitrusfrüchte«. In: Kulturstiftung Dessau Wörlitz (Hrsg.): Oranien - Orangen - Oranienbaum. München/Berlin 1999, 16–23.

Hellpach, Willy: Geopsyche: Die Menschenseele unter dem Einfluß von Wetter und Klima, Boden und Landschaft, 7. Aufl. Suttgart 1965 (Erstauflage 1911 unter dem Titel Die geopsychischen Erscheinungen).

Helmberger, Werner/Staschull, Matthias: Tiepolos Welt. Das Deckenfresko im Treppenhaus der Würzburger Residenz. München 2006.

Hennig, Richard: Terrae incognitae. Eine Zusammenstellung und kritische Bewertung der wichtigsten vorcolumbianischen Entdeckungsreisen an Hand der darüber vorliegenden Originalberichte, Bd. IV. Leiden 1939.

Herbers, Klaus: Der Jakobsweg. Mit einem mittelalterlichen Pilgerführer unterwegs nach Santiago de Compostela. Tübin- gen 1986.

Herbers, Klaus/Jung, Georg: Der Weg der Jakobspilger. Hamburg 2004.

Heyden, Ulrich van der: Rote Adler an Afrikas Küste. Die brandenburgisch-preußische Kolonie Großfriedrichsburg in Westafrika. Berlin 2001.

Hibbert, Christopher: Rom, Biographie einer Stadt. München 1987.

Hinterhäuser, Hans: Utopie und Wirklichkeit bei Diderot. Studien zum »Supplément au voyage de Bougainville«. Heidel- berg 1957.

Hoenerbach, Wilhelm: »Der Jakobsweg - Gratwanderung zwischen Mauren und Christen«. In: Der Jakobs- weg. Geist und Geschichte einer Pilgerstraße. Bensberg 1993, 39–58 (= Bensberger Protokolle, 68).

Huntington, Ellsworth: Civilization and Climate [1915], 3. ed. Hamden, Conn. 1971.

Jäger, Hans-Wolf: »Goethe reist auch traditionell«. In: Goethe Yearbook 5 (1990), 65–84.

Janni, Pietro: Etnografia e mito. La storia dei pigmei. Roma 1978.

Jenkins, Ian/Sloan, Kim: Vases and Volcanoes. Sir William Hamilton and his collection. London 1996.

Kantorowicz, Ernst: Kaiser Friedrich der Zweite. 5. Aufl. Stuttgart 1995 (Erstausgabe 1964).

Kees, Hermann: Totenglauben und Jenseitsvorstellungen der alten Ägypter. Grundlagen und Entwicklung bis zum Ende des Mittleren Reiches. Berlin 1980.

Kiermeier-Debre, Joseph/Vogel, Fritz Franz: Wilhelm von Gloeden - auch ich in Arkadien. Die Sammlung Heinz Peter Barandun. Zürich/Köln u.a. 2007.

Klein, Hans-Günter: Die Mendelssohns in Italien. Ausstellungskatalog Berlin. Wiesbaden 2002.

Kloft, Hans: Mysterienkulte der Antike. München 2003.

Knefelkamp, Ulrich: Die Suche nach dem Reich des Priesters Johannes. Dargestellt anhand von Reiseberichten und anderen ethnographischen Quellen des 12.-17. Jahrhunderts. Gelsenkirchen 1986.

Kötting, Bernhard: Peregrinatio religiosa. Wallfahrten in der Antike und das Pilgerwesen in der alten Kirche. 2. Aufl. Münster 1980 (= Forschungen zur Volkskunde, 33-35).

Kraus, Michael/Ottomeyer, Hans (Hrsg.): Novos Mundos. Portugal und das Zeitalter der Entdeckungen. Ausstel- lungskatalog Deutsches Historisches Museum Berlin. Dresden 2007.

Kreitlhuber, Eva: »Körper am Strand oder: Es ist voll im Paradies«. In: Voyage. Jahrbuch für Reise- und Tourismusforschung 2003, 64–80.

Krüger, Reinhard: »Portugals transozeanischer Aufbruch: Geopolitische und intellektuelle Vorausset- zungen«. In: Michael Kraus/Hans Ottomeyer (Hrsg.), Novos Mundos. Dresden 2007, 53–61.

Kufeke, Kay: Himmel und Hölle in Neapel. Mentalität und diskursive Praxis deutscher Neapelreisender um 1800. Köln 1999.

Kugler, Hartmut: »Symbolische Weltkarten - der Kosmos im Menschen. Symbolstrukturen in der Uni- versalkartographie bis Kolumbus«. In: Horst Wenzel (Hrsg.): Gutenberg und die Neue Welt. München 1994, 33–58.

Kulturstiftung Dessau Wörlitz (Hrsg.): Oranien - Orangen - Oranienbaum. München/Berlin 1999.

Lauha, Aare: Zaphon. Der Norden und die Nordvölker im Alten Testament. Helsinki 1943.

Leed, Eric J.: Die Erfahrung der Ferne. Reisen von Gilgamesch bis zum Tourismus unserer Tage. Frankfurt/New York 1993 (= The Mind of the Traveller, 1991, dt.).

Lenz, Christian: »Hans von Marées: Die Fresken in der Zoologischen Station Neapel«. In: Lea Ritter Santi- ni/Christiane Groeben (Hrsg.): Kunst als Autobiographie. Hans von Marées. Napoli 2005, 45–58.

Lenz, William E.: *The Poetics of the Antarctic. A Study in Nineteenth-Century American Cultural Perceptions.* New York/London 1995.

Lindgren, Uta: *Alpenübergänge von Bayern nach Italien 1500–1850. Landkarten, Straßen, Verkehr.* München 1986.

Mac Cannell, Dean: *The Tourist. A New Theory of the Leisure Class.* London 1976.

Martin, Peter: *Schwarze Teufel, edle Mohren. Afrikaner in Bewußtsein und Geschichte der Deutschen.* Hamburg 1993.

Maurmann, Barbara: *Die Himmelsrichtungen im Weltbild des Mittelalters. Hildegard von Bingen, Honorius Augustudonensis und andere Autoren.* München 1976.

Meißner, Joachim: *Mythos Südsee. Das Bild von der Südsee im Europa des 18. Jahrhunderts.* Hildesheim u.a. 2006.

Miedema, Nine Robijntje: *Die »Mirabilia Romae«. Untersuchungen zu ihrer Überlieferung mit Edition der deutschen und niederländischen Texte.* Tübingen 1996.

Money, James: *Capri, Island of Pleasure.* London 1986.

Morenz, Ludwig: »Mytho-Geographie der vier Himmelsrichtungen«. In: *Die Welt des Orients* 32 (2002), 20–32.

Müller, Andrea/Roder, Hartmut (Hrsg.): *1001 Nacht. Wege ins Paradies. Ausstellungskatalog Überseemuseum Bremen.* Mainz 2006.

Müller, Gernot Michael: *Die »Germania generalis« des Conrad Celtis. Studien mit Edition, Übersetzung und Kommentar.* Tübingen 2001.

Natter, Tobias G./Weiermair, Peter (Hrsg.): *Wilhelm von Gloeden, Guglielmo Plüschow, Vincenzo Galdi. Et in Arcadia ego. Photographien der Jahrhundertwende.* Zürich 2000.

Nissen, Heinrich: *Orientation. Studien zur Geschichte der Religion.* Berlin 1906.

Oettermann, Stephan: *Die Schaulust am Elefanten. Eine Elephantographia curiosa.* Frankfurt 1982.

'O Grady, Desmond: *Alle Jubeljahre. Die »Heiligen Jahre« in Rom von 1300 bis 2000.* Freiburg/Basel/Wien 1999.

Ohler, Norbert: *Reisen im Mittelalter.* München 1986.

Osterkamp, Ernst: »Zur Geschichte der deutschen Sizilienwahrnehmung im 18. und 19. Jahrhundert«. In: Albert Meier (Hrsg.): *Ein unsäglich schönes Land. Goethes »Italienische Reise« und der Mythos Siziliens.* Palermo 1987, 138–157.

Ott, Claudia: »Das Paradies in den Erzählungen aus Tausendundeiner Nacht«. In: Andrea Müller/Hartmut Roder (Hrsg.): *1001 Nacht. Wege ins Paradies.* Mainz 2006, 10–18.

Peters, Francis E.: *Jerusalem. The Holy City in the Eyes of Chroniclers, Visitors, Pilgrims, and Prophets from the Days of Abraham to the Beginning of Modern Times.* Princeton 1985.

Podossinov, Alexander: Artikel »Himmelsrichtungen«. In: *Reallexikon für Antike und Christentum*, Bd. XV. Stuttgart 1991, 233–286.

Radkau, Joachim: *Natur und Macht. Eine Weltgeschichte der Umwelt.* München 2002.

Die Reise nach Jerusalem. Bernhard von Breydenbachs Wallfahrt ins Heilige Land. Ausstellungskatalog Mainz (Gutenberg Museum) 1992.

Richter, Dieter: »Der weltliche Rom-Pilger. Zur Erfahrung der Heiligen Stadt im Zeitalter der Aufklärung«. In: Wolfgang Griep (Hrsg.): *Sehen und Beschreiben. Europäische Reisen im 18. und 19. Jahrhundert.* Heide 1991, 86–95.

Richter, Dieter: »Die Angst des Reisenden, die Gefahren der Reise«. In: Hermann Bausinger u.a. (Hrsg.): *Reisekultur. Von der Pilgerfahrt zum modernen Tourismus.* München 1991, 100–108.

Richter, Dieter: »Das Bild der Neapolitaner in der Reiseliteratur des 18. und 19. Jahrhunderts«. In: Hans-Wolf Jäger (Hrsg.): *Europäische Reisen im Zeitalter der Aufklärung.* Heidelberg 1992, 118–130.

Richter, Dieter: *Schlaraffenland. Geschichte einer populären Utopie.* Frankfurt 1995.

Richter, Dieter: *Neapel. Biographie einer Stadt.* Berlin 2005.

Richter, Dieter: *Der Vesuv. Geschichte eines Berges.* Berlin 2007.

Ritz, Hans: *Die Sehnsucht nach der Südsee. Bericht über einen europäischen Mythos.* Göttingen 1983.

Ristow, Sebastian: *Frühchristliche Babtisterien.* Münster 1998

Röhricht, Reinhold: *Deutsche Pilgerreisen nach dem Heiligen Lande* [1900]. Neudruck Aalen 1967.

Schneider, Rolf Michael: *Bunte Barbaren. Orientalenstatuen aus farbigem Marmor in der römischen Repräsentationskunst.* Worms 1986.

Seipel, Wilfried (Hrsg.): *Exotica. Portugals Entdeckungen im Spiegel fürstlicher Kunst- und Wunderkammern der Renaissance. Ausstellungskatalog Wien* 2000.

Sethe, Kurt: »Die Namen von Ober- und Unterägypten und die Bezeichnung für Nord und Süd«. In: *Zeitschrift für Ägyptische Sprache* 44 (1907), 1–29.

Setz, Wolfram (Hrsg.): Jacques d'Adelswärd-Fersen, Dandy und Poet. Annäherungen. Hamburg 2005.

Siepe, Franz: Fragen der Marienverehrung. Anfänge, Frühmittelalter, Schwarze Madonnen. Gräfelfing 2002.

Sigusch, Volkmar: Neosexualitäten. Über den kulturellen Wandel von Liebe und Perversion. Frankfurt/New York 2005.

Snowden, Frank M.: Blacks in Antiquity. Ethiopians in the Greco-Roman Experience. London 1970.

Sombart, Werner: Liebe, Luxus und Kapitalismus. Über die Entstehung der modernen Welt aus dem Geist der Verschwendung. Berlin 1983.

Steinfeld, Thomas: Der Arzt von San Michele. Axel Munthe und die Kunst, dem Leben einen Sinn zu geben. München 2007.

Stiftung Pro St. Gotthard: Am Höhenweg der Geschichte – Nationales Gotthard-Museum, Airolo 1989.

Struck, Bernhard: Nicht West, nicht Ost. Frankreich und Polen in der Wahrnehmung deutscher Reisender zwischen 1750 und 1850. Göttingen 2006.

Der Süden im Norden. Orangerien – ein fürstliches Vergnügen, hrsg. v. d. Oberfinanzdirektion Karlsruhe, Staatliche Schlösser und Gärten und Arbeitskreis Orangerien in Deutschland e.V. 2. Aufl. Regensburg 2004.

Tallqvist, Knut: »Himmelsgegenden und Winde. Eine semasiologische Studie«. In: Societas Orientalis Fennica (Hrsg.): Studia Orientalia II. Helsingfors 1928, 105–185.

Timm, Friederike: Der Palästina-Pilgerbericht des Bernhard von Breidenbach von 1486 und die Holzschnitte Erhard Reuwichs. Die »Peregrinatio in terram sanctam« (1486) als Propagandainstrument im Mantel der gelehrten Pilgerschrift. Stuttgart 2006.

Vannuccini, Vanna/Predazzi, Francesca: Piccolo viaggio nell'anima tedesca. Milano 2004.

Vogt, Joseph: »Orbis Romanus«. In: ders.: Orbis. Ausgewählte Schriften. Freiburg 1960, 151–171.

Vogt, Joseph: Kulturwelt und Barbaren. Zum Menschenbild der spätantiken Gesellschaft. Mainz 1967.

Waal, Anton de: »Andenken an die Romfahrt im Mittelalter«. In: Römische Quartalschrift für christliche Altertumskunde und Kirchengeschichte 14 (1900), 54–67.

Watt, W. Montgomery: Der Einfluß des Islam auf das europäische Mittelalter. Berlin 1988.

Weisbach, Werner: Trionfi. Berlin 1919.

Welzer, Harald: Klimakriege. Wofür im 21. Jahrhundert getötet wird. Frankfurt 2008.

Wessels-Mevissen, Corinna: The Gods of the Directions in Ancient India. Origin and Early Development in Art and Literature (until c. 1000 A.D.). Berlin 2001.

Winkler, Heinrich August: Der lange Weg nach Westen. Band 1. Deutsche Geschichte vom Ende des Alten Reiches bis zum Untergang der Weimarer Republik. München 2000.

Wippermann, Wolfgang: Die Deutschen und der Osten. Feindbild und Traumland. Darmstadt 2007.

Zacharasiewicz, Waldemar: Die Klimatheorie in der englischen Literatur und Literaturkritik von der Mitte des 16. bis zum frühen 18. Jahrhundert. Wien 1977.

Zacher, Christian K.: Curiosity and Pilgrimage. The Literature of Discovery in Fourteenth Century England. Baltimore 1976.

Zweidler, Reinhard: Der Frankenweg. Via Francigena. Der mittelalterliche Pilgerweg von Canterbury nach Rom. Stuttgart 2003.

Verzeichnis der Abbildungen

Vorsatz vorn und hinten: Motive aus dem Fußbodenmosaik der Kathedrale von Otranto, 12. Jh. • Frontispiz: Südwind. Plakette auf dem Pflaster des Petersplatzes in Rom (Photo: D. Richter). • S. 13: Marco Polo: Das Buch der Wunder, München 1999, S. 67. • S. 20: The Yorck Project. • S. 26: Museum of Fine Arts, Houston, Texas, USA/The Bayou Bend Collection/The Bridgeman Art Library

S. 33, 34: Archäologisches Nationalmuseum Neapel (Photo Pedicini). • S. 38, 41: ebd. (Photo D. Richter). • S. 35: Illustration zu Macrobius' *Commentarii in Somnium Scipionis*. Wikimedia Commons. • S. 39: Photo D. Richter.

S.43: Wikimedia Commons. • S. 44: Biblia, das ist die gantze Heilige Schrifft, Wittenberg 1534 (Nachdruck Köln 2002). • S. 46: Photo D. Richter. • S. 47: The Yorck Project • S. 51: Marco Polo: Das Buch der Wunder, München 1999, S. 74. • S. 52: Photo D. Richter. • S. 53: Illustration zu Gossouin von Metz, *Image du monde*, 1246/47. • S. 57: Hildegard von Bingen: Welt und Mensch. Das Buch »De operatione Dei« aus dem Genter Kodex übersetzt und erläutert von Heinrich Schipperges, Salzburg 1965, nach S. 48 (Lucca, Codex Latinus 1942). • S. 59: Bernhard von Breydenbach: Die Reise in das Heilige Land, Wiesbaden 1977, S. 36. • S. 61: Photo D. Richter.

S. 63: Pinacoteca Nazionale, Siena. • S. 66: Die Reise nach Jerusalem, Mainz 1992, S. 36. • S. 67, 68, 70: Bernhard von Breydenbach: Die Reise ins Heilige Land, Wiesbaden 1977, S. 25, 21, 44. • S. 74: *Abbildung der Ausführung Christi zu seinem schmertzlichen Leyden, nebst Vorstellung des so genannten heiligen Grabes und der Creutz-Kirche in Görlitz* (1719). Kupferstich in: I. Andreas/M. Winzeler: Lausitzer Jerusalem, Görlitz 2005, S. 62. • S. 77: Wikimedia Commons. • S. 79: Antoine Lafréry: Speculum romanae magnificentiae, Roma 1575. Nach: Richard Krautheimer, Rom, Schicksal einer Stadt, München 1987, S. 275. • S. 84: K. Herbers/ R. Plötz: Die Straße zu St. Jakob, 2004, S. 31. • S. 85: Photo D. Richter.

S. 88: *Instrument Buch durch Petrum Apianum erst von new beschriben*, Ingolstadt 1533. • S. 93: Deutsches Historisches Museum, Berlin. • S. 94: Gian Battista Ramusio: Navigationi et Viaggi, vol. I, Venezia 1563 (Neudruck Amsterdam 1970). • S. 99: A. Erhard/E. Ramminger: Die Meerfahrt. Balthasar Springers Reise zur Pfefferküste, Innsbruck 1998, S. 68.

S.105: Photo D. Richter. • S. 107: Würzburg, Residenz. • S. 108: Artur Henkel/Albrecht Schöne: Emblemata, Stuttgart 1967, Sp. 371. • S. 109: Photo D. Richter. • S. 110: Christian Thalwitzer: Orangeriepflanze, 1709/16. Rittersaal Schloß Weikersheim. Aus: Orangerien in Europa, München 2007, S. 10. • S. 112: Pietro da Cortona: Frontispiz für Giovanni Ferrari, *Hesperides sive de malorum aureorum cultura et uso*, Rom 1646. • S. 114: Photo D. Richter. • S. 115: Villa Signorini (18. Jh.), Portici (Photo D. Richter). • S. 116: Staatliche Kunstsammlungen Dresden, Grünes Gewölbe. Wikimedia Commons.

S.117: Rumold Mercator: Orbis terrae compendiosa descriptio, 1587. Wikimedia Commons. • S. 120: Holzstich nach einem Gemälde von John Francis Rigaud (1780). Aus: Georg Forster, Reise um die Welt, 2007, S. 23. • S.121: ebd., S. 367. • S. 124: Kulturstiftung Dessau Wörlitz (Photo Heinz Fräßdorf).

S. 140f.: Freies Deutsches Hochstift, Goethe-Museum, Frankfurt am Main (Photos D. Richter).

S. 144: Staatsbibliothek Berlin, Mendelssohn-Archiv, Ms.163,1. • S. 152: Klassik Stiftung Weimar, GNB 0061 a-d. • S. 155: bpk / Nationalgalerie, SMB / Jörg P. Anders. • S. 161: bpk / Nationalgalerie, SMB / Klaus Göken. • S. 162: Wikimedia Commons. • S. 164: Wikimedia Commons. • S. 170: Museum Belvedere, Wien.

S. 173: Privatsammlung, The Bridgeman Art Library. • S. 178: Wikimedia Commons.

S. 181, 185: Sammlung D. Richter. • S. 182: Amalfiküste (Photo Doreen Trittel, Berlin). • S. 189: Successió Miró/VG Bild-Kunst, Bonn 2009.

Register

216

Dieter Richter, geboren 1938 in Hof/Bayern, ist seit 1972 Professor für Kritische Literaturgeschichte an der Universität Bremen und verfasst seitdem zahlreiche Bücher zur europäischen Kulturgeschichte.

Dieter Richter bei Wagenbach

Der Vesuv
Geschichte eines Berges
Einer der besten Kenner des Golfs von Neapel hat die faszinierende Geschichte
eines Berges geschrieben, der seit Jahrhunderten Angst und Schrecken verbrei-
tet und zugleich eine unwiderstehliche Anziehungskraft ausübt.
Gebunden. 224 Seiten mit vielen Abbildungen

Neapel   Eine literarische Einladung
»Neapel sehen und sterben« – wie sieht das Objekt des alten Sehnsuchtsspruchs
heute aus? In diesem Buch laden zeitgenössische Schriftsteller zu einem Besuch
ihrer Stadt ein.
Herausgegeben von Dieter Richter
SVLTO. Rotes Leinen. Fadengeheftet. 144 Seiten mit Illustrationen von Franziska Neubert

Neapel
Biographie einer Stadt
Eine umfassende Kulturgeschichte Neapels von den vorchristlichen Anfängen
über die »Grand Tour« bis heute. Nicht nur den bekannten Quellen nachge-
schrieben, sondern oft auch frisch aus dem Staub unbekannter Polizeiakten
und Gästebücher gezogen. Leicht fasslich, mit vielen Neuentdeckungen und sogar: konkurrenzlos!
WAT 509. 304 Seiten
Originalausgabe. Mit zahlreichen Abbildungen

Dieter Richter   Carlo Collodi und sein Pinocchio
Ein weitgereister Holzbengel und seine toskanische Geschichte
Eine heitere, lehr- und kenntnisreiche Kultur-, Entstehungs- und Rezeptions-
geschichte Pinocchios, in der man nicht nur viel über Italien (insbesondere über
Florenz und die Toskana) im 19. Jahrhundert erfährt, sondern auch über die
noch heute herausragende Bedeutung dieses italienischen Klassikers.
WAT 495. 144 Seiten.

Italiens Landschaften bei Wagenbach

August Kopisch
Die Entdeckung der Blauen Grotte auf der Insel Capri
Die Verwandlung einer »verrufenen Höhle« in die »Blaue Grotte« – die Entdeckung eines Weltwunders des Tourismus durch einen deutschen Romantiker.
Herausgegeben und mit einem Essay von Dieter Richter
WAT 609. 112 Seiten mit vielen Abbildungen

Leonardo Sciascia   Das weinfarbene Meer
Erzählungen
Die besten Erzählungen des großen sizilianischen Autors, von ihm selbst ausgewählt. Wo könnte man Sizilien mit seinen Besonderheiten und Bewohnern besser kennenlernen als in diesen Geschichten?
Aus dem Italienischen von Sigrid Vagt
WAT 611. 160 Seiten

Goffredo Parise   Alphabet der Gefühle
Dieses Alphabet – angefangen mit Amore, Allegria, Anima und Antipatia (Liebe, Freude, Seele, Abneigung) – erzählt, Geschichte für Geschichte, von Ereignissen, die Menschen verändert zurücklassen und ihnen bewusst machen, wie übermächtig ihre Gefühle sind, ihre Leidenschaften, Sorgen und Sehnsüchte.
Aus dem Italienischen von Christiane von Bechtolsheim und Dirk J. Blask
Mit zwei Vorworten von Natalia Ginzburg
WAT 616. 336 Seiten

Giorgio Bassani   Der Geruch von Heu
Erzählungen
Seine Schauplätze sind Hotels von fragwürdigem Ruf, ein ärmlicher Rummelplatz, das Polizeipräsidium oder der jüdische Friedhof in Ferrara. Die 30er Jahre in Italien sind das »goldene Zeitalter« der Sfatti, der Lebemänner, und zugleich die Zeit des aufkommenden Faschismus
Aus dem Italienischen von Herbert Schlüter. Neu durchgesehen
WAT 613. 112 Seiten

Mit einem *SVLTO* in den Süden

Mallorca!   Eine literarische Einladung

Mediterrane Geschichten, pointenreiche Reiseerlebnisse, Sonne, Sand und Meer: Die Insel im Spiegel der Literatur. – Neben den berühmten Mallorca-Beschreibungen des adligen »Aussteigers« Erzherzog Ludwig Salvator oder den Erlebnissen von George Sand mit Frédéric Chopin stehen Erinnerungen von Autoren, deren Aufenthalte auf der Insel weniger bekannt sind: Djuna Barnes, Jorge Luis Borges, Albert Camus, Robert Graves, Santiago Rusiñol, Gertrude Stein. Außerdem kommen hier erstmals zeitgenössische mallorquinische Autoren zu Wort.

Herausgegeben von Margit Knapp
SVLTO. Rotes Leinen. Fadengeheftet. 128 Seiten mit vielen Abbildungen

Sizilien und Palermo   Eine literarische Einladung

Das Land der blühenden Mandelbäume und der Märznächte, die nach Sonne duften. Aber auch das Land der Mafia und der Autobahn auf Stelzen auch dort, wo sie nicht nötig sind. Und mittendrin die Stadt Palermo, die heruntergekommene Barockschönheit voller Müll, Designerläden und Juweliere mit dicken Goldketten.

Herausgegeben von Katharina Bürgi
SVLTO. Rotes Leinen. Fadengeheftet. 144 Seiten mit Photographien von Enzo Sellerio

Athen   Eine literarische Einladung

Athen – das ist die »Wiege der abendländischen Kultur« und eine chaotische, überfüllte Metropole zu Füßen der Akropolis. Ihren Charme offenbart sie jedem, der ernsthaft sucht. Diese Sammlung zumeist erstmals übersetzter Texte lädt dazu ein.

Herausgegeben von Birgit Hildebrand und Konstantinos Kosmas
SVLTO. Rotes Leinen. Fadengeheftet. 144 Seiten

Rom   Eine literarische Einladung

ROMA? Roma! Die Stadt, in die alle Wege führen, im Blickpunkt ihrer Schriftsteller. – Warum sind die Römer so arrogant/elegant? Wohin gehen sie essen, spazieren, arbeiten? Wie füttern sie die Touristen? Wie oft besuchen sie ihre Museen/Großmütter? Was machen die Römer nachts? Warum mag sie niemand? Warum fahren wir trotzdem hin? Roma!

Mit einem Vorwort von Luigi Malerba. Herausgegeben von Margit Knapp
SVLTO. Rotes Leinen. Fadengeheftet. 144 Seiten

Kulturgeschichte bei Wagenbach

Natalie Zemon Davis   Leo Africanus
Ein Reisender zwischen Orient und Okzident
Die große Historikerin Natalie Zemon Davis erzählt die exemplarische Lebensgeschichte des Leo Africanus wie einen Abenteuerroman: als Muslim geboren, von Katholiken vertrieben, von Piraten gefangengenommen und vom Papst getauft ...
Aus dem Englischen von Gennaro Ghirardelli
Gebunden mit Schildchen und Prägung. 400 Seiten mit zahlreichen Abbildungen

Norbert Rehrmann   Símon Bolívar
Die Lebensgeschichte des Mannes, der Lateinamerika befreite
Norbert Rehrmann unterzieht die ideologischen Grundlagen Bolívars einer kritischen Würdigung, legt dar, wie Bolívar zum Präsidenten von vier Staaten werden konnte und untersucht die Bolívar-Darstellungen in der lateinamerikanischen Kunst und Literatur. – Das einzige deutschsprachige Bolívar-Porträt, das Aufstieg und Fall des charismatischen Führers der lateinamerikanischen Unabhängigkeitsbewegung, Politikers, Schriftstellers und Frauenhelden stimmig und kompakt nachzeichnet.
Gebunden mit Schutzumschlag. 240 Seiten mit vielen Abbildungen

Tilmann Buddensieg   Nietzsches Italien
Städte, Gärten, Paläste
In diesem Buch werden die alles andere als geradlinigen Spuren verfolgt, die Nietzsches leidenschaftliche Bindung an Italien, seine historischen Bauten und seine Kunstwerke im Werk und in den Briefen des Philosophen hinterlassen hat. Nietzsche hat die Vielfalt der Kulturzeugnisse in Italiens Städten nicht nur zur Kenntnis genommen: Aus ihrer Interpretation sind wesentliche Bestandteile seiner Philosophie erst sinnfällig geworden. Umgekehrt hat er, im Zuge der Wechselfälle seiner eigenen Philosophie, seine Sicht auf die italienische Kunst immer wieder modifiziert.
Leinen. 256 Seiten mit zahlreichen Abbildungen

Wenn Sie mehr über den Verlag oder seine Bücher wissen möchten, schreiben Sie uns eine Postkarte (mit Anschrift und ggf. E-Mail). Wir verschicken immer im Herbst die Zwiebel, unseren Westentaschenalmanach mit Gesamtverzeichnis, Lesetexten aus den neuen Büchern und Photos. Kostenlos!
Verlag Klaus Wagenbach   Emser Straße 40/41   10719 Berlin   www.wagenbach.de

© 2009 Verlag Klaus Wagenbach, Emser Straße 40/41, 10719 Berlin
Umschlaggestaltung Julie August unter Verwendung des Gemäldes *Südamerika-
nische Landschaft*, 1873 von Frederic Edwin Church © The Bridgeman Art Library.
Gesetzt aus der Trinité. Einbandmaterial von der Bamberger Kaliko.
Gedruckt und gebunden auf chlor- und säurefreiem Papier (Schleipen) bei
Kösel in Krugzell.
Printed in Germany. Alle Rechte vorbehalten

ISBN 978 3 8031 3631 2